신학총서2권

바울이 본 아담과 하와

- 고린도전서의 남녀관 -

황(강) 영 자

헵시바총신여동문

바울이 본 아담과 하와 (고린도전서의 남녀관)

발행일 1판 1쇄 2018. 10. 20.
저자 황(강)영자
발행인 서영희
발행처 헵시바총신여동문
주소 서울시 구로구 남부순환로 105길 14 인화오벨리아 315호
전화 02-837-9296
E-mail holyhi@hanmail.net
ISBN 979-11-961100-4-8
ISBN 979-11-961100-0-0(세트)

값 10,000원

이 책의 저작권은 헵시바총신여동문에 있습니다. 서면에 의한 출판사의 허락 없이 내용의 일부 혹은 전부를 복제하거나 발췌하는 것을 금합니다.

*잘못 만들어진 책은 교환해 드립니다.

2016년도 박사학위 청구논문

(원제) 바울의 눈에 비친 아담과 하와

- 바울서신의 남녀관 -

총신대학교 일반대학원
신학과 신약신학 전공
황 영 자

차 례

머리말
감사의 글

I. 들어가는 말

II. 고린도전서의 남녀관

1. 고린도의 사회와 문화 · 18
   1) 고린도의 철학과 배경연구 · 18
   2) 그레코 로망의 남녀관 · 21
      a. 헬라 · 21
      b. 로마 · 23
   3) 남자와 여자의 머리모양에 대한 감독 · 26
      a. 이스라엘 남자 · 26
      b. 이스라엘 여자 · 29
      c. 헬라 · 30
      d. 로마 · 32

2. 모든 상황을 고려해서 주를 제대로 섬기라 (고전 7:1-24) · 37
   1) 고린도전서 7장의 배경 · 37
   2) 고린도전서 7장 본문 주해 · 38
      a. 기혼자들의 의무 (고전 7:1-2) · 38
      b. 결혼의 상호성 (고전 7:3-5) · 41
      c. 결혼과 이혼 (고전 7:8-16) · 42
      d. 일반적 원리 (고전 7:17-24) · 45

3. 수치와 영광과 타인에 대한 존중 (고전 11:2-16) · 50
   1) 신학적 근거 1 : 전통과 남자, 여자, 그리스도의 원천 (고전 11:2-3) · 52

　　　　a. 머리 (ἡ κεφαλή) - 54
　　　　b. 그리스도의 머리는 하나님 - 55
　　2) 예배와 사회관습 : 원천에게 수치가 되는 머리 형태 (고전 11:4-6) - 59
　　　　a. 남자가 기도나 예언 시에 그 머리를 욕되게 하는 머리 형태 - 62
　　　　b. 여자가 예언과 기도 시에 그 머리를 욕되게 하는 머리 형태 - 64
　　3) 신학적 근거 2 : 원천, 권위, 영광에 대한 창조 논증 (고전 11:7-10) - 67
　　　　a. 10절의 기존해석 - 68
　　　　b. 신학적 논의 1 : 남자들에 의해 오용된 점 (고전 11:7) - 88
　　　　c. 남자는 여자의 원천 - 94
　　　　d. "이것 때문에, 천사들 때문에, 머리/원천에 권위를 가지라" - 101
　　4) 고전 11:11-12 본문 주해 - 116
　　　　a. 그럼에도 불구하고, 주 안에서 (고전 11:11) - 116
　　　　b. 남자와 여자에 대한 계급적 관점을 폐기 (고전 11:12) - 126
　　5) 고전 11:13-16 본문주해 - 135
　　　　a. 너희 스스로 판단하라 (고전 11:13) - 135
　　　　b. 남자의 긴 머리는 수치 (고전 11:14) - 137
　　　　c. 여자의 긴 머리 (고전 11:15) - 140
　　　　d. 이런 관례가 없느니라 (고전 11:16) - 144
　　6) 결론 - 145

4. 예배의 질서와 타인 존중 (고전 14장) - 148
　　1) 예언과 방언을 질서 있게 하라 (고전 14:26-40) - 149
　　　　a. 예배형식에 대한 정보 (고전 14:26) - 150
　　　　b. 예배 시에 방언으로 말할 수 있는 경우와 잠잠해야만 할 경우 - 150
　　　　c. 예배 시에 예언해도 되는 경우와 잠잠해야만 할 경우 - 151
　　2) 본문의 문장구조 (고전 14:33-36) - 152
　　　　a. 33절 하반절 해석 - 153
　　　　b. 14장 36-40절 - 159
　　3) 고린도전서 14:34-35 본문 확정 - 163
　　4) 결론 - 170

III. 나가는 말

1. 요약 - 177

2. 성경해석자에게 필수적인 요소 - 188

3. 향후 연구과제 - 189

IV. 부록

참고문헌 - 191

Abstract - 208

신학총서 1권 목차 - 218

황의각의 아내 사모곡 "가을에 떠나간 사람" - 222

추천의 글 - 229

머리말

날마다 성경책을 읽고 하나님께 찬양 올려드릴 수 있는 복 주심에 감사드립니다. 만약에 성경책이 없었다면 하나님의 창조 기사를 알 수 없을 것이라고 생각하니 아찔합니다. 하나님의 형상과 모양으로 인간을 만드시고 사랑하신다는 하나님의 섭리를 다른 책을 통해서는 알 수 없기 때문입니다. 성령 하나님의 감동을 받은 성경 저자들을 통해서 남자와 여자에게 주신 서로간의 사랑을 쓰게 하셨고 그 구절들에 문법을 적용하고 그 당시의 문화배경을 참고하여 해석하게 하신 성령 하나님의 감동하심과 인도하심에 감사합니다.

수세기 동안 쌓인 세계학자들의 해석연구들로부터 다양한 가르침을 받게 하심에 감사합니다. 특히 부족한 논문에 대한 심사를 위해 추위에도 불구하시고 참석해 주신 국내외 저명하신 바울 신학자님들의 심층적이고 예리한 지적과 세심한 가르치심에 크게 감사드립니다. 이한수 교수님, 김경식 교수님, 이풍인 교수님, 김현광 교수님과 박형대 교수님! 교수님들께서 지적하신 사항들을 폭넓게 연구할 것을 감히 다짐해봅니다. 그리하여 교수님들의 해석에 대한 제언의 바탕 위에 새로운 해석의 징검돌 하나를 마련하게 하실 하나님의 작정된 은혜에 미리 무한 감사드립니다.

  오늘 학자님들의 은혜를 세어보니 고(故) 정훈택 교수님에 대한 소회(所懷)가 떠오릅니다. 저의 미흡한 논문 중에 있는 한 본문으로 목회학 석사논문지도 요청을 받으셨을 때였습니다. 한참 동안의 침묵을 깨시고 "좌로나 우로나 치우치지 않고 성경 말씀이 가시는 데까지 따라가고 성경 말씀이 서시는 데서 멈출 것을 약속하면 지도하겠다"는 제안을 하셨습니다. "저는 성경말씀을 전혀 모릅니다. 성경 말씀이 가시는 대로 따라가도록 가르쳐 주시고 서시는 곳이 어딘지 저에게 알려주시면 제가 멈추겠습니다"라고 말씀드렸고, 그러한 약속 이후 신학 석사논문까지 지도하셨고 박사논문을 지도하시던 중에 소천하셨습니다. 그러나 그 약속은 여전히 저의 마음에 살아있어 성경을 읽을 때마다 가야만 하거나 서야 할 지점을 안내합니다.

  이후 제가 수개월 동안 인도자가 없는 암담함 속에서 방황하는 고통을 겪는다는 소식을 들으신 박형대 교수님께서 그 빈자리를 승계해 주셨습니다. 노쇠한 여종에게 베풀어주신 성령 하나님의 인도하심과 은혜라 믿고 감사드립니다. 제자의 노쇠함 때문에 생긴 부족한 점들을 기도와 말씀으로 격려하며 여기까지 인도하신 박 교수님께 감사드립니다. 논문 초고가 거의 완료될 무렵에 폐암이 진단되어 논문 완성과 암 투병이라는 두 중대사를 동시에 겪으면서 그래도 범사에 감사하라는 가르치심을 명심하면서 하나님께 감사드리는 마음으로 반년을 보내는 중에 만난 인이옥 선생님의 편집과 교정에 대한 노고에 특별히 감사드립니다. 여전히 평안 중에서 웃으며 지내도록 힘을 주시고 식사를 잘하게 하신 하나님께 감사드릴 따름입니다. 연로하신 김효은 장로님을 비롯한 모든 교회의 어르신들과 형제자매들께서 드리시는 특별한 기도에 대한 응답이라고 믿으며 여러분의 큰 사랑에 감사드립니다. 송양원 목사님, 이주은 선교사님, 이광택, 정경자, 김남숙, 유숙재, 김경빈, 이흥순, 강혜숙. 강도회 권사님과 강현덕 부장님, 오영록 사장님과 이경순 사모님, 그리고 모든 동문님들과 할아버지의 제자 분들의 사랑의 기도와 응원에 감사드립니다. 이역만리에서 기도로 격려하는 유실이 부부, 미령, 세연, 지영, 인준, 콜린에게 고맙고 특히 어미의 병구완을 위한 식단 마련에 힘을 쏟고 있는 아들 세연에게 고맙게 생각합니다. 또, 평생 함께 살면서 아내의 논문준비 때문에 많은 불편함을 감수하신 지난 20년과 최근의 투병을 돕고 있는 제 학부형(學父兄)인 인준이 할아버지께 사람으로서 마땅히 갖춰야 할 예의로 사랑과 존경의 마음을 보냅니다. 여호와 하나님 우리 아버지의 인도하심과 감동하심에 다시 제일 큰 감사를 드립니다. 부디 하나님 나의 아버지께서 제가 모든 분들에게 지고 있는 사랑의 큰 빛들을 풍성한 사랑으로 갚아주시기를 기도합니다. 대단히 감사합니다.

2016년 12월 21일 황영자 올림

추신: 언젠가 통일이 되어 평양 신학교가 다시 개교하고 순교 당하신 선친께서 섬기시던 이원읍 장로교회(利原郡誌編纂委員會, 利原郡誌 293~294쪽. 서울: 교음사, 1984)를 재건하게 해달라고 했던 기도가 응답되는 날을 맞게 될 것입니다. 단숨에 올라가 지하교인들과 함께 그 광장에서 소리 외쳐 하나님께 찬양과 기도를 올려 드리고 진리의 말씀을 서로 나누면서 "진리를 알지니 진리가 너희를 자유롭게 하리라"(요8:32)하신 예수님의 말씀의 실현을 목격할 그날이 올 것을 믿으며 하나님께 감사드립니다.

감사의 글

총신신대원의 역사와 함께 총신의 딸들이 모여 '총신신대원여동문회'를 이룬 지 어느덧 수십 년이 되었습니다. 그동안 "총신"이라는 요람에서 훌륭한 신학을 배우게 되었고, 선후배와의 각별한 사랑은 지금의 여동문이 있게 한 원동력입니다. 또한 사역 현장에서 겪은 많은 일들은 우리를 성장시켜 주었습니다. 주님의 사랑 안에서 우리를 지켜 주시고 성장시켜 주신 하나님의 은혜에 감사하고 또 감사합니다.

모든 분들의 사랑으로 총신신대원여동문회는 '헵시바총신여동문 출판부'를 설립하게 되었고, 지난해에 그 첫 작품으로 "신학총서 1권"을 출간하였으며, 이번에 "신학총서 2권"을 출간하게 되었습니다. 총신대 신학대학원의 여성 신약신학 박사 1호인 고 황(강)영자 박사의 논문 "바울서신의 남녀관"을 두 권의 책으로 펴내게 된 것입니다. 본서는 여동문회의 숙원 사업인 신학총서 발간을 선두에 서서 열게 된 뜻 깊은 책입니다. 총신의 자랑이자 보배인 황(강)영자 박사는 지병으로 인하여 2017년 10월, 우리 곁을 떠나셨습니다. 그분은 여성 사역자의 성경적 지위 향상을 위한 연구에 모든 것을 바치시고 인생의 결정체인 귀한 논문을 여동문에게 기증하시고 떠나셨습니다. 고인의 뜻을 받들어 여동문을 향한 사랑을 보여주신 남편 되시는 황의각 교수님께도 감사의 말씀을 전합니다.

출판을 위해 재능을 기부한 여동문 임원들과 따뜻하고 애정 어린 격려로 마음을 모아 준 여동문 회원 모든 분들에 의해서 이 책이 출간되었습니다. 우리 여동문들의 귀한 손길로 태어나게 된 이 책은, 여성은 남자에게 속한 존재가 아니라 평등한 존재임을 주장하고 있습니다. 저자가 말하고자 하는 주제가 많은 여성들에게 힘을 주고 위로를 주며 특히 여성의 정체성에 대한 바른 인식으로 이 땅에 하나님의 정의가 실현되기를 간절히 소원합니다.

황(강)영자 박사의 논문을 지도해 주신 총신대 신학대학원 박형대 교수님을 비롯해서 추천의 글로 이 책을 빛내 주신 김경진, 김현광, 문우일, 이풍인 교수님께 고인을 대신해서 감사를 드립니다. 이 책을 읽으실 독자 여러분께도 감사를 드립니다. 본 논문집을 접하시게 될 학계의 여러분들께는 이 책이 연구의 발전에 돋움이 되기 바라는 마음입니다.

2017년 11월 24일
총신신대원여동문회 증경회장 및
헵시바총신여동문출판부 대표 서영희 올림

2018년 10월 20일
총신신대원여동문회 회장 박유미 올림

바울이 본 아담과 하와

-고린도전서-

I. 들어가는 말[1]

　사도바울은 30여년의 사역기간 중 약 20년간 13편의 서신들을 저술하였는데, 이 중에서 남자와 여자를 언급하면서 특별한 지시사항들이 없는 서신들이 데살로니가전후서, 고린도후서, 빌레몬서 등 네 편의 서신들이라고 하면 남성과 여성에게 동일하게 지시된 표현이 있는 본문들은 갈라디아서 3장 26-29절, 빌립보서 4장 1-3절, 그리고 고린도전서 7장 1-24절과 11장 2-16절, 14장 1-40절이다. 또한 로마서 16장 3-4절과 7절, 골로새서 3장 9-11절, 18-25절, 그리고 에베소서 4장 1-16절과 5장 15-20절, 21-33절과 디모데전서 3장 1-13절을 비롯해서 디도서 2장 1-10절 등 총 열 다섯 부분을 꼽을 수 있겠다. 그리고 여성만 지시되어 있거나 혹은 여성에게만 지시하는 본문으로는 고린도전서 14장 34-35절과 로마서 16장 1-2절, 6절, 12절과 13절, 15절, 마지막으로 디모데전서 2장 9-15절 등 총 일곱 군데이다.
　이 중에서 여성에 관하여 특별히 해석적 논쟁점이 많다고 판단되는 다섯 개의 본문이 있다. 이들은 남자와 여자의 근원적인 관계를 설명하고 있는 창조 기사와 직접적인 연관을 나타내는데 갈라디아서 3장 28절, 고린도전서 7장

---

[1] 본 총서는 황영자 박사의 논문을 두 권으로 나누었다. 1권은 창세기, 갈라디아서, 디모데전서를 본문으로 다룬 논문의 내용이며, 본 2권에서는 고린도전서 부분을 집중적으로 다루고 있다. 고린도전서는 본 논문이 가장 심도 있게 다룬 부분이기도 하다. 논문에서 제기된 문제와 연구방법론 및 연구범위는 1권에 실었으므로 2권에서는 생략하기로 한다. 독자 분들은 1권을 참고하시기 바라며 이 책을 1권과 병행해서 읽기를 권한다. - 편집자 주

1-24절, 11장 2-16절, 14장 34-35, 디모데전서 2장 8-15절이다. 고 황(강)영자 박사는 논문에서 바울의 집필 연대의 순서를 따라서 갈라디아서(주후 48/49년), 고린도전서(주후56년), 디모데전서(주후 66-67년)의 순으로 연구했다.

II. 고린도전서의 남녀관

고린도전서의 배경과 저작 시기

고린도 시(市)는 주전 44년에 로마의 식민지로 형성되었다. 자체의 의상이나 신들에게 올리는 예배 전통이 지속된 것은 별로 없고, 헬라 영향이 두드러진다. 반면에 고린도의 원형경기장은 라틴 영향을 강하게 드러낸다. 이렇게 헬라와 로마의 거점도시로서 로마 관습들이 주축을 이루며, 중요한 상업중심지로서 지중해 연안의 모든 사람들의 유입이 계속적으로 이어졌다. 또 항구도시로서 윤리 도덕적 해로운 영향 역시 지대하였다.[2]

고린도전서는 주후 56년 봄에 에베소에서 저술되었을 가능성이 높다.[3] 바울이 갈라디아서를 저술한 주후 48년 혹은 49년으로부터 약 7, 8년이 지난 후에 기록된 이 서신의 내용에서 결혼에 대한 가르침을 나타내는 7장과, 해석상으로 명확한 대조를 이루는 것으로 보이는 11장 2-16절과 14장 34-35절을 통해 바울서신의 남녀관을 계속 살펴볼 것이다.

---

2) Ben Witherington III, *Women in the Earlist Church* (Cambridge: Cambridge University Press, 1988), 80; Jerome Murphy-O'Connor, *St. Paul's Corinth: Texts and Archaeology* (Collegeville: Liturgical Press, 1983), xiii.

3) 이한수, 『바울사도가 쓴 러브레터』, 143.

1. 고린도의 사회와 문화

바울서신의 여기저기에는 헬라와 로마의 철학과(고전 15:12-15, 32, 35-49; 참조: 행 17:18) 이방신 제의(롬 1:22, 24-32; 16:17-18, 20; 딤전 1:3-4; 2:13-14; 4:7; 딤후2: 16-18; 3:2-5; 4:3-4; 고전 5:1, 6-8; 6:9-10; 7:1-4; 8장)와 연관된 내용들이 나온다. 바울서신을 이해하고 고린도전서의 내용을 바로 해석하려면 이런 본문들의 배경이 되는 이들 철학과 제의의식들에 대한 이해가 필수적으로 요청된다. 고린도전서의 성적인 문제들과 예배의식, 그리고 이방신 제의에 여전히 젖어 있는 에베소 교회의 교인들이 주장하는 상황에 관한 바울서신 본문을 이해하기 위하여 이런 배경을 간단히 정리하면 다음과 같다.

1) 고린도의 철학과 배경 연구

바울은 특히 창녀와 합하는 문제(고전 6:9-11)에 대한 도전으로 고린도인의 결혼생활(7장)에 존재하는 이중적인 기준을 다룬다. 헬라-로마의 문화사회적 배경에 의하면, 남편들은 법적인 형을 받지 않으면서 많은 성적 동반자들과 즐기고, 여자들은 그렇지 않았다. 그러나 바울은 고린도교인들이 그리스도를 믿음으로 얻은 자유를 결혼생활에서 음행을 저지르는 것으로 사용해서는 안되며(고전 5:1-2; 6:9-11), '음행을 피하라'(고전 6:18)고 강력히 권고한다. 그는 "너희는…알지 못하느냐(고전 6:2, 3, 9, 15, 16, 19)"라는 말로써 교인들이 현재의 상황을 회개하고 회개에 합당한 행위를 하라고 권한다.

'둘이 한 육체가 된다'(창 2:24)는 창세기 본문을 인용하면서, 그리스도와 연합하였던 교인들이 창녀와 합하는 것은 인간 부패로서 그리스도와의 연합에 반대되는 것이므로, 창녀와는 단절하고 하나님의 성령이 계시는 성전으로 변화되어 하나님께 영광을 돌리라고 가르친다(고전 6:19-20). 또한 음행을 자랑하기까지 하는 것(고전 5:6)에 대해 그는 '적은 누룩'이 온 덩어리에 퍼지는 것으로 비교하면서 그것의 옳지 않음을 지적한다. 토믈린은 그 누룩을 헬라-로마제국에 성행했던 '에피쿠로스주의(쾌락주의)'라고 지적한다.[4] 이 철학의 창시자 에피쿠로스(주전 341년-주전 270년) 이후 그의 추종자인 루크레티오스(주전 90년 초반-주전 55년)의 활동 당대에 이 사상은 그다지 사회적 영향을 주지 않았다. 그러나 주후 1세기 중반에 그들의 저술들이 이태리에 영향을 끼쳤다. 그것은 로마제국 식민지인 고린도의 철학과 문화적 환경의 중요한 부분이 된 것이다.

그들의 사상 중에서 관심을 기울일 부분은 죽음에 대한 관점이다. 그들은 '죽음은 우리에게 아무 것도 아니라'[5]고 여겼다. 죽음이 올 때 인간은

---

4) Graham Tomlin, *The Power of the Cross, Theology and the Death of Christ in Paul, Luther and Pascal* (Carlisle: Paternoster Press, 1999), 58-60.
에피쿠로스주의란 지식이 권력과 밀접하게 연계된 철학이다. 그 지식은 우주의 물질적 구조에 대한 이해를 바탕으로 한다. 영혼은 육신의 바깥에는 존재할 수 없는 미세입자로 구성되었기 때문에 육체가 죽을 때 분산되어 사라지고 육체는 최초의 물질로 회귀한다. 무엇이 생겨난다는 것은 입자들의 단순한 움직임일 뿐이며, 신들은 인간생명과는 아무런 관련이 없다는 것이 그 지식이다. 한번 이런 물질적 원리를 잡고나면, 에피쿠로스철학이 말하는 삶의 방식에 대한 타당성은 자명해진다. 삶/생명과 관련하여 죽음에 대한 두려움, 신들과 모든 불안정들은 이치에 어긋난 것이므로 제거된다. 루크레티오스는 모든 만물의 진정한 본성에 대한 지식만이 행복의 열쇠라고 지적한다. 이 지식이 미신을 제거할 수 있는 능력으로 인도하고 또한 지식이 없는 사람들에게 우월감을 줄 수 있고 때로는 경멸할 수도 있도록 이끈다고 지적한다.

5) Diogenes Laertius, 10.125

그저 존재를 종식하는 것이라는 논조로 죽음에 대한 우주적 두려움을 극복했다. 죽을 때 영혼은 미세원자로 구성되어 흩어지므로, 감각이 없게 되어 전혀 두려워할 것이 없다는 것이 그들의 논조이다. 에피쿠로스주의자들은 육체만 죽는 것이 아니고 영혼도 죽으므로 죽음에 대한 두려움은 근거가 없다고 주장한다. 또한 그들은 우리가 존재한다는 것은 죽음이 오지 않았다는 것이고, 죽음이 왔다는 것은 우리가 존재하지 않는다는 것이다. 죽음에 대한 두려움은 생명을 연장함으로써 제거되는 것이 아니고 영혼불멸을 동경하는 것을 제거함으로써 없어진다고 주장한다.

에피쿠로스주의자들에게 육체의 부활 사상은 터무니없고 어리석은 것이다(행 17:18). 고삐 풀린 쾌락주의인 에피쿠로스주의자들에게 존재하는 모든 것은 물질과 허공의 혼합으로 구성되어 있고, 신들은 존재하나 인간에 대해서 흥미도 관심도 없으며, 강풍에도 흔들림 없는 고요한 안식처일 뿐이다. 여기에 윤리는 고요히 즐기는 삶을 방해한다. 즐거움은 고통의 결핍으로 규정된다. 철저한 물질적인 신조에 따라 '몸의 건강과 정신의 고요함이 그들이 원하는 만족이다. 즐거움을 찾는 이 집요함은 그들로 하여금 단순히 '먹고 마시고 즐기는 것을' 찾는 삶만을 추구하게 하였다.[6]

이 사상은 당연히 부활이 없다고 주장하는 데까지 이른다(고전 15장). 특히 성적 윤리에 대해서는 마치 음식이 도덕적 특성이 없는 것처럼 성관계도 순수한 육체적 행위이기 때문에 윤리적 중요성이 없다고 본다. 창녀와 동침하는 것은 특별한 음식을 먹는 것보다 해를 끼치지 않는다. 이유는 성관계와 특별한 음식을 먹는 것은 모두 윤리영역의 바깥에서 이루어지는 육체적 기능들이기 때문이라는 것이다.[7]

---

6) Tomlin, *The Power of the Cross*, 64.

고린도 사회 자체가 이러한 에피쿠로스 철학의 영향에 무비판적으로 노출되어 있었다. 이러한 논리에 대항하여 바울은 몸은 그리스도에게 속하고 성관계는 먹는 것과는 달리, 사람의 영적이고 도덕적인 연합이라고 논증한다. 그리고 신자의 몸은 자신의 것이 아니고 값으로 사신 것으로서 성령께서 계시는 전(殿)임을 확인한다(고전 6:16-20).

2) 그레코 로망의 남녀관

바울은 왜 고린도 교인들의 결혼 생활과 남녀문제에 관해 많은 권고를 했을까? 바울의 남녀관의 배경에는 헬라와 로마인들이 가진 여성상과 여성에 대한 태도 이해 또한 필요할 것이다. 헬라와 로마가 준 고린도 교회의 누룩을 살펴보기로 하자.

a. 헬라

여성의 위상과 여성에 대한 태도와 관련해서 고대와 주전 4세기, 그리고 헬레니즘 시대를 거치면서 큰 변화가 있었다. 고대 헬라인들은(주전 800-500년) 여자들에 대해서 그다지 많은 생각을 하지 않았다. 여자들은 기본적으로 가재도구의 하나로 취급을 받았고 노예와 비슷한 수준의 삶을 살았다. 아내들은 항상 남편들의 권위, 통제와 보호 아래에서 살았다.[8]

---

7) Tomlin, *The Power of the Cross*, 66; Gordon D. Fee, *The First Epistle to the Corinthians* (Grand Rapids: Eerdmans, 1987), 254.
8) Aristotle, trns. H. Rackham, *Politics in Loeb Classical Library*, (Ann Arbor: Edwards Brothers, 1932[2005]), 57-59.

주전 4세기까지의 남자들은 자식들에 대한 합법성을 확실히 하기 위해 아내들을 집에 감금하였다. 데모스테네스가 인용한 아테네 남자들의 진술은 다음과 같다. "우리는 우리의 쾌락을 위해서는 창녀들을, 일상사의 육체적 소용을 위해서는 첩들을, 법적인 자녀들과 가정사를 위한 충실한 가정 관리를 위해서는 아내를 둔다."9) 아내는 남편에게 종속되었을 뿐, 남자 쪽의 혼외정사는 당연한 것으로 여겨졌으며, 이들을 위한 남창과 여창 제도가 허락되었다.10) 가부장적 권력에 기반을 둔 헬라 법에서, 아버지는 가족의 생사결정을 포함하여 가족들에게 절대적인 힘을 행사했다. 그러나 이러한 남성의 지배권도 점차적으로 쇠퇴하기 시작하였다.11)

주전 4세기 철학자들의 글은 여성들에 대한 태도가 어느 정도 완화되었음을 시사한다. 플라톤(주전 427-348년)은 여자들도 교육과 공공임무에 동일한 기회를 가져야 한다고 말했다.12) 아리스토텔레스(주전 384-322년)는 민주적 분위기라고 해서 여자들에게 너무 많은 자유가 주어지는 것을 우려했는데, 이는 이전 시대보다 여성들의 자유가 어느 정도 보장되었음을 시사한다.13)

한편, 헬레니즘 시대 여자들의 신분은 발전되었는데, 일부일처제와 배우자간의 신뢰가 중시되었다. 이혼 소송할 권리도 동등해서, 아내나 남편의

---

9) A. Oepke, "gune," *TDNT* 1:778.
10) James B. Hurley, *Man and Woman in Biblical Perspective* (Grand Rapids: Zondervan, 1981), 75.
11) Sarah B. Pomeroy, *Goddesses, Whores, Wives, and Slaves*, (New York: Schocken Books, 1975[1995]), 150-151.
12) Plato, trans. Paul Shorey *Republic, Books 1-5* LCL 237 (Cambridge, Harvard University Press, 1930/1937), 449-451.
13) Aristsotle, *Politics, Book 3*, trans. H. Rackham (LCL 264: Cambridge, Harvard University Press, 1932/2005), 135-137.

동의나 공적인 통지서를 받음으로써 이혼수속이 시작되었다.[14] 아내들은 그들의 지참금에 대한 권리를 포함하여 상당한 경제적 권리들을 행사하게 되었고 재산을 매매하고 부모의 유산을 상속할 수 있었다. 법은 그들이 유언도 할 수 있도록 허용하였다.[15]

헬라시대는 결혼한 헬라여자들의 은둔적인 삶에 종지부를 찍었다. 아내들은 사교모임에 나타나기 시작했고, 어떤 여성들은 가정주부의 역할을 넘어 직업적인 운동선수, 음악가, 심지어 의사라는 직업까지 갖게 되었다.[16] 유능한 헬라여자들(플루타크의 아내 Timoxena 등)은 공적인 삶에서 중요하고도 독립적인 역할들을 수행했다.[17]

b. 로마

로마 역사를 로마공화정 역사와 로마제국 역사로 나눌 수 있는데, 공화정은 주전 27년경까지이며, 로마제국은 옥타비아누스(Gaius Octavianus)가 첫 황제 아우구스투스 시저(Augustus Caesar: 주전 27 - 주후 14년)가 되면서 시작된다.[18] 이 무렵에 로마 여자들이 누린 자유는 헬라 여인들은 도저히 따라갈 수 없는 것이었다.

초기 로마사회에서는 드물게 여성을 동등하게 여기는 태도가 나타나기도 했다. 초기 로마문화의 중요성은 가부장제에 귀속되었으므로 여성들은 여전히 남성의 보호 아래에 살았다.[19] 부유한 로마 여성들에 대한 전통적인 기

---

14) Oepke, *TDNT*, "gune", 1:778.
15) Gritz, *Paul*, 16.
16) Pomeroy, *Goddesses, Whores, Wives, and Slaves*, 137.
17) Oepke, *TDNT*, "gune", 1:778.
18) 박용규, 『초대교회사』(서울: 총신대학교 출판부, 1994), 30-33과 553을 보라.

대는 결혼과 모성을 포함하였다.[20] 비록 여자들이 아버지와 남편의 권위 아래에서 살았지만, 그들은 가족 내에 강한 권한을 소유하였다. 아내들은 모권 가정의 여주인들이었다.[21] 여자들은 결혼관계를 끝낼 수 없었지만, 법은 남자들이 아내들과 이혼하는 것 역시 제약하였다. 로마인들은 결혼에서 배우자들에게 충실해야만 하는데, 그렇다고 이것이 남자들을 위한 성적인 충성을 의미하지는 않았다.[22]

주전 3세기까지 로마 사회는 여성의 신분을 개선시켰다. 여성들은 재산을 취득하고, 결혼과 이혼을 결정할 수 있었으며, 실제로 남편을 선택하기까지 하였다. 이 시기 여성들이 누린 자유의 정도에 대해서는 학자들 간에 상당한 이론들이 존재하는데, 자유를 강조하는 편에 선 트렉기아리는 "(로마의) 마르쿠스 툴리우스 키케로의 시대(주전106 - 43)까지는 아내의 복종은 필수적이지도, 중요하지도 않았다"고 주장하였다.[23] 윈터 역시 "로마 공화정 말기까지 아내들의 복종에 대한 개념은 소멸되었다"고 말한다.[24]

로마제국 시대에는 더욱 극적으로 여성의 신분이 개선되었다.[25] 여성들은 자유를 구가했고, 아내의 위치는 상당히 높은 것으로 인식되었다. 여자들을 격리하던 방은 더 이상 없었고, 일부일처제가 더욱 권장되었다.[26] 남

---

19) Pomeroy, *Goddesses, Whores, Wives, and Slaves*, 150-151.
20) Pomeroy, *Goddesses, Whores, Wives, and Slaves*, 164.
21) J. P. V. D. Balsdon, *Roman Women: Their History and Habits*(London: Bodley Head, 1962).
22) Hurley, *Man and Woman*, 75.
23) Treggiari, *Roman Marriage: Iusti Coniu7ges From the Time of Cicero to the Time of Ulpian*, 261.
24) Bruce W. Winter, *Roman Wives, Roman Widows, The Appearance of new Women and the Pauline Communities* (Grand Rapids: Eerdmans, 2003), 113.
25) Gritz, *Paul*, 17.
26) Oepke, *TDNT*, "gune" 1:779-780.

편에게 순종할 의무가 사라지고, 남편들은 법적으로 아내들을 제약할 권리가 없었다.27) 그러나 무엇보다도 중요한 것은 이런 모든 자유와 권리는 철저히 상류층에 제한되어 있었음을 기억해야 한다. 하류층의 여자들은 이러한 특혜를 누리지 못했다. 여자들의 자유와 기회의 정도는 사회적 계급에 따라 달랐다.28) 이혼하기가 쉬워짐에 따라서 결혼은 붕괴되었고 윤리도덕 표준이 쇠퇴해졌다. 도덕적 타락이 로마제국의 특성으로 나타났다.29)

로마여인들은 헬라여인들보다 훨씬 많은 자유를 집 밖에서 누렸다. 부유층의 여인들은 공적 사교모임에 참석하거나 친구들을 만났다. 많은 여자들이 여자들만의 종교 활동에 참여하였다. 상류층 여자들은 교육의 결과로 남자들과도 지적인 교류를 할 수 있었다. 로마여성들은 그들의 삶의 방향을 선택할 수 있었다. 왜냐하면 사회가 전통적인 가정주부 역할보다 더 많은 역할을 하는 데에 관대했기 때문이었다. 여자들은 자신들의 지참금 관리사업도 하고, 이렇게 향상된 경제권을 가지고 유산도 받을 수 있었다. 또 독립적인 법적 권리를 소유하게 되었고, 법적 증인 역할도 할 수 있었다. 뿐만 아니라 로마 시민권을 얻을 수도 있었고 기본적으로 그들의 문화영역 모든 곳에서 활동할 수 있게 되었다.30)

그러나 하류층 여성들은 숫자적으로는 우위를 점하지만 명성을 얻은 여성들은 드물었다. 그들은 전통적인 가사 기능 이상의 훈련을 받지 못했고 그들의 경제적 신분이 그들에게 호사스러운 삶을 살 수 없게 했다. 여자아기들을 버리거나 딸들을 파는 로마관습은 많은 여자들을 노예나 창녀로 내

---

27) Swidler, *Women in Judaism*, 24.
28) Hurley, *Man and Woman*, 76.
29) Oepke, *TDNT*, "gune" 1:780.
30) Pomeroy, *Goddesses, Whores, Wives, and Slaves*, 170, 176, 188-189; Hurley, *Man and Woman*, 176.

몰았다. 사회는 항상 고용 가능한 여성 노예들을 성적 대상으로 간주하였다. 상점 주인이나 공예가로 일하는 자유 여인들이나 직업계층 여성들도 있었다. 이 중 많은 여자들이 부를 축적하였다.[31]

3) 남자와 여자의 머리 모양에 대한 감독

고린도전서 11장에는 고린도교회 공동체가 당면한 머리 모양에 대한 가르침이 나온다. 근래에는 전통적인 해석과는 상당히 거리가 있는 해석들이 설득력을 얻고 있는데, 그 이유 중 하나는 바울 당시 머리 모양에 대한 연구가 학자들에 의해 상세하게 이루어진 까닭이다.

여기서는 구약시대를 시작으로, 유대주의와 바울 당시 즉 신약시대를 거쳐서 헬라와 로마시대의 남자와 여자들의 머리 모양에 대해서 총괄 정리함으로 다음 장에서 다룰 11장의 논의를 용이하게 하려 한다.

a. 이스라엘 남자

① 구약성경 사례들 : 세마포 관, 세마포 두건, 수건, 정결한 관

먼저, 구약성경과 유대주의 관습은 예배를 인도하는 남자들이 머리를 덮어야 하는 세마포 관(冠), 세마포 두건(출 28:4, 37, 39; 29:6; 39:28, 31; 레 8:9; 16:4), 수건(겔 24: 17, 23) 및 정결한 관(슥3:5) 등을 승인하고 있다. 라이트푸트는 "머리를 덮지 않고는 기도하지 않는 것이 유대인의 관습이었다.

---

31) Pomeroy, *Goddesses, Whores, Wives, and Slaves*, 190-199.

이것은 경건하게 보이기 위한 의식이었고, 하나님 앞에서 얼굴을 드러낸 채로 하나님을 바라보는 것은 수치라고 생각했기 때문이었다"라고 말한다.32) 구약성경이 승인하는 맥락을 뒷받침하며 라이트푸트가 말하고 있는 것은 오히려 남자가 머리에 관이나 두건을 쓰는 것은 장려될 일로 나타남을 알 수 있다. 이러한 구약성경과 유대 관습에 익숙한 바울이 왜 남자가 머리에 무엇을 쓰고 기도나 예언하는 것을 막았을까? 이 의문을 풀기 위해 구약성경에 나오는 사례들을 보자.

만약, 세마포 관이나 두건이 허용된다면, 머리 위에 얹는 머리 덮개들과 상관없이 '머리털 자체' 관리에 관해 구약성경이 지시하는 어떤 규례들이 있는지 확인해 볼 필요가 있다. 머리털에 대한 지시사항들이 나와 있는 구약성경 본문들은 다음과 같다.

    (i) 레위기 10:6; 13:45; 21:5, 10
    "모세가 아론과 그의 아들 엘르아살과 이다말에게 이르되 <u>너희는 머리를 풀거나 옷을 찢지 말라</u>"(레 10:6)
    "나병환자는 옷을 찢고 <u>머리를 풀며</u> 윗 입술을 가리고 외치기를 부정하다 부정하다 할 것이요"(레 13:45)
    "제사장들은 <u>머리털을 깎아 대머리 같게 하지 말며</u> 자기의 수염 양쪽을 깎지 말며 살을 베지 말고(레 21:5)
    "자기의 형제 중 관유로 부음을 받고 위임되어 그 예복을 입은 대제사장은 <u>그의 머리를 풀지 말며</u> 그의 옷을 찢지 말며"(레 21:10)
    (ii) 민수기 6:5, 18
    "나실인은 그 서원하고 구별하는 날 동안은 <u>삭도를 절대로 그의 머리에 대지 말 것이라</u> 자기 몸을 구별하여 여호와께 드리는 날이 차기까지 그는 거룩한즉 <u>그의 머리털을 길게 자라게 할 것이며</u>"(민 6:5)

---

32) J. B. Lightfoot, A *Commentary on the New Testament from the Talmud and Hebraica, Matthew - 1 Corinthians* (Peabody: Hendrickson, 1989), 229-230.

"나실인은 그 구별한 날이 차면 자기의 몸을 구별한 나실인은 회막문에서 <u>자기의 머리털을 밀고</u> 그것을 화목제물 밑에 있는 불에 둘지며"(민 6:18)

(iii) 이사야 7:20

"그날에 주께서 하수 저쪽에서 세내어 온 삭도 곧 앗수르 왕으로 <u>네 백성의 머리털과 발 털을 미실 것이요 수염도 깎으시리라.</u>"

(iv) 에스겔 44:20

"그들은 또 <u>머리털을 밀지도 말며 머리털을 길게 자라게도 말고 그 머리털을 깎기만 할 것이며</u>"

남자의 머리 형태에 대해 지시하는 본문들에서 보았다시피 제의를 인도하는 제사장은 머리털을 풀지 말고(레 10:6) 깎아서 대머리 같게 하지도 말라는 것이다(레21:5). 또 친족의 죽음에서는 일반인들은 머리를 풀지만, 제사장은 머리를 풀어서는 안 되며(21:10), 밀지도 말고 길게 자라게도 말고 단순히 '깎기만 하라'(겔 44:20)는 지시이다. 머리털과 발털을 밀고 수염을 깎는 행위(사 7:20)는 수치이므로 금지당하는 것이다.

이러한 남자의 머리 형태에 대한 지시에서 예외적인 경우들이 두 부류의 사람들에게 적용되는데 바로 나실인과 나병환자이다. 나실인의 경우, 서원 기간 동안은 머리털을 길게 자라게 하여(민 6:5) 그 기간 동안에는 다른 사람들과 구별된다는 의미를 나타낸다. 구별한 날이 차면 그 머리털을 밀라는 지시(민 6:18)이다. 이것은 밀지 말고 길게 자라게도 말라는 다른 지시와는 다르다.

또 나환자의 경우도, '머리를 풀고 부정하다 부정하다를 외치게 함으로써'(레 13:45) 스스로를 구별시켜 다른 사람들의 접근을 방지하도록 하는데, 이 또한 다른 지시들과는 다르다.

b. 이스라엘 여자

① 여자의 너울이나 머리털과 관련된 구약성경과 유대관습

구약성경시대의 이스라엘 여자들은 남자들에게 얼굴을 보일 수 있었다. 이 말은 그들이 베일을 쓰지 않았음을 증명하는 것일 수 있다. 이를 유대관습과 비교해 보자.

(i) 창세기 24:65 (리브가의 너울)
"종에게 말하되 들에서 배회하다가 우리에게 마주 오는 자가 누구냐 종이 이르되 이는 내 주인이니이다 리브가가 너울을 가지고 자기의 얼굴을 가리더라"
(ii) 창 38:14 (너울을 쓴 다말)
"그가 그 과부의 의복을 벗고 너울로 얼굴을 가리고 몸을 휩싸고"
(iii) 레위기 13:45
"모세가 아론과 그의 아들 엘르아살과 이다말에게 이르되 너희는 머리를 풀거나 옷을 찢지 말라"
(iv) 민수기 5:18-28
(간음이 의심되는) 여인을 여호와 앞에 세우고 "그녀의 머리를 풀고" … "제사장은 저주가 되게 할 쓴 물을 들고" … "저주가 되게 하는 쓴 물의 해독이 없으리라"(19)
(v) 신명기 21:11-12
"네가 만일 그 포로 중의 아리따운 여자를 보고 그에게 연연하여 아내를 삼고자 하거든 그를 집으로 데려갈 것이요 그는 그 머리를 밀고 손톱을 베고"
(vi) 이사야 3:18-24 (예루살렘 여인들에 대한 심판)
"주께서 그 날에 그들이 장식한 발목고리와 머리의 망사와 반달장식과 귀고리와 팔목고리와 얼굴가리개와 화관과 발목 사슬과 띠와 향합과 호신부와 반지와 코고리와 예복과 겉옷과 목도리와 손주머니와 손거울과 세마포 옷과 머리수건과 너울을 제하시리니 그때에 썩은 냄새가 향기를 대신하고 노끈이 띠를 대신하고 대머리가 숱한 머리털을 대신하고 굵은 베옷이 화려한 옷을 대신하고 수치스러

운 흔적이 아름다움을 대신할 것이며
(vii) 예레미야 7:29 (예루살렘을 여자로 의인화)
"(예루살렘아) 너의 머리털을 베어버리고 벗은 산 위에서 통곡할지어다 여호와께서 그 노하신 바 이 세대를 끊어버리셨음이라
(viii) 미가 1:16 (유다를 어미로 의인화함)
"너는 네 기뻐하는 자식으로 인하여 네 머리털을 깎아 대머리 같게 할지어다 네 머리가 크게 벗어지게 하기를 독수리 같게 할지어다 이는 그들이 사로잡혀 너를 떠났음이라"

이상 구약성경 본문들을 살펴본 결과, 리브가가 쓴 너울은 정확히 임기응변용이며 늘상 둘렀다고 볼 수 없고, '얼굴을 가리는 너울'로서 머리를 가리는 결혼베일이나 머리덮개와는 일치한다고 볼 수 없다. 특히 다말의 경우, 과부의 옷을 벗고 창녀로 변장한 의상을 입었을 때 사용하였고, 유다는 그런 차림의 그녀가 창녀라고 단박에 추정하였다. 따라서 일반적인 여성들의 머리 모양이라고 볼 근거는 없다.

c. 헬라

Andania의 비문에 의하면, 헬라여자들은 비밀종교 예배에서 베일 쓰는 것을 오히려 금지 당한다.[33] 그리고 머리를 풀어헤친다. 이런 종교제의에서 여자들은 베일을 쓰지 않았다는 것을 그림들이 확인해 준다. 이것은 상당히 오랜 관행이었음에 틀림없다. 그것은 Desponia 사원의 규칙이 "여자들의 머리카락은 땋지 말고 드러나야 되고, 남자의 머리는 덮여져서는 들어올 수 없다"는 것을 함축하는 주전 3세기부터 시행되었던 규칙이 말해준다.[34]

---

33) A. Oepke, "Katakaluptw" *TDNT* 3:562.
34) Ross Shepard Kraemer, *Her Share of the Blessings: Women's Religions Among Pagans,*

헐리는 "헬라 도자기들은 우아한 머리모양에 대한 정보를 제공한다. 아주 이른 시기부터 헬라 여자들은 머리덮개가 없었다"고 말한다.35) 그는 그 당시의 헬라와 로마의 관행은 예술과 문학에서 증명되듯이 어떤 종류의 베일도 포함하지 않는다. 여자들이 머리를 어떤 옷으로 덮었는지 전혀 문제되지 않았다.36)

후르슈만은 "헬라여자들은 부분 머리망, 머리망, 리본으로 머리를 모았다"고 말한다.37) 갈트는 "헬레니즘 기간(주전 8세기-주전 323년)에 헬라여자들은 그 얼굴을 베일로 덮는 것으로 묘사된다"38)고 설명하면서도 헬라사회가 공적 장소에서 여자들이 베일을 쓰지 않은 것이 수치였다는 언급은 분명히 하지 않는다. 데이비스는 "고대 이집트인들은 유럽인들처럼 얼굴에 베일 쓰는 것에 생소하였다. 그들의 그림이나 조각품에는 베일이 나타나지 않기 때문이라"39)고 말한다. 스미스는 "동전에 새겨진 헬라왕족 여자들은 신분과 권위의 상징으로 그들의 머리를 옷으로 치장하였다."40)

이상의 사례들 외에 헬라문화에서 옷감으로 된 머리덮개를 쓴 여자들에 대한 묘사는 희귀하다는 점에서 그 문화는 머리덮개를 요구하지 않았음을 알 수 있다. 헬라문화를 이어받은 로마관습은 여자들의 머리덮개에 대해 어

Jews and Christians in the Greco-Roman World (Oxford: Oxford Univ. Press, 1992), 146; 237 n.74.
35) James B. Hurley, "Man and Woman in 1 Corinthians" in *Brill's New Pauly* (2005), 6.19-20.
36) Hurley, *Man and Woman*, 67, 257, 268.
37) Rolf Hurschmann, "Headgear," in *Brill's New Pauly* (2005), 6:19-20.
38) Caroline M. Galt, "Veiled Ladies," *American Journal of Archaeology*, 35 (1931), 373-393.
39) T. W. Davies, "Veil," in *A Dictionary of the Bible*, 4.848.
40) R. R. R. Smith, *Hellenistic Royal Portraits* (Oxford: Oxford University Press, 1985), 75, 5-7.

떻게 변화되었는지를 살펴보자.

d. 로마

로마의 예배와 희생 제사를 인도하는 여자는 로마제국의 남자들과 동일하게 관습에 따라 옷을 머리 위로 올렸다.41) 옷을 머리 위에 올리는 데에 대한 로마의 예배관습에는 남녀 성별 구분이 없었다.42) 따라서, 고린도전서 11장에서 예배 중 성별에 따른 머리덮개의 사용 여부를 지도하는데, 이러한 내용은 로마 관습의 지지를 받지 않는 것으로 보인다.

로마 여자들의 면사포 혹은 머리덮개와 관련해서는 이견이 발견된다. 세베스타에 의하면, 면사포는 로마문화에서 신부의상의 가장 상징적인 특성이다. 면사포는 주피터 사제의 아내와 관련되어, 평생 한결같은 정절의 상징이었다. 이것은 본래 헬라문화에서 연유된 것이었지만, 서부 라틴지역의 제국적 영향 때문에 동부 라틴지역의 상류사회에는 머리덮개가 덜 일상적이었다. 그러나 상류계층은 공적인 장소에 자신들의 존재를 완전히 드러냈고, 황후는 직사각형의 망토를 입고 공적 장소에 나가 주목을 받았다.43)

정숙하지 못한 여자들의 의상은 베일이나 망토를 입지 않고 어깨와 가슴을 부분적으로 드러내었다. 이것은 로마사회의 이중적인 기준들이었다. 이것은 로마여자들의 것이기보다는 외국적인 것으로서 난혼의 상징을 보여준다.44) 특히 세베스타는 베일에 대한 한 가지 실례를 다음처럼 설명한다.

---

41) Douglas R. Edwards, "Dress and Ornamentation," *The Anchor Bible Dictionary* (New York: Doubleday, 1992), 2:237.
42) A. Oepke, "Katakaluptw" *TDNT*, 3:562.
43) J. L. Sebesta, "Symbolism in the Costume of the Roman Woman," in *The World of Roman Costume*, ed. L. Bonfante and Sebesta (Madison: University of Wisconsin Press, 1994), 48.

베일이 아내에 대한 남편의 권위를 상징하였으므로 아내가 베일을 벗는 것은 결혼에서 그 자신을 철회시킨다는 신호였다. 집정관 술피시우스 갈루스의 비화에서 그의 아내가 베일을 벗고 집 밖으로 나감으로써 자신만이 보아야 하는 것을 모든 사람들이 보게 했기 때문에 이혼하였다. 그 아내가 베일을 벗었을 때, 그녀는 지체 높은 기혼녀의 위치로부터 자신을 제외시킨 것이었다. 이것이 갈루스가 아내와 이혼한 근거였다.[45]

그의 이혼 당한 아내는 더 이상 결혼을 뜻하는 전통적인 만토를 입을 수가 없으므로 공적인 장소에서 그녀의 머리까지 끌어올릴 수 없게 되었다. 이러한 로마세계의 정형적인 여성의 머리덮개에 대한 묘사와 상반되는 특별 내용 즉, 이례적 행사에서의 이례적인 머리모양을 지적한 플루타크에 주목하면, 정상적인 여성의 머리모양에 대해 추론할 수 있을 것이다.

> 왜 부모의 장례행렬에서 아들들은 머리를 덮고 딸들은 머리덮개를 머리에 쓰거나 머리를 묶지 않는가? 아마도 애도할 때에는 정상적이지 않은 이례적인 관습을 보이는 것이다. 즉, 여자들은 공중 앞에 나갈 때는 머리를 덮고 남자는 머리를 덮지 않지만, 장례식은 이례적인 행사이므로 남자와 여자가 비정상적 머리모습을 연출하는 것이다.[46]

플루타크의 묘사를 통해 당시 남자들은 일상적으로 머리를 덮지 않지만 여자들은 두 가지 형태 즉, 머리를 묶거나 머리에 무엇을 쓰는 것이 일상적이었음을 알 수 있다. 그런데 이에 덧붙여서 로마사회에서 반드시 머리덮개 쓰는 것을 요구받지는 않았다는 주장이 근래에 들어 학자들 사이에 공감을 얻는 것 같다. 그렇다고 해서 베일 문화가 생기지 않았다거나, 베일을 쓴

---

44) J. N. Adams, *The Latin Sexual Vocabulary* (London: Duckworth, 1982), 228.
45) Sebesta, "Symbolism in the Costume of the Roman Woman," 48.
46) Plutarch, *Moralia* 4:26; Winter, *Roman Wives, Roman Widows*, 81-82.

여자들이 희귀했다는 것을 의미하는 것은 아니다. 로마문화에서 여자들이 머리를 덮개로 덮지 않은 것을 수치스러운 것으로 간주하기에는 증거가 부족하다는 의미이다.

위더링톤은 "여자들의 공적인 초상화들은 머리덮개를 쓰지 않는 것으로 나타난다"고 말하고,47) 윈터는 "조각품들은 정숙한 아내와 황실 가족의 단순한 머리모양을 나타낸다. 이런 예술품들은 제국 전체에 걸쳐 복제되었고 현숙한 기혼녀들에 의해서 모방된 '유행된 모습'을 나타내었다"48)라고 하였다. 또한 바울 당대의 여러 공적 장소에서의 머리 형태에 대해 살펴본 결과 여자들은 다양한 장식품으로 머리를 틀어서 올렸다는 것이 일치점으로 나타난다. 그것은 여자들의 기품, 고결함과 명예의 상징이었고, 머리를 풀어헤치는 것은 수치를 가져다주는 행위로 구분할 수 있었다.49) 바울 당대와 1세기 헬라 로마는 머리덮개 대신에 머리장식이나 머리형(style)에 대해서 관심이 컸다.

로마에서는 남자와 소년들은 비교적 짧은 머리인 반면, 헬라남자들은 긴 머리를 선호했는데, 때로는 어깨까지 드리웠다. 두 문화에서 성인 여자들은 긴 머리를 풀어서 늘어뜨리지 않고 틀어서 올리거나 머리 뒤에 다양한 모습으로 처리하였다. 이것이 유물에 나타난 그 당시의 머리 형태였다. 그러나 문학작품에서는 절망과 슬픔의 상징으로는 헝클어진 머리형을 드러내었다.50)

로마공화정 시대에 젊은 여자들은 핀을 찔러서 간단히 묶고 다녔다. 로

---

47) Ben Witherington III, *Conflict & Community in Corinth: A Socio-Rhetorical Commentary on 1 and 2 Corinthians* (Grand Rapids: Eerdmans, 1995), 234.
48) Winter, *Roman Wives, Roman Widows*, 104.
49) Hurley, *Man and Woman*, 270-271.
50) Hurley, *Man and Woman*, 257.

마공화정 후기에는 여러 가지 장식으로 더 복잡한 머리형을 선호했다. 예수님 당대까지는 값비싼 장식들을(정절의 상징인 모직 머리끈에서 시작하여 색이 화려한 비단 리본까지)한 머리형들이 대세였다. 그 후 귀금속들과 금으로 제작한 머리핀이나 진주와 보석장식들이 등장하였다. 머리모양도 각양각색이었다.[51] 이것은 유대관습에서도 예외가 아닌데, 구약성경의 전통을 계승한 것일 수도 있고, 정치적으로 모두 로마제국의 식민지였기 때문에 로마문화의 영향일 수도 있고, 혹은 두 전통들의 혼합의 결과라고 추정할 수도 있다. 정확한 구분은 힘들고, 굳이 구분할 이유도 없다고 본다. 특히 헤라(Hera)와 데메테르(Demeter)와 같은 여신들이나 황후들은 베일을 쓰지 않는 것으로 묘사된다.[52]

결론적으로, 헬라로마 여자들은 사회 전반적으로 경쟁적인 머리형으로 자신을 과시하였기 때문에 머리덮개를 쓰는 관습을 선호했는가에 대해 의문을 제기할 수밖에 없다. 머리를 덮는다는 것은 머리를 틀어서 올리는 것을 의미하는 것일 것이다. 따라서 만약 사도바울이 고전 11:5 본문에서 머리를 덮는 베일을 요구하고 있다고 해석한다면, 이는 아마도 헬라여자들의 관습에 적절한 것은 아니었을 것이다. 전술한 바와 같이 기도하는 여자들을 포함하여 헬라여자들은 머리덮개를 하지 않는 것으로 묘사되었고, 따라서 머리덮개를 벗는 것에 대해서 헬라여자들은 수치로 생각하지 않았다는 것은 참조할 가치가 있다. 외프케 역시 이 관점을 지지하면서 여제(女帝)들과 여신들처럼 거룩함을 지키는 헤라와 데메테르 역시도 베일을 쓰는 것으로 묘사되지 않는다고 지적한다.[53]

---

51) J. V. D. Balsdon, *Roman Women*, 252.
52) A. Oepke, *TDNT* 3:562.
53) A. Oepke, *TDNT* 3:562.

그렇다고 아무렇게나 자유롭게 하고 다닌 것은 아니었다. 분명 당시의 격조 있는 머리나 옷의 형태들은 있었다. 크루크는 말하길, "로마사회의 본질적인 관점은 로마법으로 세워졌으며 의식적으로 그 법을 기초로 사회를 운영하였다. 따라서 로마시민들은 법률에 의존하는 강한 경향이 있었다."[54] 따라서 결혼베일에 대한 사회적 상징성과 기혼여성들이 입는 의상들에 대한 구별이 로마법에 의해서 지지 받았고 로마 식민지 고린도에서 준수되어야만 하였다.[55] 1세기 기혼여성은 의상에 대한 개인적인 책임을 져야만 했다. 그들은 존경받을 만하게 보여야만 보호받을 수 있었다.[56] 즉, 여인들은 자신의 신분과 관련하여 사회에 분명한 신호를 보내야 한다.[57] 로마법은 방탕한 아내와 정숙한 아내를 구분했고,[58] 아우구스투스의 법은 정숙한 아내와 간음녀와 창녀에 대한 외관상의 구분을 정하고 있었다.[59] 적절하게 옷을 입어야 하는 법적인 동기부여가 되었으므로, 맥긴의 말은 이러한 분위기를 잘 정리한 것이라 할 수 있겠다. "당신이 입은 의상이 당신이 어떤 신분인지를 규정한다."[60]

---

54) J. A. Crook, *Law and life of Rome, 90 B.C.-A.D. 212* (New York: Cornell univ. Press, 1967), 7-8.
55) J. J. Aubert and B. Sirks, *Speculum Iuris: Roman Law as a Reflection of Social and Economic Life in Antiquity* (Ann Arbor: University of Michigan Press, 2002), vi-vii ; J. A. Crook, n.29.
56) A. T. Croom, Roman Clothing and Fashion, 75.
57) T. A. J. McGinn, *Prostitution, Sexuality, and the Law in Ancient Rome* (Oxford: Oxford University Press, 1998), 154.
58) Digest, 9.9.20.
59) McGinn, *Prostitution*, 143, 154,
60) McGinn, *Prostitution*, 162.

2. 모든 상황을 고려해서 주를 제대로 섬기라(고전 7:1-24)

1) 고린도전서 7장의 배경

고린도전서를 집중 연구한 학자 티슬턴은 이렇게 말한다. 고린도전서 1-6 장에서 옳고 그름이 아주 분명한 주제들을 다루었다면, 7-10장에서는 소위 '회색지대'라 불릴 수 있는 사안을 다루고 있다는 말을 하면서 바울은 이에 대한 논쟁에서 양편이 지닌 장점을 골고루 고려하여 자신의 입장을 개진한 다고 보았다.[61] 그런 이유로 7장부터는 고린도전서의 구성상 주요 전환을 이루고 있다. 이는 고린도교인들이 바울의 충고와 지침을 얻고자 했던 문제를 다루기 때문이다.[62]

특히, 여기서 논의된 성과 혼인에 대한 바울의 입장은 교회사 속에서 광범위하게 오해받은 부분이기도 하다. 여성을 무시하고 성을 추한 것으로 취급하는 것으로 잘못 파악하였기 때문이다. 우리가 유념해야 할 점은 바울이 이 장에서 혼인에 대한 일반론을 펼친 것이 아니라, 고린도교회가 직면한 상황 속에서 교인들이 바울에게 제기한 질문에 대해 답변하고 있는 것이다.[63] 이는 7장 1절 "너희가 쓴 문제에 대하여 말하면"($\Pi\epsilon\rho\grave{\iota}\ \delta\grave{\epsilon}\ \tilde{\omega}\nu\ \grave{\epsilon}\gamma$

---

61) Anthony C. Thiselton, *First Corinthians: A Shorter Exegetical and Pastoral Commentary* (Grand Rapids: Eerdmans, 2006); 권연경 역,『고린도전서: 해석학적&목회적으로 바라본 실용적 주석』(서울: SFC, 2011), 185-186.
62) David E. Garland, *1 Corinthians*, 242와 Richard B. Hays, *First Corinthians*: A Bible Commentary for Teaching and Preaching, Interpretation (Louisville: John Knox, 1997; 유승원 역,『고린도전서 : 목회자와 설교자를 위한 주석』(서울 : 한국장로교출판사, 2006), 199 그리고 Thiselton,『고린도전서』, 185.

ράψατε 페리 데 운 에그랍사테)이라는 부분에서도 이미 파악되는 부분이다.

7장은 부부 간의 성과 결혼, 여성에 대한 비하적 시각을 반영하고 있다는 기존의 생각과는 반대로 도리어 남편과 아내는 동등한 특권과 책임이 있음을 여러 경우와 주제를 통해 반복적으로 전개하고 있다.[64] 이 교훈은 이미 결혼한 사람들뿐 아니라 독신, 홀로 된 과부와 홀아비의 재혼 등 여러 경우들을 총망라하며, 남자와 여자의 경우에 대해 계속적으로 평등성과 상호성을 강조한다. 3-5절은 특히 이러한 상호성을 매우 강조하는 진술이다.

2) 고린도전서 7장 본문 주해

a. 기혼자들의 의무(고전 7:1-2)

이 부분은 부부 간의 성과 결혼에 대한 부정적 견해와 여성 비하적 시각을 반영하고 있다고 일반적으로 생각되어왔다. 그러나 최근 주석들은 오히려 그와 반대로 여기 있는 많은 진술들은 결혼의 상호성, 즉 남편과 아내는 동등한 특권과 책임이 있음을 반복해서 이야기한다. 그것을 자세히 살펴보자.

> 1절 "너희가 쓴 문제에 대하여 말하면 남자가 여자를 가까이 아니함이 좋으나"
> 2절 "음행을 피하기 위하여 남자마다 자기 아내를 두고 여자마다 자기 남편을 두라"

---

63) Craig L. Blomberg, *1 Corinthians*, NIV Application Commentary (Grand Rapids: Zondervan, 1994); 채천석 역,『고린도전서』(서울: 솔로몬, 2012), 201과 Hays,『고린도전서』, 156.
64) 7장에서 결혼에 있어 양성의 상호성을 강조하는 부분은 다음과 같다. 3-5, 8-9, 10a/11b , 12-16, 28, 32-34절 등을 참고하라.

최근 지지를 받는 견해는 1절 하반절의 "남자가 여자를 가까이 아니함이 좋으냐"라는 표현이 바울 자신의 것이 아니라, 그가 서신의 수신자들의 견해를 표현하는 슬로건을 단지 인용했다는 것이다.[65] 이를 이해하는 것이 7장을 잘 이해하는 열쇠가 된다.

남자가 여자를 '가까이 하지 아니함이라 번역된 $\mu\grave{\eta}\,\H{\alpha}\pi\tau\varepsilon\sigma\theta\alpha\iota$ 메 아프테스다 이는 '여자를 건드리다'는 뜻이며 성교를 우회적으로 표현한 말이지 결혼한다는 의미로 사용된 적이 전혀 없다.[66] 따라서 2절에서 음행($\tau\grave{\alpha}\varsigma\,\pi o\rho\nu\varepsilon i\alpha\varsigma$ 타스 포르테이아스) 때문에 남자마다 아내를 두고 여자마다 남편을 두라는 것은 결혼의 목적 자체가 음행을 피하기 위해서라는 의미가 아니다. 이미 혼인한 사람들에게 각자의 배우자와 성관계를 지속함으로써 서로에게 음행을 저지르고자 하는 유혹이 틈타지 못하도록 하라는 명령이라는 것이다.[67]

블룸버그는 이 가르침을 "고린도에서 금욕 지향적 파당에 대한 바울의 적용"으로 보고, "남편과 아내가 성관계를 계속함으로 다른 유혹에 넘어가지 않게 해야 한다"는 의미라고 주장한다.[68] 음행은 공동체에게 재앙을 가져다주기 때문이다.[69]

이 재앙을 피하기 위해 결혼한 부부가 서로 합의하지 않은 채 금욕하지 말라는 명령이다. 2절이 상반 접속사 $\delta\grave{\varepsilon}$ 데(오히려)로 시작하는 것과[70] 동사

---

65) Fee, *1 Corinthians*, 304와 Blomberg,『고린도전서』, 152와 Hays,『고린도전서』, 201, 그리고 Thiselton,『고린도전서』, 187-188을 참고하라.
66) Hays,『고린도전서』, 204.
67) Hays,『고린도전서』, 204-205와 Blomberg,『고린도전서』, 153쪽을 보라. 이는 추측에 불과하다는 의견도 있지만 현대 주석적 발견이라 볼 수 있을 것 같다. 반대로, 바렛은 (Barrett,『고린도전서』, 188-189)은 전통적 해석을 보여주는데, "남자가 여자에게 접근하지 않는 것이 좋다" 하는 7장 1절이 "남자가 독처하는 것이 좋지 않다" 하신 말씀과는(창2:18) 상반된다고 보았다.
68) Blomberg,『고린도전서』, 153.
69) Hays,『고린도전서』, 211.

ἔχω에코(두다)가 성행위에 참여한다는 의미라는 설명이[71] 이런 해석을 뒷받침한다. 음행의 문제는 이미 5장부터 심각하게 다루어졌으며, 6장 16절에서는 특히 '창녀와 합하는 자'는 그와 '한 몸'이라 이르면서 창세기 2장 24절을 지시함으로써, 결혼의 문맥을 환기한다.

학자들은 이러한 질문과 가르침의 배경이 되는 당시 상황을 추정하는데, 티슬턴은 6장 12-16절의 몸과 관련된 논증과 연결해서 다음과 같이 진술한다. "일부 신자들은 '영성'이란 문제가 몸을 통한 행위와 아무 상관이 없으며 오직 내적이며 개인적인 마음의 상태 혹은 '지식'의 문제일 뿐이라고 주장하고자 했다." 이런 '영지주의자들'은 두 가지 경향으로 대별되는데 몸을 아무렇게나 해도 된다고 여겨 방종하거나, 금욕주의적 자기 부인의 경향을 갖는 것이었다.[72] 블롬버그 역시 당시 고린도 남성들이 혼외 성관계에 자유로웠다는 그리스 로마의 사회적 풍속을 환기한다.[73] 금욕주의 역시 고대 지중해 연안에 널리 퍼져 있었다.[74]

이러한 사회적 배경을 고려하면 1-2절의 가르침은 매우 이해할 만하고 상황에 적절한 것이다. 동시에, 당시에 찾아볼 수 없는 놀라운 결혼관계의 상호성과 평등성은 시대를 훨씬 앞서가는 바울만의 독특한 관점이라는 것을 학자마다 인정하는데, 특히 이어지는 3-5절에서 두드러진다.

---

70) Thiselton, 『고린도전서』, 188.
71) Blomberg, 『고린도전서』, 153.
72) Thiselton, 『고린도전서』, 188.
73) Blomberg, 『고린도전서』, 153.
74) Hays, 『고린도전서』, 205.

b. 결혼의 상호성(고전 7:3-5)

> 3절 "남편은 그 아내에 대한 의무를 다하고 아내도 그 남편에게 그렇게 할지라"
> 4절 "아내가 자기 몸을 주장하지 못하고 오직 그 남편이 하며 남편도 그와 같이 자기 몸을 주장하지 못하고 오직 그 아내가 하나니"

3절은 양쪽 배우자 모두가 상호간에 결혼의 의무를 다할 것을 이야기한다. 블롬버그는 τὴν ὀφειλὴν ἀποδιδότω(텐 오페일렌 아포디도토, 3절; 의무를 다하고)를 직역하여 "빚진 것을 갚으라"는 의미라고 지적한다.[75] "아내가 자기 몸을 주장하지 못하고 오직 그 남편이 하며…"라는 문구는 고대 세계에 널리 퍼져 있는 견해였다. 그러나 이어지는 "남편도 자기 몸을 주장하지 못하고 오직 그 아내가 하나니"라는 문장은 가히 혁명적이며, 주후 1세기의 독자들에게 심한 충격을 주었을 것이다.[76] 당시 사회에 정절이라는 덕목이 아내들에게는 절대적이었지만, 이미 사회적 배경에서 살펴 본 바와 같이 남편에게는 그렇지 않았다는 것은 일반적인 사실이기 때문이다.

결혼한 배우자들은 서로 상대방 위에 올라설 수도 없고, 자율적인 남자 혹은 여자로서 분리될 수도 없으며, 상대 배우자에게 상호 복종하는 관계이다.[77] 헤이즈는 "바울이 그 시대의 지배적인 사고체계를 뒤흔드는 결혼관을 제시한다. 그것은 '배우자들은 서로에게 복종하고' 각 배우자가 상대 배우자에 대해 권한을 지니는 것이다"라고 거듭하여 강조한다.[78] 현대 사회에서는

---

75) Blomberg, 『고린도전서』, 153.
76) Thiselton, 『고린도전서』, 190과 Richard B. Hays, *First Corinthians*, (Louisville: John Knox, 1997), 116, 120.
77) Hays, 『고린도전서』, 116, 120.와 Fee, *1 Corinthians*, 327.
78) Hays, 『고린도전서』, 131.

당연하다고 여겨질 수 있는 이러한 가르침은 바울서신 당대에는 상상할 수 없는 것이었다.

> 5절 "서로 분방하지 말라 다만 기도할 틈을 얻기 위하여 합의상 얼마 동안은 하되 다시 합하라 이는 너희의 절제 못함을 인하여 사단이 너희를 시험하지 못하게 하려 함이라"

기도하기 위한 분방, 즉 일정 기간 동안 더 효과적인 기도생활을 위해 성관계를 자제하기로 결정하는 경우도 ἐκ συμφώνου에크 쉼포누 곧 상호 합의에 의한 것이어야 한다.[79] 이러한 강조점은 혼인 관계에 있는 양쪽 당사자가 하나님이 보시기에 본질적으로 동등하며, 그러한 동등성이 가져다 주는 존중으로 서로를 대해야 한다는 강력한 확증을 전달해준다.[80] 바울이 여기서 요구하는 상호적인 일치와 복종은 사실상 결혼의 모든 영역에 적용되어야 한다(참고 엡 5:21).

바울은 결혼과 독신 두 가지를 다 인정한다(7:7). 독신이 결혼보다 더 낫다는 것이 아니라, 두 상태 모두 각자에게 "하나님께서 자유로이 주신 나름의 은사가 필요하다는 것이다."[81]

c. 결혼과 이혼(고전 7:8-16)

① 홀아비와 과부(고전 7:8-9)

여기서 혼인하지 않은 자 ἄγαμος하가모스는 홀아비들을 가리키는데

---

79) Thiselton, 『고린도전서』, 190.
80) Blomberg, 『고린도전서』, 157-158.
81) Thiselton, 『고린도전서』, 191.

(7:8), 7장 전체의 다른 지시사항들이 보여 주었듯이 이 조언 역시 그 상호성의 배경에 깊게 연관되어, 남녀 양쪽 모두를 평등하게 다룬다.82)

> 8절 "내가 혼인하지 아니한 자들과 및 과부들에게 이르노니 나와 같이 그냥 지내는 것이 좋으니라"
> 9절 "만일 절제할 수 없거든 혼인하라 정욕이 불같이 타는 것보다 혼인하는 것이 나으니라"

재미있는 것은 본 절에서 티슬턴은 혼자된 여자의 경우 일 년 내에 재혼하는 통례 즉, '바람직하지 않은 사회적 압력에 저항하라는 독려일 수 있다고 보았는데'83) 반대 시각도 있다는 점이다. 헤이즈는 "바울의 교훈은 홀로 남겨진 사람들의 재혼을 엄격하게 금해야 한다고 주장하는 고린도교회의 성 반대주의자의 입장을 떠 올린다"고 반론한다.84)

② 그리스도인 부부 : 이혼하지 말라(고전 7:10-11)

바로 앞 문단에서는(7:8-9) 혼인하지 않은 자들, 즉 홀아비와 과부들에게 간단하게 현재 상태에 머무는 것이 좋다는 조언을 하였는데 혼인한 자들에게는 주님께서 직접 명하신 것을 전하고 있다.85)

> 10절 "혼인한 자들에게 내가 명하노니(명하는 자는 내가 아니요 주시라) 여자는 남편에게서 갈리지 말고"
> 11절 "(만일 갈릴지라도 그냥 지내든지 다시 그 남편과 화합하든지 하라) 남

---

82) Hays, 『고린도전서』, 212.
83) Thiselton, 『고린도전서』, 193-194.
84) Hays, 『고린도전서』, 213.
85) 학자들은 바울이 여기서 초기 예수님이 이혼을 금하신 내용을 염두에 두고 있다고 밝힌다(막 10:2-12; 마 5:31-32; 19:3-12; 눅 16:18). Hays,『고린도전서』 214쪽과 Blomberg,『고린도전서』, 155쪽, 그리고 Fee, *1 Corinthians*, 323-326쪽을 참고하라.

편도 아내를 버리지 말라"

학자들은 이 교훈이 바울이 그의 교회에 주는 지침을 뒷받침하기 위해 분명하게 드러나는 예수님의 교훈에 호소하는 몇 안 되는 구절 중 하나라고 말한다.[86] 7장 전체에서 이 부분은 상호관계가 다른 구절처럼 명확하게 드러나지는 않아 보인다. 그러나 학자들은 전체의 흐름이 남녀의 대칭적 처리인 점을 고려할 때 같은 명령을 암시한다고 보았다.[87]

③ 불신자와 결혼한 그리스도인 : 혼인을 유지하라(고전 12-16절)

그리스도인의 아내는 남편과 갈라서지 말고, 아내를 버려서도 안 된다는, 즉 이혼을 허락하지 않으시는 '주의 명령'을 가르치고서 12-16절에는 불신자와 결혼한 그리스도인에 관해 가르친다. 믿지 않는 아내나(12절) 믿지 않는 남편(13절)일지라도 '버리지 말고' 결혼을 유지하라는 점은 동일하다. 그러나 논란이 되는 것이 그 다음 부분인데, 믿지 않는 남편이나 아내가 이혼을 주장할 때 '갈리게 하라'고 한다. 믿는 형제나 자매가 이런 일에 구속 받을 일이 없다는 것이다(15절). 복음서에 있는 엄격한 이혼 불가의 가르침에 비하면 상당히 허용적이어서 이 본문은 당연히 학자들 간의 논쟁거리가 되고 있다.

이에 대해 헤이즈는 "이 문제에 대한 바울의 대응은 여러 가지로 대범하고 놀랍다"고 평가한다. 그는 주님의 가르침을 새로운 환경에 적용해가는 바울의 방식이 얼마나 자유로운가에 감탄한다.[88] 한편, 티슬턴은 당시 로마

---

86) 고전 9:14와 살전 4:15-17 참고하라.
87) Hays,『고린도전서』, 215-216.
88) Hays,『고린도전서』, 216.

사회에서 이혼이 아주 흔하고 쉬운 일이었음을 기억해야 한다고 강조한다. 그는 헤이즈와는 상대적으로 바울이 사도로서 자신의 권위보다 예수님 말씀 전승에 호소하고 있다고 보았다. 특히 마가복음 10장 11-12절과 병행 구절들에 나타난 하나님의 원래 뜻인 결혼의 절대성과 인간의 완악함이라는 예수님의 말씀에 의해 허용된 '특수한 상황들'을 구별하는 문제라는 것이다.[89]

두 학자 중 어떤 입장에 선다 해도 그에 대한 책임이 필요하다는 결혼은 피할 수 없을 것 같다. 헤이즈는 "신자의 근본적 충성은 새롭게 들어간 하나님의 가족 안에 놓여 있다"면서 다음처럼 견해를 밝힌다. "여기서 바울은 신앙 공동체의 과격할 정도의 새로운 특성의 보전과 세상에서 신실하게 살아가기 위한 계속적 실존 사이에서 균형을 잡아야만 하는 외줄타기를 하고 있었다."[90]

d. 일반적 원리 : 어떤 상황에서든 주님 섬기기와 그에 필요한 분별 (고전 7:17-24)

고전 7:17-24는 지금까지의 조언 뒤에 있으면서 '지침이 되는 원리'를 좀 더 일반적 차원에서 묵상하는 부분이다. 헤이즈는 이 본문에 "부르심 받았을 때의 상태를 유지할 것" 이라는 소주제를 붙였다.[91] 이 짧은 단락에서 신자들이 처음 부르심 입었을 때의 조건 안에 그대로 머물러 있어야 한다는 말씀이 세 번이나 되풀이되는 이유는(17, 20, 24절) 아마 핵심 주제이기 때문일 것이다.[92]

---

89) Thiselton,『고린도전서』, 195-196.
90) Hays,『고린도전서』, 216-218.
91) Hays,『고린도전서』, 218.

17절 상반절 "오직 주께서 각 사람에게 나눠 주신대로 하나님이 각 사람을 부르신 그대로 행하라"

티슬턴에 따르면, 바울이 사역자의 직무나(3:5) 혹은 적합하게 분배된 성령의 은사(12:7-11, 14-18)를 다룰 때 자주 '각 사람에게 나누어 주신 대로' 혹은 '부르신 그대로' 하라는 원칙을 제시한다. 경쟁적인 태도에 사로잡힌 고린도교인들을 포함한 모든 교회에 이런 원칙을 주장함으로써 이것이 모든 그리스도인들이 따라야 할 지침임을 분명히 한다는 것이다(17b). 따라서 "논증의 무게는 여전히 그리스도인의 섬김을 위한 은사나 상황을 하나님께서 나누어 주시는 것이라는 사실에 있다"고 하였다.[93]

학자들은 이 부분에서 갈라디아서 3장 28절을 연상하게 마련이다. 이는 남녀 문제와 더불어 유대인과 이방인, 종과 자유인의 상황을 언급하기 때문이다.[94] 이러한 이분법은 성 담론과 함께 인간 조건의 카테고리를 구성한다고 보기도 한다.[95] 먼저, 바울은 18-19절에서 유대인으로 태어나 자랐거나 유대교로 개종했던 신자들의 상황에 관해 다룬다. 바울은 그들이 예전에 이미 행했던 할례의 흔적을 없앤다고 해서 더 '나은' 그리스도인이 되는 것이 아니라고 역설한다는 것이다.[96] 헤이즈 역시 이 부분을 유대인과 헬라인으로 분류하였다.[97]

---

92) Fee, *1 Corinthians*, 305.
93) Thiselton,『고린도전서』, 205
94) Thiselton,『고린도전서』, 205쪽과 Hansen, *Galatians*, 113쪽을 참고하라. 또 헤이즈는 (Hays,『고린도전서』, 218-219) 고린도전서 7장은 갈라디아서 3장 28절을 직접해설 것으로 볼 수 있다고 하였다.
95) Hays,『고린도전서』, 219.
96) Thiselton,『고린도전서』, 206.
97) Hays,『고린도전서』, 219.

다시 한 번 '각 사람이 부르심 받은 그대로 지내라'는 반복구가 인클로지 오를 형성하면서(20, 24절) 20-24절은 갈라디아서의 두 번째 항목이기도 한 종과 자유자의 문제를 다룬다. 특히 현재 종의 신분에 있는 그리스도인이 자유할 기회가 생기는 경우를 논할 때(21절) '사용하다는 $\chi \rho \acute{\alpha} \omega$ 의 의미에 대한 해석을 놓고 치열한 논쟁이 있어 왔다. 한편에서는 "만일 어떤 그리스도인이 한 가정의 종일 경우, 각 사람은 그 상황에 그대로 머물러야 하며 그것으로 인해 염려해서는 안 된다"고 해석하는 반면, "'(적극적으로) 활용하라'는 말을 종의 신분에서 자유롭게 될 가능성과 연결하여 이해한" 학자들 역시 많았다. 헬라어 문법 구문상으로는 두 해석이 모두 가능하기 때문이다.98)

사실 헤이즈의 말처럼, 고린도교회 내에서 할례나 노예제도가 논란이 되었다는 암시는 없다. 할례나 종이라는 개념들을 혼인 관계의 현재 상태를 바꾸려고 애쓰지 말아야 한다는 바울 자신의 조언을 뒷받침하기 위해 병행적 특징을 지닌 예로 활용하고 있을 뿐이다.99)

따라서 이 전체 논의의 결론은 "종이든 자유인이든, 어떤 형편에 있든 상관없이 그리스도인은 주님께 속한 자들이며 따라서 나름의 방식으로 주님을 잘 섬길 수 있다"는 것이다. 이에 따라, 핵심적인 논점은 "있는 그대로 머물라"가 아니라 "처한 상황이 무엇이든 그리스도인은 얼마든지 그리스도를 섬길 수 있다는 것이다."100)

주께서 '은사를 나누어주신 대로' 혹은 '부르신 대로'라는 문제는 소명에 관한 것이다. 개인의 분별력은 여기서 당연히 다시 요구되게 마련이지만,

---

98) Thiselton,『고린도전서』, 207.
99) Hays,『고린도전서』, 208-209.
100) Thiselton,『고린도전서』, 205.

피는 말한다. "어떤 상황에 있든 어떤 사회 경제적 상태에 있든지, 하나님의 소명을 그 상황에서 거룩하게 해야 한다."[101] 중요한 것은 그대로 머무는 것이 아니라 머물러 있는 상황에서 소명을 다하는 것이다.

이럴 때 한 가지 큰 문제는 남는다. 티슬턴은 고린도전서 7장에 계속해서 등장하는 '두 개의 상보적 원칙'이 있음을 관찰하면서 두 가지 원리를 명확하게 표현한다. 첫째, 우리가 처한 상황이 무엇이든 하나님을 제대로 섬길 수 있다는 원칙이고 둘째, 하나님 섬기는 것을 방해하는 요소를 최소화할 수 있는 여건을 만들기 위해 애써야 한다는 원칙이다.[102] 이 두 원칙을 어떻게 조화롭게 활용할 수 있을까? 또는 어떤 상황에서 어떤 원칙을 앞세워야 하는가의 문제는 쉽지도 간단하지도 않으며 그래서 신중한 분별이 필요한 부분이기도 하다.

앞서 언급한 바와 같이, 바울서신에 나타난 결혼관과 남녀관은 결혼이나 성관계, 혹은 여성 자체에 대해 부정적이라는(7:1-2) 오해를 크게 받아왔다. 그러나 그 오해를 걷어낼 때 발견할 수 있는 것은 당대에는 상상조차 할 수 없었던 상호성과 평등성이다. 열거된 각 진술들 속에 남자와 여자들을 향한 가르침과 언급들이 강력하게 암시하고 있는 바는 '남편과 아내에게' 그리고 '남자와 여자에게' 동등하게 적용된다는 것이다(1. 7, 25, 29, 36-38, 39-49).[103] 이러한 동등성과 상호성이 바로 이 구절들이 보여주는 놀라움이다.

지금까지 바울이 갈라디아서와 고린도전서 7장에서 반복적으로 언급한 세 병행들 중에서, 두 서신 모두에게 뚜렷하게 제시하고 있는 것은 한 항목

---

101) Fee, *1 Corinthians*, 322.
102) Thiselton,『고린도전서』, 221.
103) Blomberg,『고린도전서』, 157.

뿐이다. 바로 "이미 할례 받은 자는 그 표를 지워서 무할례자가 되지 말고, 무할례자는 할례 받지 말라"(7:18)이다.

3. 수치와 영광과 타인에 대한 존중(고전 11:2-16)

고린도전서 11장부터 14장은 공동체 예배에 관한 여러 문제들에 대해 다룬다.104) 티슬턴은 '다른' 사람들에 대한 존중은 8장 1-13절의 주요 논제로서 14장 40절까지 이어진다며 더 넓은 문맥으로 이루어진 큰 그림을 보여준다.105) 학자들은 이 부분의 주요 화제가 성 구별에 따른 머리 모양과 그에 따르는 수치와 영광에 관한 것이라는 점에 동의한다.106)

바울서신에 나오는 선언들에는 여자들을 향하여 새로운 자유와 평등성을 제시할 뿐만 아니라, 남자들을 향한 다양한 내용들이 있다(고전 7장). 특히 성별에 구애되지 않고 주어지는 영적 은사들(예언, 방언 등)에 대해 그 사용 방법과 정도에 대한 질문들이 고린도교회에도 예외 없이 제기되었다.

고린도전서 11장 2-16절 본문은 11-14장에 걸쳐서 나오는 예배 예식, 특히 남자와 여자가 공식 예배에서 허락된 예언과 기도를 지도하는 내용들 중 처음에 해당한다. 그 동안 남성이 여성의 원천(3절)이라는 의미 때문에 '남성이 여성의 머리됨'을 주장하는 근거로 사용되어 왔다.107) 본 논문에서는 이 내용에 대한 바른 해석을 시도하고자 한다. 이 외에도 지금껏 남녀가 평등하지 못한 것처럼 부정적으로 해석된 부분들, 특히 복합적인 의미들을 지닌 $κεφαλή$(케팔레 3-5, 7, 10절)와 영광(7, 15절)과 권위(3절: 원천으로서의 권위, 10절: 원천에 대한 권위)에 대한 잘못된 이해, 창조 논의에 대한

---

104) Blomberg, 『고린도전서』, 238.
105) Thiselton, 『고린도전서』, 302-303.
106) Hays, 『고린도전서』, 308-309.
107) James B. Hurley, *Man and Woman in Biblical Perspectives*, 191.

잘못된 해석들(7-12절)과 이방 제의의 영향을 받은 머리 모양(3-6절, 13-14절)에 대해서 오해된 점 들을 순차적으로 바로잡을 것이다. 특히 10절에 대한 새로운 해석적 시도를 할 것이다. 이는 기존 해석이 '능동형 본문'을 '수동적 의미'로 오해하여 해석해 왔는데 10절의 이 부분을 '능동형 성경 구문 그대로 드러내는 해석'을 시도할 것이다. 따라서 그 해석은 기존 해석과 마땅히 다른 내용이 된다.

이에 중요한 분석적인 도구들은 단어들의 바른 의미 파악, 문법에 맞는 구문 해석, 그리고 구약성경에 나타나 있는 남자와 여자의 머리 형태에 대한 본문들과 비교할 것이며, 특히 고린도교회에 영향을 미친 사회문화적 상황, 특히 아폴로 제의와 디오니수스 제의, 동성연애자들의 영향을 받은 머리 형태와 관련된 관습(4-6, 13, 16절)에 관한 질문의 답이 최종적으로 나올 것이다.

본문 연구는 오랫동안 많은 학자들에 의해서 수행되어왔다. 많은 학자들이 11장 2-16절을 남성이 여성의 머리됨을 뒷받침하기 위한 것으로 해석한 것과 달리, 티슬턴은 다양한 견해들을 분석한 후에 이 본문의 일차적인 관심은 남자들에 대한 것이고, 여자들에 관한 것이 아니라고 하였다. 본문의 제목도 '공예배에서의 여자들의 머리덮개' 혹은 '거룩한 예배에서의 여자들'이 아니라, '성별 정체성 문제의 배경에 숨겨진 의미와 공예배에서 남녀가 긴 머리로 덮는 것' 혹은 '공예배에서의 상호관계로서의 자존, 다른 사람 존경과 성별 정체성 규명'으로 정해야 한다고 말한다.[108] 바렛도 본문의 제목을 단순하게 "남자들과 여자들"로 표기하는데,[109] 다른 주석가들은 이 단

---

108) A C. Thiselton, *The First Epistle to the Corinthians* (Grand Rapids: Eerdmans, 2000), 825.
109) C. K. Barrett, The First Epistle to the Corinthians (Grand Rapids: Baker Academic,

순한 점에 주목하는 것에 실패하고 있다고 티슬톤은 말한다.110)

고전 11:4-5은 바울이 예배공동체에 소속된 남자와 여자의 머리 형태에 관해 가르침을 주려는 것이 주된 목적인데 그 신학적인 근거를 2-3절을 통해 제시하고 있다.

1) **신학적 근거 1: 전통과 남자, 여자, 그리스도의 원천 (고전 11:2-3)**

고전 11:2-16에서 대화 대상은 여자들만이 아니라 교회 내의 남자와 여자 모두이다. 본문은 이들 양자 간의 상호 존중과 공적 예배의 초점이신 하나님께 대한 존중에 관해 이야기한다.111) 바울은 그들이 그를 기억하고 그가 전한 대로 전통을 지킨 것에 대해 칭찬하는데, 문맥상으로 상당히 갑작스럽고 어색해 보인다. 서신의 흐름상 지금까지 칭찬이나 추천할 만한 사안에 대한 언급이 거의 없었다는 점에서 그렇다.112)

> 2절 "너희가 모든 일에 나를 기억하고 또 내가 너희에게 전하여 준대로 그 전통을 너희가 지키므로 너희를 칭찬하노라"

사실 παράδοσις파라도시스가 무엇을 의미하는가에 대한 정보가 거의 나타나지 않아서 해석이 분분하다. 티슬턴은 이것이 '교회가 함께 가진 사도적 전통'일 것이라고 보았다. 그는 "바울이 신학이란 상황에 맞는 것이

1968), 246.
110) Thieselton, *The First Epistle to the Corinthians*, 825-826.
111) Thiselton, The First Epistle to the Corinthians, 825-826; 그의 다른 책,『고린도전서』, 303.
112) Fee, *The First Epistle to the Corinthians*, 551.

어야 한다는 요구 자체를 반대하는 것은 아니지만(cf. 9:19-23) 그런 상황성보다는 보편적인 사도적 전통 준수가 더 우선임을 말하는 것뿐"이라고 말하면서 전통을 '상황에 맞는 것'의 대척점에 둔다. 그러나 정작 구체적인 상황과 그 상황보다 우선해야 할 전통이 무엇인가는 언급하지 않는다.113) 반면, 블롬버그는 이 부분이 고린도교인들 자신들이 전통을 잘 지킨다고 확증한 것에 대한 바울의 반응을 반영하는 것이라고 조금 더 구체적으로 보면서, 다음과 같이 추측하였다. "여성과 남성의 동등성(갈 3:28)에 대한 바울의 가르침과 성찬을 규칙적으로 실천하는 전통(고전 11:23)에 충실함을 상술하고 있었을 가능성이 있다."114)

3절이 반의접속사 δὲ데로 시작하는 것은 '예-하지만'의 논리가 계속되는 것을 의미할 수 있으며,115) 2절의 칭찬과는 반대의 이야기가 이어질 것임을 나타낸다. '너희가 알기를 원한다'는 "나는 너희들이 알지 못하기를 원치 않는다"와 유사한 수사이다(고전 10:1 ; 12:1). 바울이 교정하고자 하는 부분은 남자와 여자의 머리 모양에 관한 것이었으며(고전 11:4-15), 이는 개인적 스타일에 관한 것이 아니라 하나님과 예배공동체에 수치를 주는 모습이라는 점에서 매우 중요하다. 특별히 머리(κεφαλή케팔레)에 대한 논쟁은 기존에 생각했던 것처럼 여자들의 머리 모양뿐만 아니라 남자에 대해서도 이야기하고 있음에 주의해야 한다. 그리고 머리 모양도 머리덮개에 관한 것이라는 기존의 이해가 잘못된 것이었음을 각 구절별로 상세하게 논의하도록 하겠다.

---

113) Thiselton, 『고린도전서』, 304-305.
114) Fee, *First Corinthians*, 552; Blomberg, 『고린도전서』, 238.
115) Fee, *First Corinthians*, 551; Blomberg, 『고린도전서』, 238.

3절 "그러나 나는 너희가 알기를 원하노니 각 남자의 머리는 그리스도요 여자의 머리는 남자요 그리스도의 머리는 하나님이시라"

a. 머리 (ἡ κεφαλή)

오랫동안 중점적으로 논의되어 온 주제는 머리로 번역된 헬라어 단어 κεφαλή케팔레의 의미에 관한 것이다.116) 사전적으로는 '해부학적 머리, 근원, 가장 높은 것' 등을 의미하는 이 단어가 비유적으로 사용되었을 때는 그 의미가 '권위'인가 혹은 '근원'인가가 주요 쟁점이 되어 왔다. 이 은유를 계층적 우위, 권위를 나타내는 것으로 이해함으로써 '남성이 여성의 머리됨(male head-ship)'은 논쟁의 근거가 되었다.117)

이한수는 "머리됨은 분명히 굴종의 관계라기보다는 11, 12절에서 언급하는 대로 동반자 관계를 전제한다"고 말하면서 다음과 같이 주장한다. "바울은 남자가 여자의 주라고 말하지 않고 남자가 여자 존재의 기원(origin)이라고 했다."118) 피(Fee)도 "ἡ κεφαλή헤 케팔레를 권위로 해석하는 것에 반대하며, 단 한 번 나오는 권위 ἐξουσία엑수시아라는 단어는 여성의 권위를 나타낼 때 쓰이고(10절), 결론적 확언 부분인 11-12절이 주장 부분인 8-9절을 분명하게 제한함으로 해서 이 단어 ἡ κεφαλή헤 케팔레가 권위를 의미한다는 식으로 이해할 수 없도록 한다"고 주장한다.119)

---

116) Michael Lakey, *Image and Glory of God; 1 Corinthians 11:2-16 As a Case Study in Bible, Gender and Hermeneutics* (London: T&T Clark, 2010), 6-36.
117) Wayne Grudem, "Does κεφαλή('head') Mean 'Source' or 'Authority' in Greek Literature? A Survey of 2,336 Examples," in *The Role Relationship of Men and Women: New Testament Teaching* (Phillipsburg: Presbyterian and Reformed Pub., 1985), 49-80.
118) 이한수,『고린도전서』(서울: 총신대학출판부, 1990), 115.
119) 쉴러와 바렛과 콘첼만 등은 '근원/원천' 등으로 해석할 것을 제안한다. Barrett, *1 Corinthians*, 183; Heinrich Schiler, *TDNT* III, (1965), 679; Fee, *1 Corinthians*, 552-556.

이와 같이 학자들은 본문의 κεφαλή케팔레(머리)를 '권위'보다는 오히려 '근원, 원천'이라고 이해하는 경향을 보인다. 바렛(Barret : 1968년)과 콘첼만(Conzelmann : 1975년) 이전의 주석가들 대부분은 κεφαλή헤 케팔레를 '권위'로 해석했는데, 그 이유는 '머리'는 '지도자'라는 은유적인 의미가 가장 보편적이었기 때문이었다. 또한 이런 함축은 '여자의 머리덮개'가 '남자에 대한 복종을 상징하는 여성의 의관(衣冠)'으로 지금까지 해석되어 오고 있다(고전 11:10).

b. 그리스도의 머리는 하나님

전통적으로 남녀 관계에 대해서 문제 삼지 않고 권위로 받아들인 학자들도 성부와 성자의 관계, 곧 "그리스도의 머리는 하나님"이라는 표현을 설명하는 데 어려움을 느꼈다.[120] 핫지는 "권위에 의한 복종을 언급한 몇 가지의 경우 본질과 차이가 난다. 여자의 남자에 대한 복종은 남자의 그리스도에 대한 복종과 완전히 다른 것이다. 또한 그리스도의 하나님께 대한 무한

---

[120] 주종으로 해석될 때 가지게 되는 종속적 기독론적 함의와 그 반론에 대해서는 Kevin Giles, The Trinity and Subordinationism: the Doctrine of God & the Contemporary Gender Debate (Downers Grove: InterVarsity, 2002), 26; K. Giles, Jesus and the Father: Modern Evangelicals Reinvent the Doctrine of Trinity (Grand Rapids: Zondervan, 2006), 129-133; Thomas F. Torrance, The Christian Doctrine of God: One Being, Three Persons (New York: T&T Clark, 1996), 189를 참고하라. 자일즈는 '종속설 기독론, 즉 제1위 우월설이라 불리는 이론으로, 삼위일체의 성자는 성부 밑에, 또 성령은 성부와 성자 밑에 종속한다고 하는 종속 이론은 초대교회 신조 이후, 이단으로 간주되었다'라고 충분히 논증하였다. 이와 대조적으로 글루뎀은 히브리서 1장 3절 본문에 대해 "하나님 아버지는 여전히 보좌에 계시고 예수님은 그 우편에 계시다"고 말한다. 그의 책 (W. Grudem, "Response to Recent Studies," in Biblical Manhood & Womanhood, ed. J. Piper & W. Grudem, (Wheaton: Crossway Books,1991), 457. 성과 삼위일체 논쟁의 연구 역사에 대해서는 Lakey, *Image and Glory of God*, 37-66을 보라.

하고 완전한 복종과는 다른 것이다"라고 말한다.121) 언급된 세 가지의 관계들(여자의 머리는 남자, 남자의 머리는 그리스도, 그리스도의 머리는 하나님 or 삼위일체)의 속성이 "매우 다르다는 것은 매우 분명"하기 때문이다.122) 크리소스톰은 남자와 여자의 관계를 성부와 성자의 관계와 관련짓기를 매우 조심스러워 했다. 그는 이단들이 마치 '남자가 그 아내를 지배하는 것처럼, 아버지 하나님께서도 그리스도를 지배하는 것처럼' 해석하는 것에 대해 반대하며 다음과 같이 설명한다.123)

> 누가 이 말을 고백하며 인정하는가? … 바울이 당신이 말하는 것처럼 지배와 종속관계를 의미했다면, 그는 아내라는 사례를 꺼내오지 않고 오히려 노예와 주인의 사례를 들었을 것이다. … 그것은 영예로운 한 아내로서, 자유하고 동등한 것이다. 그리고 아들이 아버지에게 순종하였음에도 불구하고 아들은, 아버지의 아들로서 … 그의 자유는 더욱 컸다… 그 아버지는 명령 아래에 있는 노예가 아닌, 자유의 아들을 낳았다. 그러나 자유롭게, 순종을 양보하면서 또 권고하는 그런 아들은 그를 낳은 아버지와 동일한 영예를 가졌다. 하와는 여자가 만들어지자마자 종속되지 않았다, 하나님께서 그녀를 남자에게 데려왔을 때, 그녀는 하나님으로부터 어떤 것도 듣지 않았고 그 남자도 여자에게 어떤 말도 하지 않았다, 그 남자는 여자가 '자기 뼈 중의 뼈요 자기 살 중의 살이라'(창 2:23)고 말했다. 그러나 그 남자는 여자에게 규칙, 통치나 복종에 대해서 말하지 않았다.

칼빈 역시 성부가 성자의 머리라는 표현을 해석하기 어렵다고 여긴다. 그는 이 표현은 그리스도께서 성육신하실 때만을 가리키는 것이라고 조심

---

121) Charles Hodge, Commentary on the First Epistle to the Corinthians (Grand Rapids: Eerdmans, 1950), 206와 Leon Morris, The First Epistle of Paul to the Corinthians (London: Tyndale, 1958), 151를 보라.
122) Hodge, 1 Corinthians, 296.
123) Talbot W. Chambers, The Homilies of Saint John Chrysostom on the Epistle of Paul to the Corinthians (NPNF 1 12:150-151); Payne, One in Christ, 132-133에서 재인용.

스럽게 설명하면서, "그리스도-남자의 연결이 더 어렵다"는 것을 인정한다.124) 여전히 '그리스도의 머리는 하나님'이시라는 절과 '여자의 머리는 남자'라는 절을 비교하면서 삼위일체와 사람인 남자와 여자의 관계를 유비로 연결하여 남성이 여성의 머리됨 논의를 주장하는 학자들은 칼빈이 느낀 어려움을 좀 공감해야 할 것 같다. 성부와 성자 관계를 남녀관계의 유비로 이해하는 데 필요한 세 관계 중 하나가 '남자의 머리는 그리스도'인데 그들은 이 연결을 그렇게 쉽게 생각해도 되는 것인가를 질문해야 한다.

여전히 학자들 간의 확실한 합의를 형성하지는 못했지만, $\kappa\varepsilon\varphi\alpha\lambda\acute{\eta}$케팔레에 대한 기존의 이해에 교정이 필요하다는 것은 많은 학자들이 인정하는 바이다. 특히 영어권 독자들에게 head가 가지는 우두머리, 지도자라는 함의에 대해서 티슬턴은 "물론 머리 head라는 표현이 원문에 더 가까울 수는 있지만, 현대인들에게 이 표현이 바울이 의도한 바와 정확하게 일치하지는 않는, 우위와 지배력이라는 불필요한 개념을 연상시킨다"고 말하면서 "은유적이면서 전체를 대표하는 '머리'라는 의미"라고 강조한다.125)

한편, 이 단어가 원천이라는 의미를 가진다고 지지하는 페인은 영어 'head'라는 단어 자체가 '원천'의 의미는 전달하지 못하고 '권위를 행사한다'는 의미만 전하므로, 단순히 'head'로 번역하는 것은 독자를 잘못 인도하는 것이라 본다. "최선의 해법은 아마도 $\kappa\varepsilon\varphi\alpha\lambda\acute{\eta}$케팔레를 '원천 source'으로 번역하고 '문자 그대로의 머리'라는 주(註)를 덧붙이는 것"을 제안한다.126)

다음과 같은 헤이즈의 객관적인 언급은 $\kappa\varepsilon\varphi\alpha\lambda\acute{\eta}$케팔레에 관한 논의를 마

---

124) John Calvin, *Calvin's Commentary*; 존 칼빈 성경주석 출판위원회 역, 『고린도전서』(서울: 성서원, 1999), 315-316.
125) Thiselton, 『고린도전서』, 305.
126) Payne, One in Christ, 137.

무리하고 결론을 내리는 데 큰 도움을 준다.

> 어떤 해석자들은 $\kappa\varepsilon\varphi\alpha\lambda\eta$케팔레를 '지배자'보다는 '출처'를 뜻한다고 주장함으로써 3절의 위계적 함의를 없애려는 시도를 한다. 이것 역시 가능한 의미이며, 특히 바울이 여자가 남자에게서 창조되었다는 점을 설명하는 창세기 이야기의 암시가 있는 8절에 잘 맞는다. 그러나 논의 전체의 모양을 감안할 때 3절의 가부장적 함의는 부인할 수 없다. 비록 여기서 바울이 남자를 여자 위에 위치한 권위가 아닌 여자의 출처로 생각한다 하더라도, 그 사실 역시 7-9절에 나타나듯이 여성보다 앞서는 남성의 존재론적 우위를 주장하는 근거로 기능한다.[127]

정리하면, 3절에는 $\kappa\varepsilon\varphi\alpha\lambda\eta$케팔레를 은유적인 '지배력' 대신 '원천'으로 해석하였고, 원천으로서 관계된 세 쌍(각 남자와 그리스도, 여자와 남자, 그리스도와 하나님)이 나온다. 이상에서 언급된 여러 학자들의 주장에 따르면 세 쌍의 관계를 대표할 수 있는 하나의 유사한 표준적이고 공통분모적인 요소가 없음을 우리는 이미 발견하였다. 그럼에도 불구하고, 세 쌍을 관통하는 하나의 요소로서, '시간적인 선재성'을 추론할 수 있다는 점을 필자는 제시하고자 한다.

즉, 그리스도는 각 남자들에 앞서 계신다. 그리고 그리스도께서도 타락 기사에서 하신 하나님의 약속 이후(창 3:15) 약속의 성취로서 '때가 차매(갈 4:4; 딤전 2:6)' 이 땅에 오셨다. 또 남자는 창조의 여섯째 날에 여자보다 시간적으로 먼저 창조되었으므로(창 2:21-22; 딤전 2:13), '그리스도, 남자, 하나님'은 각각 그 관련된 쌍의 대상자들인 '남자, 그리스도, 여자'보다 '선재하는 것'으로 나타나는 것은 확실하다. 구속주 그리스도, 창조주 삼위하나님,

---

127) Hays,『고린도전서』, 312.

그리고 먼저 창조된 남자는 시간적 선재성 때문에 각각 '각 남자들, 그리스도, 여자의 원천'이라는 요소를 유도해낼 수 있다고 추론한다.

특히 고전 11:2-16의 논의는 남자에게 시간적 선재성을 적용하여, 여자의 원천으로서의 권위를 부여한다고 보는 것이 틀린 것만은 아니다. 이런 논리를 일시적으로 적용하면, 본문은 확실히 여성보다는 남성에게 우선성/선재성이 있다는 함의를 갖는다고 인정할 수 있다. 이는 혁신적 평등을 이야기하는 갈라디아서와 같은, 혹은 현대사회에서 논의되곤 하는 '양성 평등'을 주장하는 곳에서조차 수용 가능한 내용이다. 성경 말씀대로 분명히 남자가 하나님에 의해 여자보다 창조의 여섯째 날에 몇 시간 앞서 창조된 후에, 하나님에 의해, 남자의 갈비뼈를 측정자로 하여 여자가 창조되었으므로 남자는 여자의 원천($\kappa\varepsilon\varphi\alpha\lambda\acute{\eta}$케팔레)임에 틀림없다는 결론이다.

2) 예배와 사회관습: 원천에게 수치가 되는 머리형태 (고전 11:4-6)

'원천'에 관한 신학적 논의가 끝나자마자 계속되는 머리에 관한 논의는 단지 개인의 머리형태에 대한 논의가 아니라 공동체의 질서에 관한 문제이며, 부적절한 머리모양은 질서체계 내의 상위 존재에게, 그리고 공동체에게, 또 자신에게 수치를 가져다 준다는 점과 연결시킨다. 학자들이 강조하는 바는 4-6절의 논의는 사회문화에 관한 것으로서 엄격하게 말하면 '영예와 수치'에 관한 점이다.[128]

이 부분은 바울이 7-12절의 신학적 논의 후 13-16절에 다시 언급되는 점

---

128) Hays, 『고린도전서』, 313.

으로 보아 전체적으로 신학적 원천(3절) - 문화적 관습(4-6절) - 신학적 원천 재논의(7-12절) - 문화적 관습(13-16절)을 다룸으로써 우리의 이해를 돕는 구조라고 파악할 수 있다. 4-6절의 해석을 위해서 우선적으로 명확히 정리해야 하는 것이 있다. 본문에 κεφαλή케팔레와 함께 나오거나, κεφαλή케팔레와 관련되어 나오는 단어들의 의미 해석인데 이것을 정리하면 다음과 같다.

4절의 κεφαλή케팔레
해부학적 머리, 머리카락을 의미하기도 하고(κατὰ κεφαλῆς ἔχων카타 케팔레스 에콘: 남자의 아래로 늘어뜨린 머리카락),
원천을 의미하기도 한다(τὴν κεφαλὴν αὐτοῦ텐 케팔렌 아우투: 남자의 원천인 그리스도)

5절의 κεφαλή케팔레
해부학적 머리(τῇ κεφαλῇ테 케팔레)를 의미하기도 하고
원천(τὴν κεφαλὴν αὐτῆς텐 케팔렌 아우테스)을 의미하기도 한다.

5절의 ἀκατακαλύπτῳ아카타칼륖토
형용사 ἀκατακάλυπτος아카타칼륖토스의 여격으로 '빗질하지 않은 흐트러진 머릿결로'의 의미이다.

5절의 ἐξυρημένη엑쉬레메네
ξυράω엑쉬라오: 면도하다의 완료-수동-분사형으로 '머리 민 것'의 의미이다.

6절의 κατακαλύπτεται카타칼륖테타이
κατακαλύπτω카타칼륖토(머리카락으로 머리를 덮다)의 현재-직설-중간태

6절의 κειράσθω케이라스도
κείρω케이로(깎다, 베어내다)의 부정과거-명령-중간태

3. 수치와 영광과 타인에 대한 존중 (고전 11:2~16)

6절의 $\xi \upsilon \rho \tilde{\alpha} \sigma \theta \alpha \iota$ 쿠쉬라스다이

$\xi \upsilon \rho \acute{\alpha} \omega$ 쿠라로 (면도하다)의 현재-중간태-부정사

6절의 $\kappa \alpha \tau \alpha \kappa \alpha \lambda \upsilon \pi \tau \acute{\epsilon} \sigma \theta \omega$ 카타칼륍테스도

$\kappa \alpha \tau \alpha \kappa \alpha \lambda \acute{\upsilon} \pi \tau \omega$ 카타칼륍토(머리카락으로 머리를 덮다)의 현재-명령-수동형이다.

7절의 $\kappa \alpha \tau \alpha \kappa \alpha \lambda \acute{\upsilon} \pi \tau \epsilon \sigma \theta \alpha \iota$ 카타칼륍테스다이

$\kappa \alpha \tau \alpha \kappa \alpha \lambda \acute{\upsilon} \pi \tau \omega$ 카타칼륍토(머리카락으로 머리를 덮다)의 현재-중간태-부정사이다.

10절의 $\dot{\epsilon}\pi \grave{\iota} \tau \tilde{\eta} \varsigma \kappa \epsilon \varphi \alpha \lambda \tilde{\eta} \varsigma$ 에피 테스 케팔레스

'원천'의 의미. 즉, 3절의 여자의 원천인 ὁ ἀνήρ 호 아네르(남자)를 가리킨다.[129] 여자의 해부학적 머리를 의미한다면 정관사 ἡ헤를 붙일 문법적 필요가 없다.

13절의 $\dot{\alpha} \kappa \alpha \tau \alpha \kappa \acute{\alpha} \lambda \upsilon \pi \tau o \nu$ 아카타칼륍톤

형용사 $\dot{\alpha} \kappa \alpha \tau \alpha \kappa \acute{\alpha} \lambda \upsilon \pi \tau o \varsigma$ 아카타칼륍토스의 현재-능동-분사형으로 '빗질하지 않은 흐트러진 머릿결을 가진 상태'의 의미이다.

14절의 $\kappa o \mu \tilde{\alpha}$ 코마

동사 $\kappa o \mu \acute{\alpha} \omega$ 코마오 (긴 머리를 가지다)의 현재-가정법-능동태이다.

15절의 ἡ $\kappa \acute{o} \mu \eta$ 헤 코메

해부학적 머리 위에 자라난 머리카락이나 여성의 긴 머리이다.

15절의 γυνὴ δὲ ἐὰν κομᾷ δόξα αὐτῇ ἐστιν; ὅτι ἡ κόμη ἀντὶ περιβολαίου δέδοται [αὐτῇ] 귀네 데 코마 독사 아우테 에스틴; 호티 헤 코마 안티 페리볼라이우 데도타이 [아우테]

'여자가 긴 머리가 있으면, 그녀에게 영광/자랑이 된다. 왜냐하면 여자의 긴 머리는 머리덮개의 기능으로 주어졌기 때문이다'라는 의미이다.

---

129) A. T. Robertson, *A Grammar of the Greek New Testament in the Light of Historical Research* (Nashville: Broadman Press, 1934/2010), 756.

이상으로 2-16절에 나온 κεφαλή케팔레(머리와 머리관련 용어들)를 정리하였다. 이 의미들에 따라서 관련 구절들을 해석하면, 제대로 된 해석이 가능할 것으로 추정한다.

예로서 4절의 전치사구 κατὰ κεφαλῆς ἔχων카타 케팔레스 에콘과 5절에 사용된 형용사의 의미를 어떻게 이해할 것인가에 관해서 최근에 상당한 논란이 있다. 개역개정을 포함한 대부분의 번역성경은 κατὰ κεφαλῆς ἔχων카타 케팔레스 에콘은 '머리에 무엇을 쓰고'로, ἀκατακαλύπτῳ아타칼륍토는 '머리에 쓴 것을 벗고'로 각각 해석해왔다. 이제 단어장을 참조하면서 단어의 의미들을 해석해보자. 그리고 이러한 번역의 문제점과 대안을 살펴보도록 하겠다.

a. 남자가 기도나 예언 시에 그 머리를 욕되게 하는 머리형태

> 4절 "무릇 남자로서 머리에 무엇을 쓰고 기도나 예언을 하는 자는
> 그 머리를 욕되게 하는 것이요."

헤이즈는 바울이 주로 여성들에게 초점을 맞추고 있기 때문에, 남자가 머리에 무엇을 쓰는 것에 대한 이야기는 '순전히 가상의 상황 설명'으로 여겼다.130) 또한 소유격을 요구하는 κατὰ카타 구(句) κατὰ κεφαλῆς ἔχων카타 케팔레스 에콘은 문자 그대로 '신체 자체의 해부학적 머리로부터 아래로 늘어뜨려 가진 것'을 의미한다.131) 이것은 남성이 자신의 머리카락을 길게 늘어뜨리는 것이 그리스도께 수치를 가져온다고 해석할 수 있게 한다. 4절은 7절과도 연관되는데, 페인 역시 두 절을 연결하면서 남성들의

---

130) Hays,『고린도전서』, 313.
131) *LSJ* 882 A II 1: "down upon, or, over"

이야기가 가상의 것이 아니라 실제로 머리카락을 여성처럼 보이도록 늘어뜨린 이들이 있었을 가능성을 구체화한다.132)

이처럼 다른 의견들이 개진되면서 기존의 해석, 즉 여성들은 머리덮개를 쓰고 남성은 쓰지 않고 기도나 예언해야 한다고 했던 해석에 대해 재해석을 시도하는 학자들이 생겨나게 되었다. 당시 유대(레위기 10:6; 13:45; 21:5, 10) 및 그리스 로마 문화 모두가 기존에 남성은 머리에 무엇을 덮은 채로 기도했다. 라이트푸트는 "유대인들에게는 머리를 덮지 않고는 기도하지 않는 것이 관습이었다. 이것은 그들이 경건하게 보이기 위한 의식이었고, 하나님 앞에서 얼굴을 드러낸 채로 하나님을 바라보는 것은 수치라고 생각했기 때문이었다"라고 말한다.133)

구약성경이 승인하는 맥락을 뒷받침하며 라이트푸트가 말하고 있는 것은 오히려 남자가 머리에 관이나 두건을 쓰는 것은 장려될 일로 해석된다. 그렇다면 $\kappa\alpha\tau\grave{\alpha}\ \kappa\varepsilon\varphi\alpha\lambda\tilde{\eta}\varsigma\ \check{\varepsilon}\chi\omega\nu$ 카타 케팔레스 에콘은 세마포관이나 두건을 해부학적 머리에 얹는다는 의미가 아니고, 문자 그대로 '아래로 늘어뜨려진 머리카락'을 의미한다는 해석이 옳다.134) 남성의 머리카락을 길게 늘어뜨리는 것이 그리스도께 수치를 가져온다는 말은 남자로서 여자의 머리 형태를 취한 목적이 이교인 디오니수스제의의 습관임과 동시에, 남자가 여자의 행세를 하려는 동성연애자의 행위라고 해석할 수 있게 한다. 동성연애 행위는 창조주께서 하신 생육하고 번성하라는 명령(창 1:27; 2:24)에 위배된다. 이것은 남자의 원천인 그리스도께 수치를 돌리는 행위이다. 또한 머리를 풀거

---

132) Payne, *One in Christ*, 176.
133) J. B. Lightfoot, A *Commentary on the New Testament from the Talmud and Hebraica, Matthew-1 Corinthians* (Peabody: Hendrickson, 1989), 229-230.
134) *LSJ* 882 A II 1: "down upon, or, over"

나 밀지도 말고, 길게 자라게도 말고, 단순히 '깎기만 하라'(겔 44:20)는 지시를 위반하는 행위이다.

b. 여자가 예언과 기도 시에 그 머리를 욕되게 하는 머리형태

> 5절 "무릇 여자로서 머리에 쓴 것을 벗고 기도나 예언을 하는 자는 그 머리를 욕되게 하는 것이니 이는 머리 민 것과 다름이 없음이니라"
> 6절 "만일 여자가 머리를 가리지 않거든 깎을 것이요 만일 깎거나 미는 것이 여자에게 부끄러움이 되거든 가릴지니라"

영어번역 성경들은 '머리에 쓴 것을 벗고'의 ἀκατακάλυπτος(아카타칼륖토스를 서로 약간 다르게 번역하고 있다. NRS와 RSV 등은 '베일을 쓰지 않고(unveiled)'로 번역하고, NET와 NIV 등은 '가리지 않고 혹은 드러내고'의 의미인 'uncovered'를 쓴다. 좀 더 문자 그대로 직역한 NET와 NIV의 '머리를 덮지 않고(uncovered)'가 점차 많은 학자들에게 동의를 얻고 있다. 하지만 동양인의 이해로는 여전히 그 차이가 뚜렷하게 다가오지 않는다.

헤이즈 역시 NIV 번역이 문자적으로 더 가까우며, 바울은 분명히 '베일/덮개'에 대해서가 아니라 머리카락에 대해 이야기하고 있다고 주장했다. 또한 이 구절은 ".여성의 긴 머리카락을 묶고 푸는 것에 대한 논의"라고 보면서 기존 해석을 교정할 필요성을 제기한다. 그는 또한 이러한 제안은 여러 가지 이유로 탁월한 해석이 된다고 주장한다.[135] 이러한 해석은 15절의 '긴 머리=덮는 것'을 대신한다는 맥락과 맞닿아 있으므로 해석적 지지를 얻는다고 볼 수 있다.

또한 ἀκατακάλυπτος(아카타칼륖토스라는 형용사가 머리에 덮개나 베일 등을

---

135) Hays, 『고린도전서』,314; Blomberg,『고린도전서』,241: Fee, *1 Corinthians*, 561-563.

3. 수치와 영광과 타인에 대한 존중 (고전 11:2-16) 65

쓰지 않은 상태가 아니라 '머리카락 즉 머리 형태 중에 '빗질하지 않은 흐트러진 머릿결로 방치한'에 대한 표현이라는 해석은 구약성경으로부터 역시 지지를 받는다. 이 단어는 지금 살피고 있는 고린도전서 11장 5절과 13절에 나오는 것 외에는 칠십인역 레위기 13장 45절에 단 한 번, '나병환자의 머리를 풀다(ἡ κεφαλὴ αὐτοῦ ἀκατακάλυπτος 헤 케팔레 아우투 아카타칼립토스)'의 의미로 나온다. 그 외에 머리를 푸는 동작을 나타내는 동사는 민수기 5장 18절에서 간음한 것으로 의심되는 '여자의 머리를 풀게 하는 것(ἀποκαλύψει τὴν κεφαλὴν τῆς γυναικός 아포칼립세이 텐 케팔렌 테스 귀나이코스)'으로, 두 경우 모두 수치 개념으로 나타난다.[136]

따라서 5절에서 요구하는 것은 '여성이 머리덮개를 쓰고 기도하라'는 의미가 아니라 '머리를 풀어 늘어뜨리지 말라'는 명령으로 재해석될 수 있다. 이런 해석을 지지하는 것 중 하나는 "우선 그리스나 로마 문화에서 여성이 베일을 쓰는 것은 정상적인 관습이 아니었다는 점이다. 따라서 예배 중에 베일을 쓰지 않은 것이 논란거리나 수치로 간주될 수는 없었다"는 주장이다.[137] 또한 4절에서 언급했듯이 남자가 머리에 무엇을 쓰는 것 역시 유대인에게는 부끄러운 것이 아니었던 반면 길게 늘어뜨리는 것은 수치를 의미했다.

슈라게는 4절이 남자의 머리에 머리덮개로 쓴 것을 의미하지 않고, 오히려 '동성애를 지시하는 남자의 길게 흘러내려 늘어뜨려진 머리'와, 5절 역시 '광적인 황홀경 속에 몰입한 이방 제의에서 여자들이 흘러내리는 머리를 휘날리는 모습'을 의미했을 수 있다고 해석한다.[138] 공적인 자리에서 머리를

---

136) Fee, *1 Corinthians*, 509.
137) Hays, 『고린도전서』, 314.
138) Cleon L. Rogers Jr. & Cleon L. Rogers III, *New Linguistic and Exegetical Key to the*

길게 풀어 늘어뜨린 모양은 구약성경의 전통에서도 남자에게 수치스러운 것으로 여겨졌다.[139] 여성들 중에서는 매춘부들과 연관된 표식이거나, 아마 바울의 관점에서 볼 때 더 문제가 되었을 것으로서 디오니수스, 키벨레, 이시스 등과 연관된 이방종교의 황홀경 상태의 제의에 사로잡혀 있는 여자들의 모습을 연상시켰다.[140]

무엇보다도 기존의 해석처럼 '여성이 머리에 쓴 것을 벗고'로 해석할 경우, 15절의 여성의 '긴 머리는 쓰는 것을 대신하여' 주셨다는 부분과 내용상 충돌을 피할 수 없다.

결론적으로, 4절에서 남자가 '무엇을 쓴다'는 것을 '머리를 깎지 않은 상태의 머리모양 즉, 남자의 긴 머리카락으로 두상 자체를 가리는 것'으로 추정해서 해석할 수 있다. 또한 5절에서 여성이 '머리를 가리지 않는 것'은 '여자의 긴 머리를 틀어서 올리지 않음'과 동일하다. 그렇다면 여기서 정리할 수 있는 것은 $κατὰ\ κεφαλῆς\ ἔχων$ 카타 케팔레스 에콘(고전 11:4)은 남자의 풀어헤친 '긴 머리'였다는 것이다.

6절의 '풀어헤친 머리카락을 틀어 올리지 않는 것($οὐ\ κατακαλύπτεται$ 우 카타칼륖프테타이)'은 머리를 깎거나 베어내는 것($κείρω$ 케이로)이나 면도하는 것($ξυράω$ 크쉬라오)과 마찬가지이다. 그러므로 머리를 틀어 올리지 않을 바엔 아예 수치를 드러내도록 '깎거나 밀어버려라($κειράσθω\ ἢ\ ξυρᾶσθαι$ 케이라스도 에 크쉬라스다이)', 만약 수치를 면하려는 생각이 있다면 '틀어서 올려라($κατακαλυπτέσθω$)'는 지시이다.

Greek New Testament (Grand Rapids: Zondervan, 1998), 373-374.
139) 이한수, 『고린도전서』, 115.
140) Hays, 『고린도전서』, 314.

5절의 여자가 '머리에 쓴 것을 벗고(ἀκατακαλύπτῳ아카타칼뤂토)'는 '분리불가접두사 ἀ아 + 형용사 κατακάλυπτος카타칼뤂토스[141])로 형성된 단어인데, κατακαλύπτω카타칼뤂토의 형용사 원형 κατακάλυπτος카타칼뤂토스는 '머리에 다른 장신구를 얹는'의 의미가 아니고 '여자의 자연적인 긴 머리'를 의미함과 동시에 '긴 머리를 틀어서 올린 모양을 의미한다고 해석할 수 있다.

3) 신학적 근거 2: 원천, 권위, 영광에 대한 창조 논증(고전 11:7-10)

> 7절 "남자는 하나님의 형상과 영광이니 그 머리를 마땅히 가리지 않거니와 여자는 남자의 영광이니라."
> 8절 "남자가 여자에게서 난 것이 아니요 여자가 남자에게서 났으며"
> 9절 "또 남자가 여자를 위하여 지음을 받지 아니하고 여자가 남자를 위하여 지음을 받은 것이니"
> 10절 "그러므로 여자는 천사들로 말미암아 권세 아래에 있는 표를 그 머리 위에 둘지니라

사도바울은 고린도교인들이 남자, 여자, 그리스도의 원천에 대해서 미처 알지 못하는 내용(고전 11:2)인 '원천'에 관해 선언한 후(고전 11:3), 머리카락 처리방법이 '남자와 여자의 원천들'에게 '욕을 끼쳐서 수치가 되는 머리모양에 대해서(고전 11:4-6) 언급하였다.

그리고 곧이어, 7절에서 이 수치의 반대개념인 '영광에 대한 설명을 시작한다. 즉, '남자와 여자의 각각의 원천들에 대한 영광' 다시 말해 '남자는

---

141) Robertson, Grammar, 161.

하나님의 형상과 영광이고(7a), 여자는 남자의 영광임(7b)'에 대해 말한다. 8-9절은 여자가 남자의 영광이 되는 과정을 설명하기 위해 창조기사를 인용하고, 10절은 8-9절의 '이 영광스런 창조기사로 인해(διὰ τοῦτο디아 투토)', '그 천사들 때문에(διὰ τοὺς ἀγγέλους디아 투스 앙겔루스)' 여자가 자신의 머리(원천)에 권위를 가져야 함=가져 마땅함(ὀφείλει ἡ γυνὴ ἐξουσίαν ἔχειν ἐπὶ τῆς κεφαλῆς오페일레이 헤 귀네 엑수시안 에케인 에피 테스 케팔레스)을 말하고 있다.

필자는 이제 우리가 주해하려는 7-10절 문단 중에서 10절은 3절의 의미와, 7-12절, 15절의 의미들을 종합한 통전적 해석이 되어야 하므로, 10절은 10절은 2-16절 전체 문단의 분수령임과 동시에 해석의 정점이라고 생각한다. 이 말은 10절 해석을 위해서는 특히 3절과 7-9절, 11-12절, 15절에 대한 온전한 해석이 뒷받침되어야만 가능하다는 의미이다.

지금까지 10절에 대한 기존해석은 3절, 7-9절, 11-12절과 15절 해석과 전혀 무관하게 해석된 것이라고 필자는 추론한다. 따라서 먼저, '근접문맥 의미를 고려하지 않은 10절의 기존해석'에 대한 학자들의 견해를 필자의 비평과 함께 살피며 정리한 후에, 우선 3-6절 주해를 하고, 이어서 7-12절 문단을 주해하기 위해 7절로 돌아와서 '10절에 대한 새 해석'을 도출하려 한다.

a. 10절의 기존해석

10절 "그러므로 여자는 천사들로 말미암아 권세 아래에 있는 표를
그 머리 위에 둘지니라"

오늘까지 10절에 대한 기존해석은 위의 표제처럼, "그러므로 여자는 천사

들로 말미암아 권세 아래에 있는 표를 그 머리 위에 둘지니라"로 지속되어 왔다. 그러나 우리가 헬라어 본문, διὰ τοῦτο ὀφείλει ἡ γυνὴ ἐξουσίαν ἔχειν ἐπὶ τῆς κεφαλῆς διὰ τοὺς ἀγγέλους.디아 투토 오페일레이 헤 귀네 엑수시안 에케인 에피 테스 케팔레스 디아 투스 앙겔루스를 자세히 보면 '권세 아래에 있다'는 식의 수동적 의미를 가진 단어나 문법내용이 전혀 발견되지 않는다.

그렇다면, 이런 수동적 의미의 해석이 어디에서 연유된 것일까? 이것을 찾아보기 위해 그런 해석자들의 주장을 우선 살펴볼 것이다. 그런 다음에, 이런 수동적 의미의 해석에 반론을 제기하며 '능동적 의미의 해석'을 제시하는 학자들의 견해도 살펴볼 것이다. 그런데 이때, 이 능동적 해석을 제시하는 학자들의 견해마저도, 구호로는 능동적인 해석을 외치지만 실제 적용 면에서는 또다시 수동적 해석에 의한 적용으로 회귀하는 것이 파악되었다.

이에 필자는 헬라어 본문대로의 '능동적 새 해석'을 위하여 일차적으로 11절에 나오는 접속사 πλὴν플렌의 기능에 주목하기로 하였다. 그리고 선행절들의 내용과 상반되는 내용을 3절과 10절에서 규명하여 '새 해석'을 확정한 후, 이차적으로 11-12절에서 사도바울이 제시한 궁극적인 권위의 원천이신 하나님을 드러내는 해석 도출로 10절을 새롭게 해석하고자 한다. 그럼 이제부터 학자들의 해석에 영향을 미치는 핵심단어 ἐξουσία엑수시아를 수동적 혹은 능동적으로 적용하는 견해들을 살펴보자.

① ἐξουσία엑수시아의 의미를 수동적으로 해석하는 견해 : 제삼자의 권위의 표인 머리덮개를 여자의 머리에 두어야 한다.

피(Fee)는 7절과 10절의 대조를 AB - B'A' 교차대구법으로 나타낸다.[142] 이 대조를 위해서 개입된 10절 내용은 여자가 어떻게 남자의 영광인지, 그리고 남자의 영광이기 때문에 어떻게 해야 하는지를 설명하는데, 이를 정리하면 다음과 같다.

    A 남자는 머리를 덮어서는 안 된다.
        B 남자는 하나님의 형상과 영광이기 때문이다.
           다른 한편: δὲ
        B' 여자는 남자의 영광이다.
           이 이유 때문에: διὰ τοῦτο
    A' 여자는 천사들 때문에 '권세 아래에 있는 표'를 그 머리 위에 둘지니라 (가져야만 한다).

  이 부분의 논리는 7절과 10절로 형성된 AB-B'A' 교차대구법에 따라 움직이고 있는 것으로 보인다. 기존해석에서는 여자가 권세 아래에 있는 표를 머리에 두어야만 한다고 이해하는데, 그 표가 바로 '여자가 머리를 덮어야 하는 이유로서 머리덮개를 머리 위에 얹어야만 한다는 것'이고, '이는 여자가 남자의 영광이기 때문이며, 또한 천사들 때문'이라고 말한다. 이유를 나타내는 '이 이유 때문에(διὰ τοῦτο 디아 투토)'는 4-6절의 머리 형태와 13절의 '여자가 머리를 가리지 않고 기도하는 것' 사이의 연관성으로 보는데,[143] 이는 더 심층적인 분석을 요하는 대목이다.

  남자에 대한 논의는 '남자는 하나님의 형상과 영광'이라는 말로써 3절의 '남자를 만드신 분 즉, 남자의 원천은 그리스도'이시기 때문이라는 것을 7절에 계속해서 나타낸다. 그러나 10절을 문법대로 해석했을 때, '여자가 그 머리 위에 권세를 가진다'는 말이, '여자가 머리를 덮어야 하는 것(정리하는 것)'과 대치되면서 주어진다. 그렇다면 이때 '여자의 머리 정리'와 '여자의

---

142) Fee, 1 Corinthians, 514.
143) Fee, *1 Corinthians*, 514.

머리 위에 권세를 가진다는 표현은 어떤 내적 연관성을 함축하는가? 아니면 단순히 심층적인 분석도 없이 '사회적으로 시키는 대로 당해왔던 여자'라는 단어 때문에 '일반사회 관습을 한번 넣어본 것인가'를 파악할 필요가 있다. 아마도 내적 연관성에 대한 별도의 고려함도 없이 일반 관습을 적용하였던 것으로 추론한다.

남자는 하나님의 형상과 영광이라는 표현의 뜻(11:7a)은 단순명료하다. "남자는 자신의 머리를 덮어서는 안 된다(οὐκ ὀφείλει 우크 오페이레이)." 바로 이 직접적인 표현은 머리모양에 대해 이미 말한 요점(11:4)을 반복한다. 여자에 대해서도 간단하게 반복한다. 여자와 남자의 머리 모양에 대한 신학적 근거를 찾기 위해 창조 이야기를 마친 후(11:8-9), 바울은 7절에서 시작한 영광에 관한 논의의 결론을 다음 10절에서 내린다고 학자들은 예상하는데 학자들의 의견을 피(Fee)가 추론해서 다음처럼 말한다. 이는 해석 과정을 알기 위해 매우 주목해야 할 언급이다.

> 이 지점에서 우리가 만나는 실제적인 어려움이 바로 여기에 출현한다. 비록 바울이 남자의 영광인 여자가 예배시간에 예언할 때 머리를 덮어야 한다고 진술하지 않고 침묵하고 있음에도 불구하고, 학자들은 바울이 다음으로 말하려는 것이 '여자들은 머리를 덮어야만 한다.'는 것이라고 예상한다. 이 예상이 역사적으로 그렇게 해석하도록 계속 이어져서 '그 천사들로 말미암아 권세 아래에 있는 표를 얹으라'고 10절이 말하는 것이라고 해석되어 왔다.[144]

사도바울이 침묵했던 머리형태에 대해 '이러한 머리모양으로 하라고 지시하는 것'으로 예상하고 '여자들은 머리를 덮어야만 한다, 혹은 천사들 때문에 권세 아래에 있는 표를 그 머리 위에 둘지니라'라고 이제까지 피상적

---

144) Fee, *1 Corinthians*, 516-517.

으로만 해석된 것을 알게 되었다. 더 이상의 심층적인 해석이 필요했지만, 이를 외면당해 온 10절은 이 편지를 통틀어서 가장 난해한 본문들 중의 하나로 지금 남아있음을 피를 통해 알게 되었다. 이 역사적인 기록을 통해서, 10절은 물론 3절, 8-9절, 11-12절과 15절에 나타나는 문법적인 요소들에 심대한 주의를 기울여야 할 필요가 있다는 것을 알게 해준다. 이러한 내용들을 정리해둔다.

"이 때문에 … 그 천사들 때문에

(διὰ τοῦτο…διὰ τοὺς ἀγγέλους 디아 투스 앙겔루스)"

이 구(句)의 해석을 위한 열쇠는 고린도인들이 바울과 소통했던 내용에 있을 것이다. 중요한 단어와 문구는 '천사들 때문에(διὰ τοὺς ἀγγέλους 디아 투스 앙겔루스)'와 '권세'로 해석된 ἐξουσία 엑수시아, 그리고 처음에 나오는 '이 이유 때문에(διὰ τοῦτο 디아 투토)라는 구절이다. 이 구절들이 의미하는 바는 매우 중요하다. 이 어구들을 먼저 풀이하는 것을 시작으로 해석과정을 시작한다. 바른 접근법이다.

"이 이유 때문에 (διὰ τοῦτο 디아 투토)"

이 문구는 바울서신에 자주 나타난다. 이 관용어는 양방향으로 기능한다.[145] 첫째, 그것은 앞에서 말한 것 즉, "그 여자는 남자의 영광(7b)"이라는 것과 '그 영광의 이유 설명(8-9절, 창 2: 23)'에 근거하여, "그 여자의 머리에 권위를 가져야만 한다"는 문구가 해석의 힌트를 준다. 둘째, 동시에, 앞으로 나오게 될 결론과 관련되는 근거로서 다른 이유인 "천사들 때문에(διὰ τοὺς ἀγγέλους 디아 투스 앙겔루스)"를 예상하게 만든다. 특히 '해서는 안 된다(οὐκ

---

145) Barrett, 1 Corinthians, 253.

ὀφείλει 우크 오페일레이)'와 반대 개념인 동사 ὀφείλει 오페일레이가 7절에 이어 이 문맥에서 반복된다. '남자는 하나님의 형상과 영광이기 때문에 마땅히 머리를 가리지 않아야 하거니와(οὐκ ὀφείλει 우크 오페일레이),' '여자는 남자의 영광(고전 11:8, 9)이기 때문에 그 천사들 때문에 권세의 표를 그 머리 위에 두어야 한다(ὀφείλει 오페일레이).'고 해석하는 것이다.

여기에서 '이 이유 때문에'를 첫째 경우에 해당하는 '바로 앞에서 말한 것'을 의미하는 것으로 시작함을 보았다. '이 때문에 = 여자가 남자의 영광이기 때문에'(고전 11:7b) "여자는 천사들 때문에 권세의 표를 그 머리 위에 둘지니라"로 바꾸어 설명할 수 있다는 것이다. '하나님의 형상과 영광인 남자'는 머리를 드러내야만 하고, '남자의 영광인 여자'는 '머리에 권세의 표를 얹음으로써 머리를 드러내지 말아야 한다'는 것이다. '이 이유 때문에 = 여자는 남자의 영광이기 때문에'를 지지하는 학자들 중에서 대표적으로 바렛(Barrett)의 견해가 있다.

> 예배에서 하나님만이 영광을 받으셔야 한다. 하나님의 임재 중에서 여자가 기도/예언할 때 그의 머리를 덮지 않으면 남자의 영광을 드러내고 하나님께 영광을 돌리지 않는 결과를 초래한다. 이것은 확실히 수치임에 틀림없다. 따라서 여자의 영광인 남자에게 수치를 주지 않기 위해서는 '남자의 영광인 여자'는 머리를 가려야 한다. 왜냐하면, 남자의 영광인 여자의 머리에 매혹당하는 것은 천사들이 아니고 예배에 참석한 고린도의 남자들이기 때문에 하나님을 예배해야 하는 것으로부터 그들의 주의가 산만해지기 때문이다.146)

이것을 바꿔 말하면, '예배 시에 여자를 통해 남자의 영광이 드러나서는 안 되므로 여자의 머리를 덮어서 남자의 영광에 막(幕)을 쳐서 그것의 드러

---

146) Barrett, *1 Corinthians*, 254.

남을 막으면, 하나님의 영광만이 드러난다는 것'을 의미한다고 볼 수 있다. 과연 그럴까?

"그 천사들 때문에 (διὰ τοὺς ἀγγέλους디아 투스 앙겔루스)"

이 구절도 해석하기가 여전히 참 어렵다. '천사'를 어떻게 해석해야 할지에 대해서는 다양한 의견이 있기 때문이다. 윈터(Winter)나 포메로이(Pomeroy) 등의 학자들은 본문의 천사들을 하늘의 천사가 아니고 교회 안에 파송된 인간 사자들로 본다. 로마제국 시대에 로마법에 따라 모든 제의의식에 보내졌던 여자들의 의상감독관들γυναικονομοι귀나이코노모이은 법에 저촉된 의상, 특히 여자의 정절이 지켜지지 않는 의상의 경우, 상부에 보고하거나 강제로 수거하여 버리거나 또는 신에게 바쳤던 그런 권위를 행사했다. 윈터는 이들이 고린도교회 예배에도 참석하여, 특히 기혼여성들의 의상법 위반 여부를 결정하기 위해 '파송되었던 인간 감독관들'이라고 주장한다.[147] 포메로이도 이 감독관들은 종교제의 축제, 음주, 가무를 즐기는 여자들을 감독할 뿐만 아니라 의상에 관한 사치 금지 단속책임을 수행키 위해 파송되었다고 말한다.[148] 이 두 학자들처럼 '공적인 모임에 파송된 인간 사자들'이라는 견해와 더불어 '교회의 천사들'[149]에 근거하여 성직자들과 감독들이라고 해석하기도 한다.[150]

반면에, 터툴리안(Tertullian)은 천사들이란 '하나님의 아들들, 남자 천사들(창 6:2)'로서 머리덮개를 쓰지 않는 여자들에게 색정을 품는 악한 천사들이라고 보는데,[151] 바울서신 중에 '…내 육체에 가시 곧 사탄의 사자(ἄγγελος

---

147) Winter, *Roman Wives, Roman Widows*, 85-91.
148) Pomeroy, *Spartan Women*, 127.
149) 계 2:1, 8, 12, 18, 18; 3:1, 7, 14.
150) Ambrosiaster in Migne, *PL*, 17.240C. Thieselton, 839: 재인용

$\sigma\alpha\tau\alpha\nu\tilde{\alpha}$앙겔로스 사탄아)를 주셨으니(고후 12:7)'와 같은 부분에 주의를 기울인 결과인 듯하다. 한편, '우리는 세계와 천사와 사람에게 구경거리가 되었다(고전 4:9)'는 본문에서 말하는 천사는 선악이 분명치 않다. 또 '우리가 천사를 판단할 것을 너희가 알지 못하느냐(고전 6:3)'와 '사탄도 자기를 광명의 천사로 가장하는 자들 (고후 11:14),' '우리나 하늘로부터 온 천사라도(갈 1:8)'와 같은 바울서신에 천사가 등장하는 관련 본문들을 떠올릴 수 있다.

정리하면, 의상감독관이 악한 천사라는 해석은 사전적으로나 로마사회법적으로는 가능하지만, 바울이 고린도전서나 고린도후서에서 '인간 사자들'로서 사용한 사례가 없고, 그가 악한 천사들이라고 분명히 기록된 경우는 '사탄의 사자(고후 12:7)'를 제외하고는 없다는 것을 생각해야 하므로, 이 부류는 아니라고 분석한다. 그런데 후커(Hooker)는 쿰란문서를 증거로 이 천사는 인간이나 악한 천사들이 아니며 확실히 선한 천사들로서 '창조질서의 보호자와 파수꾼으로 사람을 섬기는 것'이라는 관점을 제시한다.152) 이외에 다른 바울서신과 구약성경, 유대문헌, 복음서와 요한계시록에 나오는 천사들은 다 선한 천사들이다.153)

---

151) Tertullian, *On the Veiling of Virgins*, 7; Tertullian, *Against Marcion*, 5:8. Thieselton, *1Corinthians*, 839에서 재인용.
152) Morna D. Hooker, "Authority on her Head: An examination of I Cor. XI.10," *New Testament Studies* 10 (1963-1964), 412.
153) 삼가 이 작은 자 중의 하나도 업신여기지 말라 너희에게 말하노니 그들의 천사들이 하늘에서 하늘에 계신 내 아버지의 얼굴을 항상 뵈옵느니라(마 18:10),
참고 이필찬은 다음과 같이 말한다(『내가 속히 오리라』[서울: 이레서원, 2006], 105-106). 하나님과 그리스도 예수와 택하심을 받은 천사들 앞에서 내가 엄히 명하노니 너는 편견이 없이 이것들을 지켜 아무 일도 불공평하게 하지 말며(딤전 5:21)에서 에베소 교회에 대해 계속 관찰하고 있는 천사들을 함축한다. 모든 천사들은 섬기는 영으로서 구원받을 상속자들을 위하여 섬기라고 보내심이 아니냐(히 1:14). 일곱교회의 천사(사자)들을 내포한다(계 1:20; 2:1, 8, 12, 18; 3:1, 7, 14).
선한 천사들임을 뒷받침하는 설명: 먼저 분명한 것은 요한계시록에서 사자는 사이 모든 사례들을 종합해보면, 예배는 "천사들과 천사장들과 하늘에 있는 모든 존재들과 함께 드려지는 것"임을 함축한다. 예배에 참석하는 천사들은 구약시편(LXX102[103:19-22]; LXX137:1[138:1])에 그 뿌리를 둔다.154) 유대교도 천사들을 선행과 정숙함의 인도자들로 간주한다.155) 또 필로(Philo)도 "천사들은 위대한 왕의 눈과 귀이기 때문에 모든 것을 주목하고 듣는다"라고 말하면서156) '천사들 혹은 전달자들'이라고 부른다.

이러한 섬기는 천사들에 대해 바렛(Barrett)은 천사들은 '창조질서'를 지키는 것에 대한 관찰자, 보호자, 관리자 또는 후견자라는 후커(Hooker)의 견해에 동의한다.157) 또 본문을 베일 쓰는 것과 남성 권위를 주장하는 것으로 해석하는 탈버트(Talbert)와 같은 학자들마저도 천사들을 창조질서의 보호자들로 해석한다.158) 이러한 논리는 바울의 가장 분명한 주제가 예배에 천사

람에게 적용되지 않는다. 일곱 별을 일곱 교회의 사자(계 1:20)로 해석하는데, 헬라사회에서는 "별들=신들"로 해석하고 유대 사회에서는 천사적 의미를 내포한다. 따라서 이 별들을 각 교회를 지켜주는 천사들로 이해할 수 있고, 천사들이 교회와 연합하여 존재하는 것으로 간주할 수 있다(계 19:10; 22:9; 8:3-4).

천사와 교회공동체를 관련시킴으로써 교회공동체가 천상적인 존재라는 의미를 드러낸다. 즉, 천사가 천상적 존재이므로, 지상적 교회도 지상에 존재하지만 동시에 하늘에 존재하는 것으로 이해하는 것을 돕는다. 일곱 사자들=천사들은 교회공동체가 하늘에 존재한다는 것을 암시한다. 이 천상적 존재로서의 교회공동체는 요한계시록 메시지의 매우 중요한 뼈대를 형성한다.

154) 여호와께서 그의 보좌를 하늘에 세우시고 능력이 있어 여호와의 말씀을 행하며 그의 말씀의 소리를 듣는 여호와의 천사들이여 …그에게 수종들며 그의 뜻을 행하는 모든 천군이여 여호와를 송축하라 … 여호와의 지으심을 받고 그가 다스리시는 모든 곳에 있는 너희여 여호와를 송축하라 내 영혼아 여호와를 송축하라(시 103:19-22). 내가 전심으로 주께 찬송하며 신들 앞에서 주께 찬송하리다(시 138:1)
155) Gehard Kittel, "aggelos, arxaggelos, isaggelos," *TDNT* Volume 1: 74-86.
156) Philo, *The Works of PHILO New Updated Version*, trn. C. D.).Yonge (Hendrickson, 1993), 377-378.
157) Barrett, 1 Corinthians, 254.
158) Charles H. Talbert, *Reading Corinthians: A Literary and Theological Commentary on 1&2 Corinthians* (New York: Crossroad, 1987), 69.

들이 참석한다는 것만이 아니라, 예배에 참석하는 여자들이 부적절한 모습으로부터 자신들을 규제해야만 한다는 이유를 설명하는 것에 잘 들어맞는다. 고린도교회에서 여자가 다른 사람들에게 그녀의 머리를 늘어뜨리고 있는 모습을 보인다는 것은 당황스런 모습이었음에 틀림없었을 것이다(고전 11:5-6). 따라서 비록 가장 무모한 여자라 할지라도 그녀의 머리를 늘어뜨리는 것에 대한 충고를 듣는 것은 그녀가 하나님의 거룩한 천사들에 의해서 지금 관찰되고 있다는 사실을 알게 하는 충분한 이유가 되었음에 틀림없다는 추정이 가능하다. 하지만 예배 그 자체와 관련하여서는 일정 부분 수용하지만, 본문해석을 위한 의미는 아닌 것이라고 본다.

그렇다면 "여자는 권세 아래에 있는 표를 그 머리 위에 둘지니라(ὀφείλει ἡ γυνὴ ἐξουσίαν ἔχειν ἐπὶ τῆς κεφαλῆς오페일레이 헤 귀네 엑수시안 에케인 에피 테스 케팔레스)"에서 'ἐξουσία엑수시아'는 무엇을 의미하는가? ἐξουσία엑수시아는 사전적으로는 권위, 권리, 자유, 능력, 초자연적 능력, 통치력, 정부, 심판, 사법권을[159] 의미하며, '피동적으로 권력 행사의 대상이 되는 것을 함축하지 않는다.' 그럼에도 불구하고 기존해석이 계속 피동적인 의미로 이해되어 왔기 때문에 이 구절에 대한 이중적인 문제는 첫째, 본문에 나타나는 ἐξουσία엑수시아의 '고유한 능동적 의미'를 찾는 것과 둘째, 전치사 ἐπί에피의 함축성 결정'에 대한 것이다.

피가 전술한 것처럼, 바울이 언급한 것이 아님에도 불구하고 전통적으로 '여자의 복종'과 관련된 전제를 가지고 이 문맥을 보는 이들은 '여자의 머리에 제 삼자의 권위에 복종하는 표로 머리덮개를 하라'는 의미로 해석되어왔

---

159) Barclay M. Newman, Jr., *A Concise Greek-English Dictionary of the New Testament* (Stuttgart: German BibleSociety, 1993), 65.

다. 그러나 명사 ἐξουσία엑수시아 주위에는 제 삼자를 표시하는 인칭대명사도 없으며, 또 부정사 ἔχειν에케인(ἔχω에코: '가지다'의 현재 능동태 부정사)도 수동형이 아니고 능동형이다. 따라서 본문해석은 "그 여자는 그 여자의 머리에 자신의 권위를 두어야만 한다"라는 해석 외의 다른 것으로 대체할 문법적 근거가 전혀 없어 보인다. 이 점이 이 문장해석을 버텨주는 문법적인 버팀돌이다.

동사 ὀφείλει오페일레이는 부정사 ἔχειν에케인을, ἔχειν에케인은 다시 ἐξουσίαν엑수시안을 목적어로 취하므로, 이를 직역하면 "이로 인해 (한) 여자는 천사들 때문에 그(그녀의) 머리에 권위를 가져야 한다"로 해석해야 한다. 블롬버그(Blomberg)도 "NIV가 '권위가 있는'을 '권위의 표지를 갖는'으로 번역하지만, 헬라어본문에는 '표지'라는 단어가 없음"을 분명히 한다.160) 한글 개역개정판도 '권세 아래 있는 표(고전 11:10)'로 번역되었는데, 피(Fee)의 견해처럼 '아래 있는 표'에161) 상응하는 단어나 구(句)가 헬라어본문에는 없다는 점을 먼저 밝혀둔다.

헤이즈(Hays)도 "머리에 권위를 갖는다(to have authority on the head)"라는 뜻이 무엇인가를 질문하면서, 전통적으로 주어졌던 답변이 분명히 잘못되었음을 지적한다.162)

특히 RSV의 번역[That is why a woman ought to have a **veil** on her head,

---

160) Blomberg,『고린도전서』, 242-243. 다른 영어성경 번역 역시 '표지'를 의미하는 'symbol'이라는 단어를 사용한다. NET는 "For this reason a woman should have a symbol of authority on her head, because of the angels" 이렇게 번역한다. 또한 NRS는 "For this reason a woman ought to have a symbol of authority on her head, because of the angels." 라고 했다.
161) Fee, 1 Corinthians, 574-576: ἐξουσία가 이렇게 수동적 의미로 쓰인 예가 없었다고 말한다.
162) Hays, *First Corinthians*, 187-188.

because of the angels.]은 바르지 못하다. ἐξουσία엑수시아는 '베일veil'을 의미하지는 않기 때문이다. "여성이 자신의 머리 위에, 권위 아래 있다는 사실을 가리키는 상징을 지녀야 한다는 의미로 바울이 말했다고 생각할 이유가 문장에 전혀 없다. 왜냐하면 영어와 마찬가지로 권위를 갖는다는 의미는 권위를 행사한다는 뜻이지 권위에 복종한다는 뜻이 아니기 때문이다"라고 피(Fee)는 주장한다.163) 본문의 해석에 대해서 티셀톤(Thieselton)은 '천사들 때문에'라는 구절에 기초하여 크리소스톰(Chrysostom)의 '여자를 향한 제삼자의 권위의 상징', 후커(Hooker)의 '한 사람 자신의 권위와 다른 사람의 권위의 표', 콘첼만(Conzelmann)의 '제 삼자를 향한 권위, 혹은 숨기는 것으로서의 머리띠'를 참고하면서 '악한 천사의 공격에 대항하기 위한 여자의 능력, 나아가 베일을 쓴 여자는 공적인 장소에서 자신을 보호할 능력을 갖추는 것'으로 해석한다.164)

이상과 같이 그동안 이 본문은 교부들과 일부 학자들에 의해서 '본문의 단어들 자체가 함축하지 않는 수동성'을 적용하여, '여자는 권세 아래 있는 표를 그 머리 위에 둘지니라'로 해석하면서, 여자 자신의 권세가 아닌 제 삼자의 권세가 그 여자에게 작용하기 때문에 그 여자는 제 삼자에게 복종하여야 하는 것으로 해석되었다. 이런 관점들 때문에 전통적인 '권위'에 대한 의미는 오해되고 오도되었다. 심지어 와이어(Wire)와 많은 학자들은 복음의 자유와 성별 평등이라는 주장 아래 '많은 여성 예언자들이 동료 예언자들로부터 아마도 그녀들 위에 있는 권위를 의미하는 머리덮개를 벗어 던지라는 압박을 받았다'고 말한다.165)

---

163) Fee, *1 Corinthians*, 575-576.
164) Thieselton, *1 Corinthians*, 838.
165) Antoinette Clark Wire, The Corinthian Women Prophets (Minneapolis: Fortress Press,

정리하면 수동성 의미의 해석은 문법적으로 볼 때 ἡ κεφαλή헤 케팔레를 해부학적 머리로 해석하였고, 제삼자의 권위에 복종하는 의미로 그 머리 위에 머리덮개를 얹어야 한다고 해석하였다. 그러나 이러한 해석은 첫째, 정관사가 붙은 ἡ κεφαλή헤 케팔레는 해부학적 머리가 아니고, 둘째, 능동성인 본문과 상관이 없는 수동성으로 해석한 것은 분명한 오역이라고 추정할 수 있다.

② 능동적으로 ἐξουσία엑수시아 의미의 해석을 주장하는 견해 : 여자의 권위와 자유의 표인 머리덮개를 여자의 머리에 두어야 한다.

앞에서 크리소스톰, 콘첼만과 바렛과 같은 학자들이 전통적으로 본문을 '권위의 표, 권위와 복종의 상징, 그 여자에 대한 제 삼자의 권위의 표를 여자의 해부학적 머리 위에 얹어야 한다'로 해석해 왔던 것에 반해, 근래에는 헤이즈나 후커 등은 '그녀의 해부학적 머리에 권위를 가진 여자, 즉, 여자는 그녀의 머리 위에 그녀 자신의 권위의 표를 가져야 한다'는 의미로서 반대 개념인 능동성 의미로 해석하기 시작했다.[166] 진일보한 해석이라고 본다.

ἐξουσία엑수시아를 '여성 위에 작용하는 다른 사람의 권위'인 것처럼 수동적 의미로 해석하여, 머리덮개나 베일로 해석한 성경의 해석들이 교정되어야 할 필요성이 분명히 보인다. 그렇다면 이때의 '권위'는 무엇을 의미하는 것일까? '여성이 권위 아래 있는 표'라는 기존 해석을 일단 배제하고, 권위의 의미에만 그 범위를 좁혀서 살펴보면, 학자들의 의견은 다음과 같은 두 가지로 대별될 수 있었다.

1990), 13-14, 111-113, 131-134 & 181-186.
166) Hays, *First Corinthians*, 187.

첫째, 후커(Hooker) 등은 '권위를 가지다'라는 말을 '권위의 표,' 더 나아가 '권위를 행사하는 수단이나 방법'의 의미로 이해한다. 즉, 여성이 회중 가운데서 '그리스도 안에서 예언과 기도의 새로운 권위'를 가지게 되었다는 상징으로 해부학적 머리카락을 틀어올려야 한다고 해석한다.167) 그들은 그 '권위'를 여자들의 새로운 '자유'로 이해한다. 즉, 전에는 금지되었던 것이 이제 해제되어, 여성들과 남성들과 함께 기도와 예언할 자유를 얻었다는 것이다. 피오렌자(Fiorenza)는 머리카락을 틀어올리는 것은 예배의식에서 여자의 예언능력의 능동적 상징으로 이해되어야 한다고 보았다. 그 이유는 기독교 공동체에서는 남자들과 여자들은 서로 다르지 않다고 보기 때문이라고 말한다.168) 이 말은 여자가 계속적으로 머리를 덮거나 올려야 하는 목적은 '그리스도 안에서 얻은 그녀의 새로운 자유의 상징'으로 그렇게 한다는 것이다. 이 해석은 $\dot{\varepsilon}\xi o\upsilon\sigma\acute{\iota}\alpha$엑수시아를 사전적 의미에 따라 '능동적 의미'로 해석한 점에서는 옳다. 그러나 헤이즈(Hays)는 "이러한 해석은 문맥과 조화를 이루지 못하며, 틀어올린 머리 혹은 머리덮개를 한 것이 어떻게 여성에게 새로 주어진 권위를 상징할 수 있는지 분명하지 않다"고 평가한다.169) 좋은 질문이라고 정리해 둔다.

둘째로, 이제 '권위를 가진다는 것'을 '선택할 자유나 권리'라는 일반적인 의미로 이해하는 사람들의 견해에서는 $\dot{\varepsilon}\pi\acute{\iota}$에피를 '위에 over'로 해석해서 '여

---

167) Hooker, "Authority on Her Head," 410-416; Thiselton, 1 Corinthians, 839와 Blomberg, 『고린도전서』, 243, 그리고 Fee, 1 Corinthians, 522를 참고하라.
168) Elisabeth Schuelssler Fiorenza, *In Memory of Her: A Feminist Theological Reconstruction of Christian Origins* (New York: Crossroad, 1983), 228-230; Barrett,*1 Corinthians*, 255; Catherine C. Bushnell, *God's Word to Women* (Minneapolis: Christians for Biblical Equality, 2003), note 236, 107-108.
169) Hays, 『고린도전서』, 318.

성 자신의 머리에 대한 권위를 갖는 것'으로 번역될 수도 있다고 말한다. 그렇게 되면 여성이 자신의 머리카락에 대해 주도적 책임을 갖고 잘 통제하는 것, 즉, 풀어헤치기보다는 적절하게 잘 틀어올리는 것을 의미할 수 있다는 것이다.170) 이 해석을 지원하는 학자들은 이미 바울이 한 명령 즉 머리에 무엇을 쓰고, 또는 머리를 틀어올리고 기도하라는 가르침과(고전 11:5-6) 조화를 이룬다고 말한다. 헤이즈는 바울이 여성들에게 자신의 머리에 대해 '책임 있게 주도하는' 존재가 되라고 말함으로써 머리덮개의 상징적 함의를 변형시키려 한다고 보며, 틀어올린 머리는 공동체 전반에게 기대되는 자기절제와 질서정연함을 가리키는 적절한 상징이 된다고 본다.171) 그러나 피(Fee)와 같은 학자들은 여전히 정확한 의미에 대해서는 이 문맥 안에서 불명확성으로 남는다고 의구심을 갖는다.172)

따라서 두 해석 모두 '본문 그 자체로부터는' 적절한 최종적 지원을 받지 못하고 있고 학자들도 이를 지적하고 있기 때문에, ἐξουσίαν ἔχειν ἐπι엑수시안 에케인 에피173)와 ἐξουσίαν ἐπι엑수시안 에피174)가 나타나는 근접문맥과 다른 용례들을 비교하는 연구로부터 지원받을 수 있을 것을 기대한다는 것이다.

여기서 재차 강조하는 바는, 현재의 논의에서 본문을 수동성으로 해석하는 전통적 관점을 지지할 수 있는 문법적 증거는 일단 전혀 없어 보인다. 따라서 해석 가능성들 중에서 바로 앞에서 알아본 '선택할 자유나 권리'라는 일반적인 의미로 이해하는 제안이 현재까지는 가장 수용 가능하게 보일 수도 있다. 우선 고린도전서 자체에서 ἐξουσία엑수시아에서 파생한 단어를

---

170) Hays,『고린도전서』, 318과 Blomberg,『고린도전서』, 243, Fee, *1 Corinthians*, 579.
171) Hays,『고린도전서』, 318.
172) Fee, *1 Corinthians*, 521-522.
173) 요 19:11; 계 11:6; 14:18; 16:9; 20:6.
174) 눅 9:1; 10:19; 계 2:26; 6:8; 13:7.

사용하는 본문인 고린도전서 6장 12절과 8장 9절의 의미를 살펴보자.

> 고전 6:12 "모든 것이 내게 가하나 다 유익한 것이 아니요 모든 것이 내게 가하나 내가 무엇에든지 얽매이지 아니하리라"

> 고전 8:9 "그런즉 너희의 자유가 믿음이 약한 자들에게 걸려 넘어지게 하는 것이 되지 않도록 조심하라"

ἐξουσία엑수시아는 권위, 권리, 자유, 능력, 초월적 능력, 가능성이라는 의미가 있는데, 6장 12절은 그 중에서 법적으로 저촉 받지 않는 '가능성과 자유'를 의미하고, 8장 9절은 '자유'의 의미를 나타낸다. 어느 것을 대입해도 여전히 논의의 여지를 남기고 있다. 아마도 바울은 '여자들 자신의 위치'에 대해서 확인하고 있는 것으로 보인다. 바른 예상이다. 그것은 정확히 무엇일까? 여자들은 분명히 ἐξουσία엑수시아를 소유하고 있다. 그럼에도 불구하고 '이 때문에', 즉, '선행되는 논의 때문에'와 '천사들 때문에' 그 ἐξουσία엑수시아를, '현행되고 있는 적절한 방법' 즉, '머리를 덮는 관습'을 유지하며 실천해야 한다는 것이다. 이것이 "믿음이 약한 자들에게 걸려 넘어지게 하는 것이 되지 않도록 조심하라(고전 8:9)"는 맥락과도 잘 맞는 것처럼 보인다는 것이다. 상당히 그럴듯하게 들리는 제안으로 보인다.

그러나 여기에서 ἐξουσίαν ἔχειν ἐπὶ τῆς κεφαλῆς엑수시안 에케인 에피 테스 케팔레스가 능동적인 의미를 나타낼 뿐, 수동적인 의미는 없다는 점을 일단 확인한 점을 해석의 수확으로 수용하였고, 이제는 근접 문맥에서도 지원을 얻었으므로 그 해석이 수동적 모순이 아니라는 것을 증명하는 추정이 가능하다. 학자들이 능동성의 ἐξουσία엑수시아로 보는 점이 대단한 해석적 성과다. 특히 후커(Hooker)는 본문의 배경은 랍비문헌이라고 주장하며 다음과 같이 설명한다.

> 랍비사회에서는 창조순서에 있어서, 어느 정도의 권위가 [천사들에게] 양도되었고, 따라서 우리는 창조 시에 이루어졌던 만물들에 대한 질서유지가 지속되는 것을 주목하는 것과 관련된 천사들의 존재를 예상하여야만 한다. '그녀의 머리 위에 있는 권위'란 예언하는 것에 사용할 능동적인 권위라고 풀이하고, 또한 여성 예언자들의 '머리덮개'는 교회예배 인도에 남자들과 함께 능동적으로 참가할 때 능력을 부여받은 여자들에게 주어진 권위의 상징으로 그 공동체에서 사용된다고 말한다.175)

바렛(Barrett)의 견해는 다음과 같다.

> 하나님의 영광은 여자가 아니고 남자이며, 자연스럽게 남자들이 예배에서 능동적인 역할을 해왔는데, 그러나 지금 고린도교회에서는 여자도 하나님께 기도하고 예언으로 하나님의 말씀을 선포한다. 따라서 여자가 이 기도와 예언 선포를 실행하기 위해서는 하나님으로부터 오는 권위와 능력이 필요하다. 하나님의 임재중인 예배에서 여자가 남자의 영광을 지워버리는 것을 상징하는 머리를 틀어서 올리는 것이 그 여자에게 주어지는 권위 상징의 역할을 하는 것이다. 이 말은 그 전에는 여자에게 허락되지 않았던 일을 새로운 체제와 질서 아래에서 할 수 있도록 여자에게 주어진 새로운 권위의 상징이 바로 머리를 틀어서 올리는 것이다.176)

바렛의 이 견해는 머리덮개의 필요성을 제시하는 것으로 두 기능들, 즉 남자의 영광을 가리는 것과 기도 또는 예언 선포를 위한 하나님으로부터 오는 권위와 능력을 확인한다.

티슬턴은 ἐξουσία엑수시아에 대한 수동적이며 긍정적인 의미에 대한

---

175) Morna D. Hooker, "Authority on her Head: An Examination of I Cor. XI.10," *New Testament Studies* 10 (1964), 412-416.
176) Barrett, *1 Corinthians*, 255.

3. 수치와 영광과 타인에 대한 존중 (고전 11:2-16)

학자들의 견해를 비교 분석한 후에 '본문의 ἐξουσία엑수시아는 긍정적 의미로서 그 여자에게 주어진 기도와 예언할 수 있는 권위'라는 해석에 동의한다.177) 베일리(Bailey)도 창조기사에서 남자를 돕기 위한 하나님의 여자 창조 이유를 들면서 "바울이 여자의 고귀한 원천을 기억하면서 여자는 그 머리에 권위를 가져야만 한다. 이는 마치 여왕의 면류관이 그 권위를 상징하는 것과 동일한 이치다"라고 말하며178) '그 해부학적 머리 위에 얹는 머리덮개'도 역시 그 여자에게 주어진 기도와 예언할 수 있는 권위의 상징이라고 해석하는 학자들의 견해에 동의한다. 이 부류의 학자들 모두는 고린도전서 근접문맥에서도 동일하게 '권한, 권위, 권능, 다스림, 권세, 다스리는 권세'의 의미를 나타내고 있다는 견해를 보인다.

그런데 이 능동적 ἐξουσία엑수시아에 대한 해석에 대해, 앞에서 열거된 학자들보다 진일보한 견해를 가진 학자로 부슈넬(Bushnell)이 있다. 그는 "이러한 문맥들의 지원에 따라 우리는 그 본문을 '이 이유 때문에, 여자는, 천사들 때문에' '그녀가 원하는 것(기도 또는 예언)을 하기 위해 그녀의 머리 위에 권위 또는 자유를 가져야만 한다'로 해석할 수 있다. 하나님께서 남자를 향한 '하나님의 권위 상징'을 위해 '베일 쓰는 것'을 요구하시지 않으므로, '남자도 여자에게 베일 쓰는 것'을 요구할 수 없다"고 말한다.179)

---

177) Thieselton, *1 Corinthians*, 838.
178) Fee, *1 Corinthians*, 521-522.
179) Bushnell, *God's Word*, 248항, 115-116쪽. 부슈넬은 다음과 같이 상세히 본문을 해석한다: "삼가 이 작은 자 중의 하나도 업신여기지 말라 너희에게 말하노니 그들의 천사들이 하늘에서 하늘에 계신 내 아버지의 얼굴을 항상 뵈옵느니라(마 18:10)"는 말씀을 인용하면서, '그 천사들 때문에'를 '그 여자의 천사들'로 해석한다. 그 이유는 헬라어 한정관사는 소유대명사의 효력을 가지기 때문이다. 바울은 천사들이 구원받은 사람보다 열등하며(고전 6:3), 구원받은 사람들을 섬기는 영(히 1:14)이라고 가르쳤다. 그리고 경멸받는 여자들의 천사들은 베일을 쓰지 않고 하나님 앞에서 그분의 얼굴을 뵙는다. 여자도 그녀를 섬기는 천사들처럼 베일을 쓰지 않는 것이 허락되어도 되

부슈넬의 이 견해는 근접문맥과의 연관성 중에, 특히 남자의 원천인 그리스도(3절)가 남자를 향한 권위상징을 위해 베일 쓰는 것을 요구하지 않는 사실(7절 상반절)을 지적해낸 것으로써, '상당한 해석적 성과'라고 추론한다. 부슈넬의 해석적 접근은 '머리덮개 요구'와 관련하여서는 일단 옳다고 본다. 그러나 아직 부슈넬은 본문 그대로를 문법적으로 해석하지는 않았으므로, 여전히 해석적 미완성의 상황에 머물러 있다.

정리하면, 전통적으로 크리소스톰 등이 "그러므로 여자는 천사들로 말미암아 권세 아래에 있는 표를 그 머리 위에 둘지니라"는 구절은 여자가 '권세를 가진 제 삼자의 아래 있는 피동적 해석이 오역'이라는 점을 헤이즈, 후커, 피오렌자, 티슬톤, 베일리와 부슈넬이 드러내 보였다. 즉, 단어와 문장 자체에는 그런 수동성 의미가 전혀 없다는 점과, 고린도전서 내의 근접문맥의 용례들을 고려한 결과, 여성의 능동적 의미를 함축하는 "이 이유 때문에, 여자는, 천사들 때문에, 여자의 머리에 권위의 표를 가지라"로 해석하였다.

그런데, 이들 학자들 중에 '머리에 권위를 표시하는 방법'은 다르다. 즉, 부슈넬을 제외하고 다른 학자들은 '머리덮개'가 새로운 권위 표시의 방법이라고 주장하고, 부슈넬은 '머리덮개'가 필요하지 않다는 다른 관점을 피력한다. 10절을 문법에 맞게 수동성 의미에서 능동성 의미로 전환시킨 것은 해석적 성과이다. 하지만, 머리덮개 사용을 수동성과 능동성 의미에 동일하게

는가? 남자는 그의 원천/머리인 그리스도 때문에 하나님 앞에서 머리를 덮지 않는다. 여자는 그녀의 영적 머리/원천인 그리스도 때문만이 아니라 부부관계의 남편 때문에도 '머리를 덮지 않을 권리/자유를 가져야만 한다'; 그리고 만약 이것으로 충분하지 않다면, 그때, 그 여자를 섬기는 천사들은 '항상 하나님의 얼굴을 뵈옵는다.' 이것이 사도바울의 주장이다. 남자는 여자를 향한 그의 권위를 위한 존경의 상징으로 여자에게 베일 쓰는 것에 대한 요구를 시도할 것인가? 하나님께서 남자를 향한 하나님의 권위 상징을 위해 베일쓰는 것을 요구하시지 않으므로, 남자도 여자에게 요구할 수 없다.

적용하는 것은 마치, 동일한 행위(머리덮개)를 해석자들의 사고방식에 따라서 이분화시키는 것이 되므로 여전히 온전한 해결방법이라고 볼 수 없다. 따라서 10절에 대한 온전한 해석으로는 수용하기가 어렵다. 또한 부슈넬이 '머리덮개'의 불필요성을 강조하는 것 자체도 '머리덮개'에 관한 하나의 견해에 불과하므로, 머리덮개와 관련된 15절과의 연관성에서는 수용하지만, 그것 또한 10절을 바로 해석한 것이라고 보기는 어렵다. 그러므로 10절의 해석을 위해서는 좀 더 심층적인 분석이 필요하다고 본다.

또한 본문의 $ἐξουσία$엑수시아의 고유의미를 사전적, 근접 문맥적으로 고려한 결과, 권위, 권세를 가진다는 능동성을 있는 그대로 해석할 수 있었다. 즉, 권위라는 명사 주위에는 '여자'라는 단어 외에 제 삼자를 표시하는 인칭 대명사가 없다는 사실, 그리고 '가지다' 동사의 부정사 $ἔχειν$에케인 역시 수동형이 아니고 능동형이라는 분명한 사실이다. 특히 부슈넬의 해석적 제언은 능동성 본문 해석에 진일보한 단계에 접근했음을 보여주었다. 남자의 원천인 그리스도(3절)가 남자를 향한 권위 상징 목적으로 베일 쓰는 것을 요구하지 않는다는 사실(7절 상반절)을 부슈넬이 지적해낸 것은 본문이 '머리덮개'와 상관이 없는 것임을 나타내는 고무적인 해석적 성과라고 추론한다. 그러나 그러한 성과에도 불구하고, 10절에 더 이상 문법적 해석의 진전이 없어, 여전히 해석적 미완성의 상태에 머물러 있다.

다시 말해서, "이 때문에, 그 천사들 때문에 그 여자는 그 여자의 머리에 자신의 권위를 두어야 한다: $διὰ\ τοῦτο\ ὀφείλει\ ἡ\ γυνὴ\ ἐξουσίαν\ ἔχειν\ ἐπὶ\ τῆς\ κεφαλῆς\ διὰ\ τοὺς\ ἀγγέλους$다아 투토 오페일레이 헤 귀네 엑수시안 에케인 에피 테스 케팔레스 디아 투스 앙겔루스"라는 10절의 의미 해석을 분석하는 일이 아직 남아 있다.

이제 남겨진 과제는 3-10절에 나오는 κεφαλή케팔레를 '원천, 해부학적 머리, 머리카락'이라는 의미를, 3절에서는 원천, 4-6절에서는 그 원천에 수치를 끼치는 머리 형태, 3, 7-9절에서는 남자와 여자의 영광과 관련된 머리 형태를 선택하여 해석했듯이, 10절의 ἐπὶ τῆς κεφαλῆς에피 테스 케팔레스 구(句)에 나오는 κεφαλή케팔레가 여자의 원천인 남자인지, 해부학적 머리인지, 머리카락인지를 결정하는 일이 제일 중요하고 필수적인 과정이다.

이를 위해서 앞서 10절을 수동성으로 해석했거나 능동성으로 해석했지만, 머리덮개에 관심을 두었던 학자들의 견해들을 종합정리하기 위해 미루어 두었던 7-9절 주해를 시작하고, 7-9절과 11-12절 분석을 기초로 하여, 10절을 위한 새 해석을 시도할 차례이다. 하나님께서 남자와 여자의 궁극적인 원천임을 말하는 11-12절을 근거로 10절을 해석할 때, 모든 문법적, 성경신학적 도구들을 사용하여 '수동성인 기존 해석'과는 차별된 '능동성의 새로운 해석'을 시도할 것이다.

b. 신학적 논의 1 : 남자들에 의해 오용된 점 (고전11:7)

고전 11:7 "남자는 하나님의 형상과 영광이니 그 머리를 마땅히 가리지 않거니와 여자는 남자의 영광이니라" (3절의 남자=여자의 원천)

고전 11:10 "그러므로 여자는 천사들로 말미암아 권세 아래에 있는 표를 그 머리 위에 두어라" (현재의 한글역 : 문법적 분석이 필요한 부분임)

① 남자는 하나님의 형상과 영광

7절 상반절은 "남자는 하나님의 형상과 영광이기 때문에 그 머리를 가려서는 안된다." 그리고 10절에 대한 '기존 해석'은 "그러므로(이 때문에) 여자는 천사들로 말미암아 '권세 아래에 있는 표'를 그 머리 위에 둘지니라"고 진술한다. 두 본문에 나오는 동사 ὀφείλει 오페일레이(7, 10절: 해야 한다)의 기능은 도덕성을 함축적으로 표현하는 것이다. 사도바울은 이 도덕적인 의무를 제시한 후에, 그 신학적인 기초를 설명하기 위해 8-9절에서 창세기 1-2장을 인용한다.

7절에서 바울의 첫 번째 신학적 논의는 '남자는 하나님의 형상과 영광'이란 점에 초점을 맞춘 후, "남자는 하나님의 형상과 영광이기 때문에 그 머리를 가려서는 안 된다"고 설명한다. 이 말은 '남자는 하나님의 형상과 영광이라는 사실과 남자들이 여성적으로 보이기 위해서 자신의 머리카락을 여성적인 머리 형태로 만들어서 '여자의 형상과 모양'으로 자신들을 변질시키고 있다는 점이 대조적으로 나타낸다.

그러나 이 대조점에 대해서는 이미 4절에 언급된 바 있고 14절에서 설명할 것이므로, 머리형태에 대한 논의는 이 단락에서는 생략할 것이다. '남자는 하나님의 형상과 영광(7절 상반절)'이란 내용은 7절 하반절의 '여자는 남자의 영광'이라는 대칭적인 표현으로 확연히 뒷받침되고 있다. 먼저 형상과 영광이란 문구의 의미를 간략하게 정의하자.

② 형상과 영광 (εἰκὼν καὶ δόξα 에이콘 카이 독사)

형상(ἡ εἰκών 헤 에이콘)은 사전적으로 '어떤 것의 형태나 외모와 닮은 사물; 어떤 것을 상징하는 것'을[180], 영광(ἡ δόξα 헤 독사)은 사전적으로

---

180) LSJ, 485; BAGD, 281-82.

'기대(期待), 좋은 소문, 명예, 한 사람에 대한 다른 사람의 의견; 광명, 반사/반영, 특권, 영광 등'을[181] 의미한다. 특히 BAGD는 7절을 직접 인용하며 '남자가 하나님의 형상과 반사/반영'이라고 해석한다. 두 단어들의 의미를 종합해보면, 외모를 닮거나 상징하는 것과 영광을 반사하는 기능을 말한다. 이때, 남자가 하나님(원형 : archetype)의 형상(모형 : ectype)과 영광이라는 표현에서 '하나님의 외모'를 반사한다는 의미는 적절하지 못하다. 하나님은 물질로 존재하시지 않기 때문이다. 오히려 류폴드(Leupold)의 견해처럼, '형상'을 '내면적 유사성'과 '사역적 유사성'으로 집약하는 것이 옳다.[182] 또 성경이 여자도 남자처럼 하나님의 형상으로 창조되었음(창 1:26-27)을 설명함에도 불구하고, 사도바울은 7절에서 창조기사를 간략하게 재설명한다. 여기서는 여자도 하나님 형상이라는 언급은 빠뜨린 채, 창조기사에는 표현되지 않는 '남자는 하나님의 영광'이라는 점을 덧붙이는 것이 색다르다.

소르즈(Soards)는 "바울 당대의 유대교에서 하나님의 '형상과 영광'은 유사어였다. 그러므로 바울이 '남자는 하나님의 형상과 영광'이라고 말한 것은 구별이 아니고, 서로 보완하는 것이다"라는[183] 설명을 통해 굳이 그 의미를 구분할 필요가 없음을 피력한다. 피(Fee)는 "하나님께서는 땅의 흙으로 사람을 만드셨을 때, 모든 창조의 순서에서 남자는 직접적으로 하나님으로부터 창조되었기 때문에 남자가 하나님의 형상과 영광이라고 단언할 수 있다"[184]고 말한다. 전형적인 유대사상은 아담과 하와가 하나님의 영광을 잃어버렸는데, 그것은 종말에 회복될 것으로 보지만, 바울은 '현재, 남자가 하나님의

---

181) LSJ, 444; BAGD, 256-58.
182) Herbert Carl Leupold, *Exposition of Genesis* (Chillicothe : DeWard Publishing, 1942/2010), 58-59.
183) Marion L. Soards, *1 Corinthians* (Grand Rapids: Baker Books, 1999), 224-225.
184) Gordon D. Fee, *The First Epistle to the Corinthians*, 516.

영광이라는 것이다. 그가 사용하는 ὑπάρχων 휘파르콘(ὑπάρχω 휘파르코 : '존재한다, ...이다'의 능동태 현재분사)으로 그 의도를 나타내는데, 사도바울은 창세기 기사를 필로(Philo)의 사상과는 완전히 다른 방법으로 접근하는 것을 확인할 수 있다.185)

> 필로는 흙으로 만들어진 육적인 사람과 하나님의 형상으로 만들어진 영적인 사람을 분리한다(창세기에 대한 4번 질문과 답). 그러나 바울의 본문에서는 육적인 사람이 하나님의 영광이다. 필로는 여자는 지적으로 열등하고, 공적인 일은 남자에게 배당하고 가정사는 여자에게 배당한다(27과 43번 질문과 답)고 말하나 바울은 그렇게 말하지 않는다. 필로는 창세기 기사의 의미를 여자는 남자와 명예 면에서 동등하지 않다(27번과 43번 질문과 답)는 그의 인식에 기초하여 설명한다. 그러나 바울은 남녀가 동등한 명예를 가진 것으로 적용하는 지침으로 창세기 기사를 인용한다. 바울은 고전 11:8-9, 11-12을 통해 명확하게 창세기1-2장에 대한 그릇된 적용에 반대하는 논조를 나타낸다.

정리하면, 바울이 남자는 하나님의 형상과 영광(Ἀνὴρ εἰκὼν καὶ δόξα θεοῦ ὑπάρχων 아네르 에이콘 카이 독사 데우 휘파르콘)이라고 말하는 것은, '하나님의 형상을 반영한다는 의미'가 된다. 어떤 사람의 영광이란 말은 그를 영광스럽게 하는 사람의 안에 있는 인품을 말한다. 따라서 남자가 하나님의 형상과 영광이란 말은 류폴드의 정의와 같이, 남자가 하나님의 인격적이고 사역적인 유사성을 반사/반영한다(창 1:26-28)는 의미이다.

③ 여자는 남자의 영광

고린도전서 11장 7절 하반절은 '여자가 남자의 영광'이라고 확언한다. 이

---

185) Philo Judaeus, *The Works of Philo*, *New Updated Edition*, trans. C. D. Yonge (Peabody: Hendrickson, 2006), 791-799.

영광이란 의미에 대한 가장 유사한 표현은 아담이 인류 최초의 여자를 만났을 때에 감격했던 그 '자랑과 기쁨(창 2:23)'일 것이다. 그 여자는 남자의 눈을 사로잡는 인간적인 화려한 장관(壯觀)이었을 것이다.186) 앞에서 소르즈가 말한 "바울 당대의 유대교에서 하나님의 '형상과 영광'은 유사어였다. 따라서 바울의 '형상과 영광'이란 말은 구별된 것이 아니고, 서로 보완하는 것이다"187)라는 설명을 대입하면, 여자가 지닌 하나님의 형상과 영광은 최고의 수준일 것이다. 페인(Payne)의 설명이 더욱 상세하다.

> 어떤 사람의 영광이란 말은 마치 창세기 2장 23절에서 남자가 여자에게 영예를 주는 것처럼, 그를 영광스럽게 만드는 사람의 안에 있는 인품을 의미한다. 여자는 남자의 동역자로 특별하게 만들어짐으로써, 창조 중에서 최고의 영광으로 묘사된다. 처음 창조된 여자에 대한 아담의 '감탄'이, 즉각적으로 '이러므로 남자가 부모를 떠나 그의 아내와 합하여 둘이 한 몸을 이룰지로다(창 2:24)'가 뒤따라 나오게 만드는 것이다. 남편들이 그들의 아내들을 그들의 영광으로 대우할 때, 결혼은 아름다운 것이다.188)

이런 표현이 가능한 것은 우리가 '여자는 남자의 영광'이라는 7절 하반절을 '남자는 하나님의 형상과 영광'이란 7절 상반절에 대입해보면, 그 하반절은 "여자는 '하나님의 형상과 영광(=남자)'의 영광"이라고 고쳐서 말할 수 있을 정도가 되기 때문이다.

아담이 하와를 보자마자 '내 뼈 중의 뼈요 살 중의 살'이라고 한 표현은 '남자 때문에, 남자를 원천으로 하여 창조된 여자(8-9절; 창 2:21-22)'는 바로

---

186) BAGD, 257, δόξα 2.
187) Soards, *1 Corinthians*, 224-225.
188) Philip B. Payne, *Man and Woman, One in Christ, An Exegetical and Theological Study of Paul's Letters* (Grand Rapids: Zondervan, 2009), 179.

남자의 형상을 그대로 반영하는 탁월하신 하나님의 피조물이라는 점과 그 여자는 그 원천인 남자의 인품을 반영하는 동질성을 갖춘 존재임을 확인하는 증거였다. 이것은 여자가 자기의 원천인 남자의 명예/영광을 가질 수 있는 요소로서 충분하다고 추론한다. 또한 유대문헌에 의하면,[189] 하나님께서 창조의 둘째 날, 혹은 다섯째 날에 창조하신 천사들이(욥 1:6; 시 104:3-4; 사 6:2) 여섯째 날의 사람의 창조를 목격하였을 것이라는 점도 추론할 수 있다.

이런 조명 아래서 본다면, 여자가 남자의 영광이라는 그 칭찬의 확인은 여자는 하나님의 형상이나 영광에 있어서 남자가 하나님의 형상과 영광이라는 칭찬보다 결코 부족하다는 것을 암시하지 않고, 오히려 더 충만한 의미를 보유하고 있다고 추론할 수 있다. 진정으로 상세하게 하나님의 형상을 나타내고 그의 영광을 반영하는 것은 남성과 여성으로 창조된 사람일 뿐이다(창 1:27-28). 이 처음 여자창조의 순간에는 하나님의 형상과 영광인 남자가 그 여자를 보자마자 발산한 '경이로운 자랑과 기쁨'만이 있었다(창 2:23).

고린도전서 11장 7절 상반절은 남자는 하나님의 형상과 영광임을 선언한다. 다른 한편, 하나님은 피조세계의 통치자이시므로 남자도 가시적인 통치자의 역할을 보여 주어야 한다는 말은 옳다. 그렇다고 하여, 동시에 그 남자의 통치 역할에 부응시켜, 여자는 스스로 남자에게 복종하는 계급적인 역할을 보여주어야 한다는 소위 '남성이 여성의 머리됨' 개념과 접목시키는 헐리(Hurley)의 의도는 최소한도 이 창조기사에는 적용하지 말아야 한다고 생각한다.[190] 이때 특히 하나님께서는 '다스리라'는 명령을 남자와 여자에게

---

[189] Trans. Rabbi Dr. H. Freedman *MIDRASH RABBAH GENESIS I* Vol. 1 (London: The Soncino Press, 1983), 5.
[190] James B. Hurley, *Man and Woman in Biblical Perspective* (Grand Rapids: Zondervan,

동시에 하셨음을(창 1:28) 유념해야 한다. 또한 타락 이후의 남자의 머리 형태에 대한 내용도 남자와 여자가 창조되던 창조의 여섯째 날에는 없었으므로 사족(蛇足)이 없는 해석을 위해 '남자는 머리를 가리지 않는다'는 내용도 창조 여섯째 날이라는 시간적 상황배경 때문에, 이 현재의 논의에서는 일단 배제시킨다. 7절 하반절의 "여자는 남자의 영광임"을 설명하기 위해서는 바울이 계속하여 언급하는 여섯째 날의 창조기사를 다루는 8-9절의 해석만이 필수적이기 때문이다. 이때 우리의 해석을 위한 시간적 배경은 타락 이후의 문화요소를 이 창조기사에는 적용하지 않아야 한다는 점을 유념해야 하는 일이다. 왜냐하면, 남자와 여자가 창조된 날은 창조의 여섯째 날이었고, 그 날엔 아직 창조되지도 않은 남자나 여자에게 부과될 어떤 문화적 요소도 아직 존재하지 않았을 때였기 때문이다. 따라서 남자와 여자관계를 구속할 그 어떤 다른 요구조건도 없었기 때문이다. 하나님의 목적(창1:27-28)에 따라 남자와 여자로 구성된 사람의 창조기사만이 중요하고, 하나님의 목적의 의도만이 하나님의 마음에 존재했다고 추론할 수 있다. 창조 여섯째 날, 남자는 하나님의 형상과 영광이었고, 여자는 남자의 영광이었을 뿐이다. 그것은 주님 안에서 회복되어 새롭게 창조된(될) 남자와 여자의 모습이다.

c. 남자는 여자의 원천 : 불완전한 남자를 여자와 함께 만들어야 했기 때문에 여자가 창조됨 (고전 11:8-9)

8절 "남자가 여자에게서 난 것이 아니요 여자가 남자에게서 났으며"

9절 "또 남자가 여자를 위하여(여자 때문에) 지음을 받지 아니하고 여자가 남자를 위하여(남자 때문에) 지음을 받은 것이니"

1981), 174.

καὶ γὰρ οὐκ ἐκτίσθη ἀνὴρ διὰ τὴν γυναῖκα ἀλλὰ γυνὴ διὰ τὸν ἄνδρα 카이 가르 우크 에크티스데 아네르 디아 텐 귀나이카 알라 귀네 디아 톤 안드라

*ἐκτίσθη 에크티스데(κτίζω 크티조, 'to create'의 부정과거-직설-수동태)

8-9절은 7절 하반절의 "여자는 남자의 영광"임을 설명하기 위해 사도바울이 의도한 내용이다. 왜냐하면, 8절에서 이유를 설명하는 접속사 'γάρ 가르'로 시작하여 논의의 중요점인 여자의 원천(8절)과 여자 창조의 이유(9절: καὶ γάρ 카이 가르)에 대해 설명하는 '문법 구조'가 이를 나타내기 때문이다.

두 본문들은 창조기사 본문들(창 2:18-20, 23)을 반영한다. 8절의 ἐξ ἀνδρός 엑스 안드로스는 70인경 창세기 2장 23절의 ἐκ τοῦ ἀνδρός 에크 투 안드로스로서 고린도전서 11장 12절에도 반복된다. 8절은 남자가 어떻게 여자의 머리(원천)가 될 수 있는가를 보여준다. "그 여자는 그 남자로부터 나와서 존재한다." 즉, 남자가 여자의 생명의 시작점임을 말한다. 남자가 여자의 원천이라는 내용은 창조기사를 통해서 우리가 익히 알고 있는 바이지만, 사도바울은 9절을 통해서 여자의 창조를 말할 때, 우리가 창조기사(창 2:18-20, 23)로부터 어떠한 내용이 '그 남자를 통해서 나온 그 여자가, 동시에 그 남자의 영광이 될 수 있는가'를 바울이 설명하는가를 추론할 수 있도록 암시하고 있다고 추정할 수 있다.

① 전치사 διά 디아 + 목적격의 의미

우선 8-9절 해석을 위해 전치사 διά 디아의 문법적 기능 이해가 선행되어야 한다. 9절에 나오는 διά가 10절에도 나오는데, 이때까지 우리는 동일한 단어임에도 불구하고 그 의미를 다르게 해석한데 대해서 문법학자들의 의

견을 적용하여 재해석을 시도할 필요가 있다.

> 9절: 또 남자가 여자를 '위하여(διὰ)' 지음을 받지 아니하고 여자가 남자를 '위하여(διὰ디아)' 지음을 받은 것이기 때문이다. (기존 해석)
> καὶ γὰρ οὐκ ἐκτίσθη ἀνὴρ διὰ τὴν γυναῖκα ἀλλὰ γυνὴ διὰ τὸν ἄνδρα 카이 가르 우크 에크디스데 아네르 디아 텐 귀나이카 알라 귀네 디아 톤 안드라

이 본문의 διὰ τὴν γυναῖκα디아텐귀나이카와 διὰ τὸν ἄνδρα디아톤안드라는 전치사 διὰ디아가 목적격 τὴν γυναῖκα텐귀나이카와 목적격 τὸν ἄνδρα톤안드라와 각각 함께하는 것을 보여준다. 우리는 그동안 두 구절을 각각 '여자를 위하여'와 '남자를 위하여'로 해석해 왔다. 우리말로 '여자를'과 '남자를'로 해석된 것이 '목적격'을 나타내는 어미(語尾, …를)로 해석한 것이 바른 것으로 오해했다. 그리고 지금까지 이 해석에 따라서, "또 남자가 여자를 '위하여(διὰ디아)' 지음을 받지 아니하고 여자가 남자를 '위하여(διὰ디아)' 지음을 받은 것이니"라는 기독교 신앙체계 속에서 여자의 위치를 이해하는 것으로 수용해 왔다. 여자의 창조 이유에 대해서 '남자를 위하여' 즉 '남자를 섬기도록 하기 위하여' 하나님께서는 여자를 창조하셨다는 것이다. 이 시대에도 교회와 사회와 가정에서 기독여성들을 위한 적절한 성경적 위치에 대한 기준으로 이 해석을 계속적으로 수용해 왔다.

그런데 로벗슨(Robertson)과 박형대는 "διὰ디아가 목적격과 함께 사용될 때, 우선적으로 'because of : 때문에,' 'on account of : …이유로'의 의미로 사용된다"고 하여 전치사 διὰ디아를 적용하는 것에 대해 설명한다.[191] 물론

---

[191] A. T. Robertson, *A Grammar of the Greek New Testament in the Light of Historical Research* (Nashville: Broadman Press, 1934), 583와 박형대, 『성경66권 원문강독 시리즈 32: 사도행전 원문강독 단어장 어근사전』(서울:그리심, 2016), 338을 참고하라.

'for the sake of : …위하여'라는 영어구절이 있지만 이것은 차선적이며, 이 구절의 경우에도 우리는 영어 단어 'sake'의 의미가 '위함'만 있는 것이 아니고 '원인, 이유'의 의미도 함께 있다는 점도 고려하여 해석할 필요가 있다.

이때까지의 해석적 관점은 그것이 본문 자체에 대한 문법적 해석에 의존한 것이 아니고, 그 헬라어 본문에다가, '이미 형성된 특유한 사회적 관습과 상황을 고려하고 적용하여 도출한 해석이었다는 점'에 대해 재고해야 한다. 지금까지의 해석(한글역도 예외가 아님)은 9절 처음의 두 전치사 διά디아가 목적격과 함께 있음에도 불구하고 '위하여'로 해석하고 곧이어 10절에 나오는 동일한 전치사 διά디아 + 목적격은 '때문에'로 해석한다. 이런 해석은 '비일관적인 문법 적용'의 결과, 올바른 해석이라고 보기가 어렵다. 한글역성경의 현재 번역도 그 결과물이다.

> 9절 "또 왜냐하면(καὶ γὰρ카이 가르) 남자가 여자를 '위하여(διά디아)' 지음을 받지 아니하고 오히려(ἀλλὰ알라) 여자가 남자를 '위하여(διά디아)' 지음을 받은 것이기 때문이다."
> 10절 "이것 '때문에(διά디아)' 여자는 천사들 '때문에(διά디아)' 권세 아래에 있는 표를 그 머리 위에 둘지니라"

종래처럼, 우리가 διά + 목적격구(句)를 '위하여'로 해석하면, 문법적으로 다른 의미를 적용하는 경우가 되므로 '여자는 남자의 영광(7절)'이라는 구절의 의미를 바로 찾아낼 수 없다. 그 대신 '때문에'로 해석하면 그 문장은 분명하게 바르고 다른 뜻을 도출한다.

연속되는 9-10절의 네 개 διά + 목적격구에 모두 '때문에'를 적용하여야 하는 이유는 10절의 διὰ τοῦτο디아 투토(τοῦτο투토는 중성목적격)와 διὰ τοὺς ἀγγέλους디아 투스 앙젤루스(τοὺς는 남성복수정관사

οἱ 호이의 복수목적격; ἀγγέλους앙겔루스는 남성복수 ἀγγέλοι 앙겔로이의 복수목적격)에서 διά디아가 각각 '복수목적격'과 함께 '때문에'를 적용하여 바로 해석되고 있기 때문이다. 우리는 역(逆)으로, 10절의 문법적 적용을 9절의 διὰ τὴν γυναῖκα디아 텐 귀나이카와 διὰ τὸν ἄνδρα디아 톤 안드라의 목적격에 적용할 때, 연결된 두 문장의 '문법적인 해석의 일관성'을 유지할 수 있다. 해석하면 다음과 같다.

> 9절 "남자가 여자 '때문에(διά디아)' 지음을 받지 아니하고 여자가 남자 '때문에(διά디아)' 지음을 받은 것이기 때문이다(καὶ γὰρ카이 가르)."
> 10절 "이것 '때문에(διά디아)' 여자는 천사들 '때문에(διά디아)' 권세 아래에 있는 표를 그 머리 위에 둘지니라"

9절은 아담과 하와의 창조에 대한 창세기 기사(창 2:18)이다. 외롭고 도움이 필요했던 것은 하와가 창조되기 전의 아담이었다. 이 '아담 때문에' 하나님께서는 돕는 자(עֵזֶר에제르)로 하와를 창조하셨다. 이제 9절은 아담과 하와의 창세기 기사(창 2:18)를 반영하는 구절로서, 혼자 있는 것이 불완전하고 좋지 않게 보였던 사람, 즉 도움이 필요했던 사람은 하와가 아니었고 오히려 아담이었다고 말한다. 이 '아담 때문에' 하나님께서는 배필로 하와를 창조하셨다. 창세기 주석에서도 언급한 바와 같이 배필(에제르)은 하나님께서 이스라엘을 돕고 구원하실 때 사용되는 단어로, 미미하게 돕는 자가 아니고 고통당하는 사람을 구원하는 능력이 있는 사람을 주로 의미한다. '그의 맞은편에 있는 돕는 자'라는 뜻의 돕는 배필(창 2:18) 구절에서, 에제르는 하나님께서 이스라엘을 돕고 구원하실 때 사용되는 단어이다(삼상 7:12; 대하 14:11; 28:16; 시 54:4; 59:4 등). 그렇다고 여자가 구원의 능력을 가진 것으로 해석하는 것은 아니지만, 적어도 미미한 도움을 제공하는 사람은 아니라는 뜻으로 해석할 수 있다. 이러한 의미로 본문을 읽으면, 바울의 관점이 말하는 여자들은 우리가 통상적으로 이해하던 그런 여자들이 아님을 알 수 있다.

바울에게 있어서 여자들은 '남자들을 위하여' 다시 말하면 남자의 외로움을 달래기 위하거나, 식사준비나 일상적 잠자리를 같이 하기 위한 그런 도움이 아니고, 하나님의 창조 목적인 생육과 번성을 위한 목적의 성취(아이 생산)라는 인간대사(人間大事)를 돕기 위해 상호의존성과 평등성을 지닌 자들로 창조하셨던 자들이다.[192] 이 목적과 관계가 타락으로 깨어졌지만, 이제 사도바울이 본문을 통해 확인하려는 요지는 새 언약 안에서 회복된 남자들과 여자들의 상호의존성과 평등성에 대한 것이다. 이를 다시 증명하기 위해 남자와 여자 창조기사(창 2:21-23)를 상기해볼 필요가 있다.

> "여호와 하나님이 아담을 깊이 잠들게 하시니 잠들매 그가 그 갈빗대 하나를 취하고 살로 대신 채우시고(21절), 여호와 하나님이 아담에게서 취하신 그 갈빗대로 여자를 만드시고 그를 아담에게로 이끌어 오시니(22절), 아담이 이르되 이는 내 뼈 중의 뼈요 살 중의 살이라 이것을 남자에게서 하였은즉 여자라 부르리라 하니라"(23절)

② 창세기 2장 23절에 대한 그릿즈(S. H. Gritz)의 해석

다음은 창세기 2장 23절에 대한 그릿즈의 해석이다.

> 아담의 이 탄성은 실존적인 동질성과 연합과 동격을 나타낼 뿐이다. 그리고 '남자'의 히브리어 표현인 'ish가 하나님께서 방금 만드신 새 피조물을 'ishshah라고 불렀는데, 이것은 고유명사가 아니고 단지 성적 구별을 나타내기 위한

---

[192] 창 1:28.

것이며, 이 히브리어의 유사성은 남자와 여자의 동등성을 강조하지만 종속성을 나타내는 것은 아니다.193)

그러므로 아담/남자는 창조주 하나님 앞과 온 우주의 통치자인 위대한 하나님의 눈과 귀로서 듣고 목격하는 우주의 경비대원 천사들 앞에 서 있는 여자,194) 그리고 자기 자신으로 구성된 '한 쌍으로서 발견된 그 동질성'을 단순히 인정한 탄성이다. 김정우의 주장과 같이 뼈와 살이 일가친척이나 언약을 상징하는 것이라면,195) 그것은 동질성(同質性) 외의 다른 어떤 것도 함축하지 않는다.

따라서 남자의 갈비뼈 하나를 원천으로 하여서 여자가 창조되었다는 것이 아담의 탄성이 함축하는 의미라는 해석의 결론이 나온다. 페인은 "어떤 사람의 영광이란 말은 마치 창세기 2장 23절 본문에서 남자가 여자에게 영예를 주는 것처럼 '그를 영광스럽게 하는 사람의 안에 있는 인품'을 의미한다. 여자는 남자의 동역자로 특별하게 만들어진 사람이었으며, 창조 중에서 여섯째 날이 최고의 영광으로 묘사된다(창 1:31)"라고 설명한다.196) 이 창조 기사의 폭넓은 내용을 적용하는 8-9절이 바로 7절 하반절에서 "여자는 남자의 영광이다"라는 최고조의 의미에 대한 설명이라고 추론한다.

여기까지 우리는 7절의 남자와 여자의 영광에 대한 설명을 위해 8-9절을 해석하면서, 창조기사 중에서 여섯째 날의 과정들을 확인하였다. '영광에

---

193) Sharon Hodgin Gritz, *Paul, Women Teachers, and the Mother Goddess at Ephesus, A Study of 1 Timothy 2:9-15 in Light of The Religious and Cultural Milieu of The First Century* (Lanham: University Press of America, 1991), 56.
194) Philo, *The Works of PHILO New Updated Version*, 377-78; Morna D. Hooker, "Authority on Her Head: An Examination of I. XI.10," *New Testament Studies* 10 (1963-1964), 412.
195) 김정우, 창세기 1-3장에 나타난 여성의 위치, 23.
196) Payne, *Man and Woman*, 179.

관한 한, 시간적인 상황 배경 중에 여섯째 날로 일차적으로 제한한 시간 안에서는 그 중심요소인 '영광 자체' 만이 존재했으므로 '첫 번째의 시간적 상황이란 배경은 해결되었다고 볼 수 있다. 창조 여섯째 날에는 머리형태에 대한 내용이 없었고 단지 여자가 '하나님의 형상과 영광인 남자의 영광'이라는 최고조의 영광의 상태만을 아담의 탄성을 통해 확인하였다.

7절 하반절에는 '여자는 남자의 영광에 대해 8-9절이 설명한 내용을 10절이 받아서 '이것 때문에(διὰ τοῦτο디아 투토)'구(句)를 시작으로 '천사들 때문에(διὰ τοὺς ἀγγέλους디아 투스 앙겔루스)' '여자가 그의 원천인 남자에게 권위를 가져 마땅하다'는 중요한 메시지가 나온다.

d. "이것 때문에, 천사들 때문에, 머리/원천에 권위를 가지라"(고전 11:10)

> 10절 "그러므로(이것 때문에) 여자는 천사들로 말미암아(천사들 때문에) 그 머리(원천/남자) 위에 권세 아래에 있는 표를(권세의 표를/권위를) 둘지니라." [( ) : 문법 직역]

10절에 대한 수동성 의미와 능동성 의미에 대한 학자들의 견해를 앞에서 정리한 결과, 그들의 관심사가 수동성 의미일 때, '권세 아래에 있는 표'이든지, 능동성 의미일 때의 자신의 '권세의 표/권위'이든지, 그 표시방법은 둘다 '머리덮개'와 관련된 것이다. 그러나 그 견해는 문법적으로 맞지 않았을 뿐더러 15절 문맥과도 상충이 되는 것으로 확인되었다. 따라서 이제 문법적으로 적절하고 문맥끼리 상충을 일으키지 않는 해석을 찾아보려 한다. 남자에 대한 논의는 '남자는 하나님의 형상과 영광'이라는 말로서 3절의 '남자를 만드신 분(남자의 원천)은 그리스도'라는 것으로 7절에 다시 나타난다. 7절에서는 여자의 머리카락에 대해서는 침묵하고, 다만 '여자는 남자의 영광이라는 점을 언급한 후, 8-9절에서 그 영광의 이유를 설명했음을 앞에서 분석했다. 그리고 10절이 '이 이유 때문에 (διὰ τοῦτο 디아 투토)' 즉, '여자가 남자의 영광이기 때문에'로 시작하고 또 '그 천사들 때문에(διὰ τοὺς ἀγγέλους 디아 투스 앙겔루스)'라는 구절이 있으므로, 10절도 그 시간적 상황배경을 '창조의 여섯째 날'이라고 한정하며 해석해야 한다고 추론한다.

따라서 필자도 10절에서는 여자의 머리카락(κεφαλή 케팔레)에 대해서는 침묵할 것이며, 단지, '이 때문에, 여자는, 천사들 때문에, 그 머리위에 권세 아래에 있는 표를 둘지니'라는 기존해석은 본문 문장을 문법에 따라서만 재해석할 것이다. 재해석을 위해 가장 중요한 구(句)가 ἐξουσίαν ἔχειν ἐπὶ τῆς κεφαλῆς'엑수시안 에케인 에피 테스 케팔레스'인데, 필자는 여기에 나오는 κεφαλή 케팔레가 세 가지 의미들 (해부학적 머리, 머리카락, 원천) 중에서 '원천'을 선택하여 3절에 '여자의 원천'으로 이미 한 번 나온 남자를 해석에 대입하였다.

그 결과, 10절에 대한 문법적인 해석은 "이 이유 때문에, 그 여자는, 그 천사들 때문에, 그 (여자)의 원천인 남자 위에 권위를 가지는 것이 마땅하다/권위를 가져야만 한다"가 되었다. 물론 '여자의 머리 정리' 자체와 '여자의 머리(원천)인 남자 위에 권위/명예를 가진다'는 표현과는 어떤 내적 연관성이 있는가를 질문할 수도 있겠지만, '머리 정리'는 외적인 행위이고, '원천 위에 권위를 가진다는 것'은 내적인 행위이므로, 두 행위가 연관성이 있다는 것은 희박한 것으로 분석된다. 따라서 굳이 연관성을 따질 필요는 없다고 본다. 왜냐하면 최소한 우리에게 10절과 관련되는 시간적 배경은 '창조 여섯째 날로서, 그때는 아직 머리 정리에 대한 문화적 관습이 생기기 전이'라는 점을 유념하는 일 만이 필요하다고 보기 때문이다. 각각의 구(句)들과 단어들을 분석하고, 창세기 1-2장 배경과 시간적 상황 배경의 조화로움을 찾는 일이 중요하다.

이 $\delta\iota\grave{\alpha}\ \tau o\hat{v}\tau o$ 디아 투토 구를 앞에서 해석했을 때,197) '이 때문에'라는 말을 '여자는 남자의 영광(7b)'인 이유를 '8-9절과 창세기 2장 23절의 창조기사로서 설명된 내용 때문'이라고 올바로 해석하였다. 그러나 그 해석을 예배시의 실천방안과 연관하여 바렛(Barrett)이 "여자가 남자의 영광'이므로, 예배 시에 여자를 통해 '남자의 영광이 드러나서는 안 되므로 여자의 머리에 머리덮개'를 얹음으로써 남자의 영광을 차단해야 한다"는 해석은 수용할 수 없다고 정리한 바 있다.198) 남자의 영광인 여자의 머리에 물질적인 막(幕)을 쳐서 그것의 드러남을 막으면, 하나님의 영광만이 드러난다는 해석으로 볼 수 있는데, 이것은 문법적으로 바른 해석을 했음에도 불구하고 그 해석에 대한 실천방법으로서는 수용할 수 없다.

그리고 이 $\delta\iota\grave{\alpha}\ \tau o\grave{v}\varsigma\ \grave{\alpha}\gamma\gamma\acute{\epsilon}\lambda o v\varsigma$ 디아 투스 앙겔루스 구를 앞에서 분석했을 때199) 윈터와 포메로이, 터툴리안이 말한 의상 감독관이나 악한 천사라는 해석은 사전적으로나 로마사회법적으로는 가능하지만, 바울이 고린도전후서에서 '인간 사자들'로서 사용한 사례가 없고, 그가 악한 천사들이라고 분명히 기록된 경우는 '사탄의 사자(고후 12:7)'를 제외하고는 없다는 것에 근거하여 이런 부류는 아니라고 정리한 바 있다.

동시에 후커(Hooker)가 쿰란문서를 증거로 이 천사는 인간이나 악한 천사들이 아니며 확실히 선한 천사들로서 창조질서의 보호자와 파수꾼으로 사람을 섬기는 것이라는 관점을 수용하였다.200) 이외에 다른 바울서신과 구

---

197) 97-98쪽.
198) Barrett, *1 Corinthians*, 254.
199) 98-101쪽.
200) Morna D. Hooker, "Authority on her Head: An examination of I Cor. XI.10," *New Testament Studies* 10 (1963-1964), 412.

약성경, 유대문헌, 복음서와 요한계시록에 나오는 천사들은 다 선한 천사들이라는 점 등[201] 이 모든 사례들을 종합하여, 예배는 "천사들과 천사장들과 하늘에 있는 모든 존재들과 함께 드려지는 것임"을 함축한다고 정리하면서, 예배에 참석하는 천사들은 구약시편에 그 뿌리를 둔다는 점도 확인하였다.[202] 유대교도 천사들을 선행과 정숙함의 인도자들로 간주하며,[203] 또 필로(Philo)도 "천사들은 위대한 왕의 눈과 귀이기 때문에 모든 것을 주목하고 듣는다"라고 말하면서 '천사들, 혹은 전달자들'이라고 부른 점도 수용하였다.[204]

섬기는 천사들에 대해 바렛(Barrett)은 천사들이 '창조질서'를 지키는 관찰자, 보호자, 관리자 또는 후견자라는 후커(Hooker)의 견해에 동의한다.[205] 또 베일 쓰는 것과 남성 권위를 주장하는 탈버트(Talbert) 같은 학자들마저도 천사들을 창조질서의 보호자들로 해석한다.[206] 이러한 논리에 의해서, 바울의 가장 분명한 주제가 천사들이 예배에 참석한다는 점을 드러낸다고 정리하였다. 하지만 예배 그 자체에 관련된 부분은 수용하지만, 본문해석에 필요한 의미는 아니라고 추정한다. 왜냐하면 본문해석을 위해서는 창조 여섯째 날이라는 시간적 배경을 염두에 두는 때문이다.

---

201) 삼가 이 작은 자 중의 하나도 업신여기지 말라 너희에게 말하노니 그들의 천사들이 하늘에서 하늘에 계신 내 아버지의 얼굴을 항상 뵈옵느니라(마 18:10); 딤전 5:21; 히 1:14; 계 1:20; 2:1, 8, 12, 18; 3:1, 7, 14; 계 19:10; 22:9; 8:3-4; 이 천상적 존재로서의 교회공동체는 요한계시록 메시지의 매우 중요한 뼈대를 형성한다.
202) 시 103:19 -22; 시 138:1.
203) Gehard Kittel, "aggelos, arxaggelos, isaggelos," *TDNT* Volume 1: 74-86.
204) Philo, *The Works of PHILO New Updated Version*, trn. C. D. Yonge (Hendrickson, 1993), 377-378.
205) Barrett, *1 Corinthians*, 254.
206) Charles H. Talbert, *Reading Corinthians: A Literary and Theological Commentary on 1&2 Corinthians* (New York: Crossroad, 1987), 69.

하나님의 일꾼 즉 창조질서의 보호자, 파수꾼, 위대한 하나님의 눈과 귀로서의 목격자와 증인의 역할을 위해, 창조 둘째 날 혹은 다섯째 날에 창조된 천사들이 바로 창조 여섯째 날에 창조된 사람인 남자와 여자의 영광스런 모습(창 1:27; 2:23)을 목격한 증거자들이다. 그 여섯째 날에는 동식물들을 제외하고는 하나님과 그 천사들만이 목격자였다. 남자의 영광인 여자가 '그의 원천인 남자에게 영예와 권위를 가짐이 마땅함을 증거하며 하나님께 보고할 유일한 목격자들'이 바로 '그 천사들'이라고 추정한다. 그 천사들의 보고를 수납하신 하나님은 그들의 보고를 인정하셨다. 그러므로 남자의 영광과 권위(3, 7절), 그리고 여자의 영광(7절)과 권위(10절)는 하나님의 권위(12절)로부터 주어진 것이다. 이러한 추론에서 남자와 여자는 서로에게 권위를 가지고 존경하는 것이 마땅하다는 내용이 바로 10절이라고 주장하는 바이다.

    (기존해석) "여자는 그 머리 위에 권세 아래에 있는 표를 둘지니라"
          VS.
    (새해석) "여자는 그녀의 원천인 남자에게 권위를 가져 마땅하다"

우리는 앞에서 10절에 대한 기존해석을 정리하였다.[207] 이 본문에 사용된 단어의 '문법적 의미'를 적용하여, 기존해석과는 차별되는 '그 여자는 그 머리 위에 권세를 갖는 것이 마땅하다'는 해석을 찾고자 한다. 이 해석을 위해서는 위에서 살펴본 $διὰ τοῦτο$다아투토와 $διὰ τοὺς ἀγγέλους$다아투스 앙겔루스가 $ἐξουσία$엑수시아와 서로 연관되어 암시하는 바들을 찾아야 하고, $κεφαλή$케팔레의 세 가지 의미 중에서 어느 것을 선택해야 하는지, 그 의미를 확정하는 과정을 살펴보는 것이 필수적이다.

---

[207] 95-107쪽.

① ἐξουσίος엑수시아스의 의미 및 근원접 문맥에서의 기능에 대한 사례

이 단어의 사전적 의미는 어떤 일을 감행하는 결단력, 의지력, 자발적인 행동, 자기의지로 하는 행동을 뜻하며,208) 또한 권위, 권리, 자유, 능력, 초자연적 능력, 통치력, 정부, 심판, 사법권을 의미하기도 한다.209) 이 단어는 '수동적 개념'을 함축하지 않으므로, 본문에 나타나는 ἐξουσία엑수시아의 고유한 '능동적 의미와 전치사 ἐπί에피의 함축된 의미'를 비교하기 위해 앞에서 학자들의 '기존해석들'을 살펴본 바 있다.

첫째로, 그 중 수동성 ἐξουσία엑수시아를 선택하는 학자들은 ἐξουσίαν ἔχειν ἐπὶ τῆς κεφαλῆς엑수시안 에케인 에피 테스 케팔레스를 그 여자 본인이 아닌 다른 사람(이 경우, 남편)이 그 여자 '위에' 권위로 작용한다는 것으로 본다. 그래서 '머리를 덮는다'는 말이 전혀 그 구절에 언급되지 않음에도 불구하고 헬라어성경의 본문비평란에 나오는 '베일: 덮개: κάλυμμα칼륌마'의 의미에 의존하여, ἐξουσία엑수시아를 그 여자가 제삼자에게 '복종하는 표'로 해석한다. 이 해석에 의하면, 권위는 남자에게만 있다는 결론이 나온다. 그러나 이 결론은 πλήν플렌이 나오는 11-12절의 의미와 대조를 이루는 것을 불가능하게 한다는 점을 미리 말해둔다. 11-12절과 대비되는 해석을 위해서는 남자의 권위, 여자의 권위가 함께 전술(前述)되어야 하기 때문이다.

이 해석의 난점은, ἐξουσία엑수시아의 사전적 의미가 보여주듯이, '수동적 의미가 없다는 점'과 또 '이런 수동적인 의미를 취하였다는 신약성경의 증거가 알려져 있지 않다는 점'이다.210) 또한 그 본문에는 '본문의 주어

---

208) LSJ, 514-515; BDAG, 307.
209) Barclay M. Newman, Jr., *A Concise Greek-English Dictionary of the New Testament* (Stuttgart: German Bible Society, 1993), 65.
210) 신약성경의 103 사례들 중에 이런 수동적인 의미가 없음. LXX, Philo, Josephus에도

인 ἡ γυνή헤 귀네와는 다른, 별도의 외부적인 권위 행사를 의미하는 관용어가 없다는 점'이다.211) 또 '천사들'이라는 단어가 나오지만, 천사들은 우리가 복종해야 할 대상이 아니고 사람을 돕는 자들이라는 점도(창 24:7, 40; 28:12, 16-17; 출 23:20, 23; 왕상 19:5-7; 시 19:11-12; 단 3:28; 6:22; 슥 1:9-6:8) 고려해야 한다.212)

또 ἐξουσία엑수시아를 헬라어성경의 본문비평란에 나오는 '너울'의 비유로 보고, ἐπί에피를 '위에'로 본다. 그래서 RSV는 "그것이 왜 여자가 그 여자의 '머리 위에' 너울을 써야만 하는지에 대한 이유"라고 해석한다. 이 해석의 난점은 왜 바울이 이 ἐξουσία엑수시아를 '너울'의 비유로 선택해야만 했는가에 대한 적절한 설명을 찾기가 어렵다는 것이다.213) 만약 바울이 겉옷 입는 것을 작정했다면 그 자신이 알고 있는 다음의 단어들(κάλυμμα칼륌마=너울, περιβολαίον페리볼라이온=어깨 걸치개 숄, ἱμάτιον이마티온=외투)을 사용했을 것이다.

둘째, 능동성 ἐξουσία엑수시아를 선택하는 학자들의 주장은 이렇다. ἐξουσίαν ἔχειν ἐπὶ τῆς κεφαλῆς엑수시안 에케인 에피 테스 케팔레스를 명사 ἐξουσία엑수시아 주위에는 제삼자를 표시하는 인칭대명사가 없다는 점, 또 동사 ἔχειν에케인의 경우, 그것은 ἔχω에코라는 '가지다'의 현재-능동태-부정사이므로 수동

없음: (Fee. 519)
211) W. M. Ramsay, *The Cities of St. Paul* (New York, 1908), 203: 그 여자의 권위를 그 여자가 복종해야 하는 권위라고 말하는 것은 비상식적이고 터무니없는 생각이다. 신약성경내의 용도를 제외한 어떤 곳에 이런 것이 있다면, '주석자들이 선택한 어떤 것을 헬라단어들이 의미한다고 말하는 것'은 헬라학자가 웃을 일이다.
212) 마 4:11; 막1:13; 요 1:51.
213) Ramsay, n.24: 여자의 너울은 그 여자의 '권위/자유'를 의미하는 효과가 있다는 말과 두 가지 점에서 괴리를 만든다. 첫째, 너울 쓰는 관습은 후대에 있었고, 신약성경시대에는 그 증거가 없다는 점, 둘째, 너울 관습은 여자들이 공공장소에 나갈 때의 관습인데, 교회예배에서 기도와 예언하는 것과는 무관하다는 점이다.

형이 아니라는 점을 근거로 하여, 이 단어를 수동성(수동적인) 해석으로 대체할 문법적 근거가 전혀 없다는 주장이다. 따라서 ὀφείλει ἡ γυνὴ ἐξουσίαν ἔχειν ἐπὶ τῆς κεφαλῆς오페일레이 헤 귀네 엑수시안 에케인 에피 테스 케팔레스를 문장에 나오는 문법대로 해석하여, '그 여자는 그녀의 머리/원천에 권위를 가져야만 한다, 혹은 권위를 가져 마땅하다'로 해석한다. 이때 그녀의 머리/원천은 3절에 이미 소개되었던 '그 남자'이므로, 필자의 해석과 일차적으로 일치되는 바른 해석이라고 추정한다.

그러나 이 단어의 능동성을 주장하는 학자들 중에서 그 실천방안에 대해서는 두 가지 견해들이 있다. 후커(Hooker)의 경우, '여자 자신의 권위의 표'로 해석한다.[214] 피오렌자(Fiorenza)는 '머리를 틀어올리는 것은 예배의식에서 여자의 예언능력의 능동적 상징으로 이해되어야 한다. 그 이유는 기독교 공동체에서는 남자들과 여자들은 서로 다르지 않기 때문'이라고 말한다.[215] 피오렌자(1983년)의 견해는 '여자의 예언능력의 능동적 상징' 즉 '그리스도 안에서 얻은 그녀의 새로운 자유의 상징'으로서 그렇게 한다는 견해이다. 티셀톤(2000년)은 ἐξουσία엑수시아에 대한 수동적 의미와 긍정적 의미에 대해 학자들의 견해를 비교분석한 후에 '본문의 ἐξουσία엑수시아는 긍정적 의미로서 그 여자에게 주어진 기도와 예언할 수 있는 권위'라는 해석에 동의한다.[216] 베일리(2011년)도 창조기사에서 하나님께서 남자를 돕도록 하기 위

---

214) Morna D. Hooker, "Authority on her Head: An Examination of I Cor. XI.10," *NTS* 10(1963-1964), Thieselton, *The First Epistle to the Corinthians*, 838.
215) Barrett, 255; Elisabeth Schuessler Fiorenza, *In Memory of Her: A Feminist Theological Reconstruction of Christian Origins* (New York: Crossroad, 1983), 228-230; Katharine C. Bushnell, *God's Word to Women* (Minneapolis: Christians for Biblical Equality, 2003), 236항, 107-108.
216) Thieselton, *The First Epistle to the Corinthians*, 838.

해 그 여자를 창조하신 이유를 들면서 '바울이 여자의 고귀한 원천을 기억하면서 여자는 그 머리에 권위를 가져야만 한다. 이는 마치 여왕의 면류관이 그 권위를 상징하는 것과 동일한 이치이다'라고 말하며 그 머리덮개도 역시 그 여자에게 주어진 기도와 예언할 수 있는 권위라고 해석하는 학자들의 견해에 동의한다.217) ἐξουσία엑수시아는 권위, 권리, 자유, 능력, 초월적 능력, 가능성이라는 사전적 의미가 있는데, 고전 6:12은 그 중에서 법적으로 저촉을 받지 않는 '가능성과 자유'를 의미하고, 고전 8:9은 '자유'의 의미를 나타낸다. 어느 것을 대입해도 논의의 여지를 남기고 있다. 이러한 고린도전서 근접문맥의 의미에 더하여, 앞서 언급한 원접문맥들218) 모두는 동일하게 '권한, 권위, 권능, 다스림, 권세, 다스리는 권세'의 의미를 나타내고 있다. 후커, 피오렌자, 티셀톤, 베일리 등은 '긍정적 의미의 ἐξουσία엑수시아를 선택한 것까지는 옳은데, 그 실천방법을 '머리덮개'로 제시한다는 점은 '머리덮개의 불필요성'을 말하는 부슈넬(Bushnell)과는 차별된다.219)

그러나 피(1987년)는 여자들이 자신들의 '머리 위'를 관리할 '자유'에 대해 바울이 확인하는 것으로 보이지만, 여전히 정확한 의미에 대해서는 이 문맥 안에서 불확실한 것으로 남아 있다며 주의를 요구한다.220) 이러한 '해석적 주의 요청'은 대단히 중요한 관점이다. 다양한 견해들이 그럴 듯하게 보이지만 본문이 의미하는 것과는 상이점을 보이므로 이상에 언급된 학자들의 견해를 비교 정리해 본다.

---

217) Bailey, *Paul Mediterranean Eyes Cultural Studies in 1 Corinthians* 311.
218) 요 19:11; 계 11:6; 14:18; 16:9; 20:6; 눅 9:1; 10:19; 계 2:26; 6:8; 13:7.
219) Bushnell, *God's Word*, 248항, 115-116.
220) Fee, *The First Epistle to the Corinthians*, 521.

$ἐξουσία$엑수시아를 긍정적 의미로서 '능동적 권위'로 보는 견해는 '머리덮개가 '권위; 기도와 예언할 수 있는 권위; 하나님으로부터 오는 권위=머리를 틀어올리는 것이 권위의 상징; 머리덮개가 권위의 상징; 머리 위를 관리할 자유; 이 이유 때문에 여자는 천사들 때문에 그녀가 원하는 것(기도/예언)을 하기 위해 그녀의 머리 위에 권위/자유를 가져야만 한다'는 견해로서 모두가 '머리덮개'와 연관시킨다고 정리할 수 있다.

여기서 우리가 유념해야 할 중요한 요소가 7-10절 해석을 위한 우리의 '시간적 전제'가 '창조의 여섯째 날의 창조기사'라는 점이다. 그때는 아직 어떤 문화적 관습, 달리 말하면 '머리덮개'라는 관습이 생기지 않은 때였다는 점이다. 타락 후에 있었던 요소를 창조의 여섯째 날에 창조된 사람에게 적용한다는 것은 부적절한 해석적 요소라고 본다. 따라서 이러한 학자들의 해석들은 문화적 관습을 배워서 아는 독자들에게는 그럴 듯하게 보이겠지만, 우리의 시간적 전제에는 부합되지 않는다고 추정한다.

만약 '머리덮개'가 그때 제정된 창조규례였다면 그 규례는 오늘도, 그리고 예수님의 재림 때까지 지속되어야 할 텐데, 그렇지 않은 역사적 이유에 대한 규명이 있어야 할 것이다. 이점이 바로 피(Fee)가 '여전히 정확한 의미에 대해서는 이 문맥 안에서 불명확성으로 남는다며 주의를 요청한 부분'이라고 필자는 추정한다.

하나의 흥미로운 사실은 $ἐξουσία$엑수시아를 긍정적 의미로 보든, 수동적 의미로 보든, 학자들은 한결같이 $ἐξουσία$엑수시아를 머리덮개로 본다는 점이다. 수동적인 의미의 경우 '머리덮개를 여자의 머리에 올리는 것이 남자의 영광을 덮어서 보이지 않게 되면, 남자의 영광은 가려서 보이지 않으므로 하나님의 영광 만이 드러나게 하는 목적'을 이루는 것이라는 설명은 수용할 수가 없다. 여자가 남자의 영광이란 의미는 '하나님의 형상과 영광의 영광'으로서 하나님의 영광이 더욱 드러나야 하는 것이지, 왜 그것을 덮어야 하는지는 불가해하다. 실제로 머리덮개가 남자의 영광인 여자의 머리를 덮어서 누르거나 가리고 남자만 머리를 가리지 않으면, 예배에 하나님의 영광이 충만하게 드러난다는 뜻인가? 이런 물리적인 방법으로 '하나님의 영광 운운하는 것'을 수용할 수가 없다.

긍정적인 의미의 경우 '여자의 예언기도할 수 있는 권위와 자유'로 해석하면서, 두 진영의 학자들 모두가 그것을 여자의 '머리 위에 얹는 덮개로 해석하고, 본문의 $κεφαλή$케팔레를 '여자의 해부학적 머리'로만 본다는 점도 우리의 시간적 전제와 일치하지 않으므로 수용하기가 힘들다. 적어도 $κεφαλή$케팔레의 세 가지 의미들을 대입해보고 난 후에 결정해야 한다고 보기 때문이다.

그렇다면 우리는 일단 학자들이 $ἐξουσία$엑수시아를 긍정적 의미로 해석한 점을 해석의 성과로 삼고, '$διὰ τοῦτο$디아 투토: 이 이유 때문에'와 '$διὰ τοὺς ἀγγέλους$디아 투스 앙겔루스: 천사들 때문에'라는 두 구절들을 좀 더 심층적으로 해석하면서, 고린도전서 11장 10절의 의미를 더 찾아보자.

> 10절 "그러므로(이것 때문에) 여자는 천사들로 말미암아(천사들 때문에) 그 머리(원천/남자) 위에 권세 아래에 있는 표를(권세의 표를/권위를) 둘지니라."

② 이 이유 때문에 ($διὰ τοῦτο$ 디아 투토)

우리는 10절의 서두에 나오는 이 관용어에서 7절이 말하는 '여자는 남자의 영광'이라는 의미를 찾아야 하겠다. 그러려면 그 이유를 설명한 8-9절의 문법구조 즉 '$γάρ$가르; ... $καὶ γάρ$카이 가르'라는 문맥을 눈여겨보아야 한다. 창조기사를 심층적으로 살펴보면, 여섯째 날에 남자와 여자는 하나님의 인간 창조의 목적을 이루기 위해 '먼저 창조하신 남자 때문에 여자를 창조하셨다.' 그리고 '남자가 여자를 보자마자 내지른 탄성'이 '여자가 남자의 영광일 수밖에 없다'는 사실을 확인한다. 이 사실은 사건으로써 τοῦτο 투토(중성)이다. 그래서 διὰ τοῦτο 다아 투토(전치사 διὰ + τοῦτο : τοῦτο의 목적격 : 이 때문에)의 첫째 기능이 바로 '여자가 남자의 영광'이라는 이유가 8-9절에서 설명된 여섯째 날의 창조과정이라고 볼 수 있는 부분이다. 즉 '이 이유 때문에'는 '남자 때문에 창조된 여자는 남자를 돕는 자이며, 동시에 남자의 영광이기 때문에'로 해석이 가능하다. 이때, 여자는 자신의 머리/원천인 남자의 영광/영예/자랑이므로, 남자에게 자랑, 자유, 권위를 충분히 가질 수 있는 동등한 입장에 있다고 볼 수 있다. 실제로 그 위치는 하나님께서 "남자 때문에" 여자를 만드신 목적이 뒷받침하는 것이므로 당연하다(ὀφείλει 오페일레이). 실제로 이 내용보다 더 확실한 뒷받침을 우리는 하나님께서 하신 그 분의 작정에서 찾을 수 있다.

> 창 2:18 "여호와 하나님이 이르시되 사람이 혼자 사는 것이 좋지 못하니 내가 그를 위하여 '돕는 배필(그의 맞은편에 있는 자)'을 지으리라"

이 말씀은 잠시 후에 창조될 사람은 동등한 '돕는 자'가 될 것이라는 확언이다. 이 말씀은 여자가 남자에게 '영예/권위'를 가질 수 있는 충분한 조건이 될 수도 있지 않을까? 정리하면 '이 이유 때문에(διὰ τοῦτο 다아 투토)'라는 구의 기능은 다음과 같다.

첫째, 그것은 바로 앞에서 말한 것 즉 "'그 여자는 남자의 영광'이기 때문에, (문법대로 해석하여) 그 여자는 자신의 머리/원천인 남자에게 권위를 가져야만 한다/권위를 가져 마땅하다"로부터 적절한 암시를 나타내려는 기능을 한다. 이것은 아주 중요한 기능이다.

둘째, 동시에 '앞으로 나오게 될 결론 안에서 주어질 것'과 관련되는 다른 이유인 "천사들 때문에"와 동일 시간대를 예상하게 만드는 기능을 한다. 8-9절의 시간대와 동일 시간대를 예상하게 만드는 기능으로써 대단히 중요한 역할을 한다.

셋째, 더 중요한 점은 동일 시간대의 '천사들 때문에'와 함께 놓여 있으면서, 결론 자체 내용인 '여자는 그녀의 머리 위에 권세의 표를 가져야만 한다'는 점과 직접적인 연관이 있다.

넷째, 3-10절에 나오는 $κεφαλή$케팔레가 지니는 세 종류, 즉 '해부학적 머리; 머리카락; 원천으로서의 머리'의 의미들 중에서, $ἐπὶ τῆς κεφαλῆς$에피 테스 케팔레구절에 있는 $κεφαλή$케팔레(머리)를 '해부학적 머리가 아닌, 여자의 원천으로서의 남자'라는 결론이 가능하다. 이 부분이 해석상 가장 중요한 부분이라고 추론한다.

③ 그 천사들 때문에($διὰ τοὺς ἀγγέλους$디아 투스 앙겔루스)

'$διὰ τοὺς ἀγγέλους$디아 투스 앙겔루스, 그 천사들 때문에'라는 구절은 해석하기가 어렵다. '$τοὺς$투스'는 정관사 $ὁ$호이의 목적격이다. 따라서, '$τοὺς ἀγγέλους$투스 앙겔루스'는 '이미 전에 언급되었거나 혹은 당연한 것으로 아주 잘 알려진' 천사들을 의미한다.[221] 따라서 이 구절 역시 8-9절의 설명과 관련되어 나온 것이므로, '이 이유 때문에'가 여섯째 날 창조된 남자와 여자에 한정되는 것처럼, '$διὰ τοὺς ἀγγέλους$디아 투스 앙겔루스: 그 천사들 때문에'라

---

221) A. T. Robertson, *A Grammar of the Greek New Testament in the Light of Historical Research* (Nashville: Broadman Press, 1934/2010), 755-756.

는 구절도 여섯째 날의 창조 과정을 목격했던 '그 천사들 때문에'라고 한정할 수 있다. 특히 랍비문헌에는 하나님께서 천사들을 창조의 둘째 날, 혹은 다섯째 날에 창조하셨다는 기록이 있으므로, 그 천사들이 여섯째 날의 창조 과정도 목격하였을 것이다. 이와 더불어, 구약성경에는 천사들의 사역이 계속적으로 나오고(창 24:7, 40; 출 23:20, 23; 왕상 19:5- 7; 시 19:11-12; 단 3:28; 6:22), 또 천사들이 장가도, 시집도 안 가는 것은 번식(繁殖) 활동의 필요가 없는 존재들이며, 모든 천사들은 섬기는 영으로 구원받을 상속자들을 섬기기 위해 보냄 받았다.222) 그렇다면 우리의 질문은 '여섯째 날, 아담이 하와에게 감격적으로 외쳤던 탄성의 그 광경을 보고 들은 그 천사들은 목격자와 증인으로서 하나님께 어떻게 보고했을까'이다. 남자의 영광인 여자는 마땅히 자신의 원천인 남자에게 권위를 가져도 될 충분한 자격을 하나님에 의해 갖추었다고 추론할 수 있다. 여자의 원천(3, 8절)인 남자 때문에(9절) 창조된 '여자가 남자의 영광'이란 말은 '여자가 남자의 인품을 그대로 반향하는 것(창 2:23)'을 의미한다. 여섯째 날에, '이 이유 때문에 = 여자가 남자의 영광으로 창조된 이유 때문에' 그리고 여자는 '이 영광스런 장면을 목격한 그 천사들 때문에' 그 여자의 원천인 남자에게 가장 소박한 아름다운 '돕는 자'로서의 권위를 가진다는 것이 마땅하지 아니할까?

많은 학자들이 '여자가 머리를 틀어올리는 것'이 여자의 권위라고 제안하는데, 사회 문화 관습상으로는 이해가 된다. 그러나 필자는 이 점을 선뜻 수용하지 않는다. 그 이유는 11-12절 초두의 부정접속사 π λὴν 플렌 때문이다. 이 π λὴν 플렌(그럼에도 불구하고)은 사도바울이 현재 진행중인 논의를 중단하고, 가장 중요한 것을 강조하기 위한 것이다. 이는 선행된 내용과 완

---

222) 마 22:30; 막 12:25; 히 1:14.

전히 대조되는 내용 진술을 위해 사용하는 접속사이다.223) 앞의 내용들 즉 3, 8절에서 남자는 여자보다 몇 시간 앞서 창조되어 여자보다 선재(先在)하였다는 점(창 2:7; 고전 11:3, 8), 즉 시간적 선재성 때문에 여자의 원천이라는 우월감/자부심/권위/존경이 주어졌고, 또 9-10절에서는 '여자가 남자 때문에 창조되어 남자를 돕는 자와 남자의 영광'으로서 남자에게 우월감/자부심/권위/영예를 가져 마땅하다고 언급한 이 내용을 인정하면서도, 동시에 다른 내용으로 그것을 대조시킨 것이 바로 11-12절이기 때문이다.

다시 말해, πλὴν 플렌 앞에 나오는 3, 8, 10절 중에서 3,8절이 여자에 대한 남자의 우월감/자부심/권위를 나타내는 내용인데 이것은 πλὴν 플렌 다음에 나오는 11-12절과 대조적이다. 바울이 이 대조적인 내용을 진술하기 위해서는 10절이 필요하다. 10절 내용은 9절과 그와 관련된 아담의 노래(창 2:23)가 여자 자신의 원천인 남자에 대한 여자의 우월감/자부심/권위가 될 수 있는 기본내용이 되어야 바울이 진술하려는 의도가 충족될 수 있기 때문이다.

그러나 만약에 3절을 여자의 원천인 남자의 우월감/권위로, 또 10절을 여자의 '머리를 틀어올리는 것 = 여자의 우월감/권위'라고 해석하면, 11-12절의 내용과 대비/대조를 이룰 수 없다. 왜냐하면 학자들의 머리덮개에 대한 견해는 '남자의 여자에 대한 권위 혹은 극히 부분적인 여자의 예언/기도할 권위'로만 해석되기 때문에, 앞에서 간단히 언급했던 바 거기에는 남자의 권위만 존재하고 여자의 권위는 극히 부분적인 것으로만 한정되기 때문이다. 이것은 하나님의 권위로까지 거슬러 올라가서 '남자와 여자의 권위는 하나님으로부터 나온다는 11-12절 내용과는 만족한 대비를 이루지 못하기 때문이다. 10절의 여자의 권위는 3, 8절의 남자의 권위와 동등한 것이 되어

---

223) BAGD, 826.

야만, 그들의 권위가 하나님의 권위로부터 나온다는 12절과 대비를 이룰 수 있다.

  무엇보다도 머리덮개가 적용되어서는 안 되는 중요한 이유는 '아직 머리덮개라는 개념 자체도 없었다는 것이 창조 여섯째 날의 엄연한 사실'인데, 그 시간의 사건에다가 타락 이후의 문화관습을 적용하는 것은 올바른 해석적 적용이 아니며, 그 해석결과도 오역(誤譯)이 되기 때문이다. 8-10절의 시간적 배경은 창조 여섯째 날이고, 11-12절 해석의 시간적 전제는 타락 이후(창 3:20)라는 점을 기억하고 적용하는 것이 해석을 위해 필수적이다.

  (많은 학자들은 천사들의 정체성에 대한 다양한 의견을 피력하였고, 거기에 따라서 머리와 관련된 해법들을 내놓았다. 그러나 실제로 이 학자들은 문화관습 적용에 대해 말하므로, 창조 여섯째 날의 이 논의에는 불필요하다. 그러나 그들은 창조 시에 이루어졌던 만물들에 대한 질서유지가 지속되는 것을 주목하는 것과 관련된 천사들의 존재를 예상하는 데에 동의한다는 점, 또 베일 쓰는 것과 남성권위를 주장하는 것으로 본문을 해석하는 학자들마저도 천사들을 창조질서의 보호자들로 해석하므로, 천사에 대한 내용들을 참조하면 될 것이다.)

4) 고전 11:11~12 본문 주해

a. 고전 11:11 본문 주해

  11절 "그러나 주 안에는 남자 없이 여자만 있지 않고 여자 없이 남자만 있지 아니하니라."

'πλὴν 플렌 그럼에도 불구하고'로 시작하는 11-12절의 역할의 중요성에 학자들은 공감하지만, 의견에는 차이가 있다. "바울 논의에 중요한 제한을 둔다"라는 제안을 비롯해서224) 이전에 전개된 내용들을 취소, 혹은 폐지한다는 견해까지 매우 분분하다.225) 그 이유는 πλὴν 플렌이라는 흔하지 않은 강렬한 접속사로 시작하기 때문이고226) '주 안에서(ἐν κυρίῳ엔 퀴리오)'라는 바울의 중요한 표지가 결합하면서 전환적 의미를 가져오기 때문이다.227) 11절에서는 ἐν κυρίῳ엔 퀴리오가 신학적으로 가장 중요한 내용이지만, πλὴν 플렌도 역시 앞 절과의 대비(對比) 목적의 이유로 문법상 중요하다. 따라서 πλὴν 플렌, ἐν κυρίῳ엔 퀴리오, χωρὶς코리스의 순서를 살펴본다.

① 그럼에도 불구하고(πλὴν 플렌)

πλὴν 플렌은 부정접속사나 전치사 용도로 쓰이는 단어인데 11절에서는 부정접속사로 쓰인다. 로벗슨은 사도바울이 중요한 요점 제시를 위해 논의의 마지막에 부정접속사를 사용한다는 말을 하였고,228) 블라쓰(Blass)는 바울이 본질적인 것을 강조하며 논의를 종결하기 위한 모든 경우에 사용한다고 설명한다.229) 또 BAGD는 논의를 중단하고 반대개념을 부가하면서, 중

---

224) Blomberg,『고린도전서』,
225) Hans Conzelmann, *1 Corinthians: A Commentary on the First Epistle to the Corinthians*, trans. James W. Leitch, (Ausburg: Fortress Press, 1975), 190.
226) Fee, *1 Corinthians*, 577-578; Thiselton, *1 Corinthians*, 842; Blomberg,『고린도전서』, 243.
227) Thiselton, *1 Corinthians*, 842: 바울은 먼저 창조 질서와 사회적 협의에 호소했고, 이제는 그의 세 번째 '렌즈' 또는 '참고점'으로써 종말론 또는 복음의 질서를 사용하는 것 같다고 진술한다.
228) Robertson, *A Grammar of the Greek New Testament in the Light of Historical Research* (Nashville: Broadman Press,1934), 1187; 엡 5:33; 빌 3:16; 4:14.
229) BDFunk, *A Greek Grammar of the New Testament and Other Early Christian Literature* (Chicago: University of Chicago Press, 1961), 234(= BDF 449)

요한 것을 강조하기 위한 목적에서 접속사로 쓰이는 부사인 '그럼에도 불구하고'라는 의미라고 하였다.[230]

이런 사전적 의미를 적용해보면, 사도바울은 $\pi\lambda\grave{\eta}\nu$ 플렌을 통해 11절에서 그의 중요한 관심사를 지시하고자 한 것임을 필자가 예상하도록 만든다. 다시 말해, 여자의 원천에 대해서 '여자가 남자에게서 났고, 여자의 창조가 남자 때문'이라는 8-9절 내용을 얼핏 보면, 남자의 우월감/권위를 나타내는 것으로 이해하게 된다. 동시에 9절에서 여자가 '남자 때문에: $\delta\iota\grave{\alpha}\ \tau\grave{o}\nu\ \check{\alpha}\nu\delta\rho\alpha$' 디아 톤 안드라 창조된 것에 근거하여, 10절의 '여자가 자기의 원천인 남자에게 우월감 혹은 권위를 가진다'는 말도 창조기사에 나왔던 아담의 탄성이 인정하는 여자의 권위를 드러내어, 남자와 여자가 공히 서로에게 '남자는 하나님의 형상과 영광'이고 여자는 '남자의 영광, 즉, 하나님의 형상과 영광의 영광'이라는 우월감/자긍심을 갖도록 가르쳤다. 이것은 지극히 옳다고 본다.

틸리케(Thielicke)의 말처럼 '결혼이란 하나의 창조질서다. 결혼은 타락 이전 질서이다. 남자와 여자의 지위는 동반자(창 2:18)로서 서로 때문에 창조된 상태(창 2:21-22)이고, 서로 안에서 자신들을 인정하는 상태였다(창 2:23).'[231]

사도바울은 창조질서에 나타난 서로에 대한 자부심/권위와 존경의 필요성을 부각시킴과 동시에, 이 $\pi\lambda\grave{\eta}\nu$ 플렌이라는 부정접속사를 사용하여 새로운 관점을 설명하려는 예상이 가능하다. 바로 그 새로운 관점이 $\pi\lambda\grave{\eta}\nu$ 플렌의 뒤에 즉시 나온다. "주 안에는 남자 없이 여자만 있지 않고 여자 없이 남자만 있지 아니하고, 여자가 남자에게서 난 것같이 남자도 여자를 통해서 났다. 그러나($\delta\grave{\epsilon}$데) 남자와 여자 모두는 하나님에게서 났다"이다(11-12절). 이것이

---

230) BAGD, 826.
231) Helmut Thielicke, *The Ethics of Sex*, trans. John W. Doberstein (Grand Rapids: Baker Book, 1964), 104-105.

사도바울이 진술한 논의의 본질이고 목표점이라고 추론할 수 있다. 상세히 분석해보자. 이런 사전적 의미를 적용해보면, 11절을 통해 사도바울이 그의 중요한 관심을 지시했음을 알 수 있다.

② 주 안에서 (ἐν κυρίῳ엔 퀴리오)

해석자들은 '주 안에서(ἐν κυρίῳ엔 퀴리오)'가 문장 마지막에서 본문을 강조하고 있음에도 불구하고, 너무 자주 쓰이는 그 말을 주목하지 않고 이미 다 알고 있는 듯이 무시하는 경우가 많다. 그러나 바렛은 "이 문구가 단순히 '기독교생활 영역 안에서'로만 표현되는 것이 아니라, '처음 창조와 그 처음 창조의 회복 안에서 일어나는 주님의 목적 안에서'의 의미를 지닌다"고 해석한다.[232] '주 안에 있다는 것'은 고린도후서 5장 16절에서 사도바울이 진술하는 바 "그러므로 우리가 이제부터는 어떤 사람도 육신을 따라 알지 아니하노라 비록 우리가 그리스도도 육신을 따라 알았으나 이제부터는 그같이 알지 아니하노라"는 설명처럼, 어떤 '관계들이 전환된다는 것'을 예상하게 만든다. 이 말은 '그리스도 안에서의 믿음의 경험으로 볼 때'를 의미하는 표현이다. 그것은 단지 논리적 입장에 대한 것이 아니고, 오히려 '그리스도 안에서' 세워진 '새로운 질서의 현실적 공동체'이다(고전 4:17; 7:22, 39; 9:1, 2; 15: 58; 16:19).[233]

'주 안에 있다는 것'은 새 창조(고후 5:17)에 대한 바울신학의 근거로서 남자와 여자가 포함된 모든 신자들에게 적용된다. 바울은 고린도전서 7장에

---

232) C. K. Barrett, *The First Epistle to the Corinthians* (Grand Rapids: Baker Academic, 1968), 255.
233) 롬 16:12, 13, 22; 빌 4:2.

서 그리스도 안에 있는 남자들과 여자들의 동등한 권리에 대해 성별, 결혼, 이혼, 영적 삶을 포함하여 열두 가지 사항들(7:2, 3, 4, 5, 10-11, 12-13, 14, 15, 16, 28, 32&34a, 33&34b.을 두고 그의 관점을 말한 바 있다. 또 고린도전서 11장에서도, 그리스도 안에서의 남자와 여자의 동등성이 남자들처럼 여자들도 기도와 예언을 할 수 있는 권위(11:5, 13)의 근거가 됨을 지금 바울은 말하고 있는 것이다. 이 구절은 타락 이후, 남자와 여자가 분리된 것으로 아는 일반사회에서와는 달리, 그리스도의 십자가사건(초림, 십자가 죽음, 부활, 승천)을 믿는 그리스도인의 공동체 안에 새롭게 형성된 실존을 설명하는 데에 주효하다. 다시 말해 '주 안에서'라는 구절로서 '타락으로 잃었던 하나님의 형상을 회복했다'는 결과로 '새 창조'(갈 3:20, 28; 고후 5:17)를 본질의 내용으로 재조명하려는 의도라고 볼 수 있다.

③ χωρὶς코리스 의미 : … 없이는, 독립된, …와는 다른, … 으로부터 분리된 중 어느 의미인가?

> "그럼에도 불구하고 주 안에서 여자는 남자 없이는 없고, 남자는 여자 없이는 없다."

우리는 앞에서 πλην플렌과 ἐν κυρίῳ엔 퀴리오라는 독특한 단어와 구절을 살펴보았다. 그리고 3-10절에 서술되었던 남자와 여자에 관한 내용과는 다르거나 새로운 관점, 즉, 바울이 본질적인 관점을 11-12절에서 말할 것이라는 것을 예측한 바 있다. 이 새로운 본질적 관점을 말하기 위해 사용되는 단어가 χωρὶς코리스이다. χωρὶς코리스는 '… 없이는, 독립된; …으로부터 분리된'이라는 뜻의 부사나 전치사로 쓰이는데, 전치사로 사용될 때는, 11절 본문처럼 소유격(ἀνδρὸς안드로스; γυναικὸς귀나이코스)과 함께 사용된다.[234] 이 단어는 본문의 남자와 여자의 관계에 대한 내용을 설명한다. 이는 바울서신에 16회 나오는데, 소유격과 함께할 때 학자들은 주로 '…으로부터 분리된; …에서 떨어진; 독립된; … 없이'로 해석한다. 이 중에서 '독립된'이나 '… 없이'를 적용할 경우 '여자는 남자 없이는(남자와 독립적으로) 있을 수 없고, 남자는 여자 없이는(여자와 독립적으로) 있을 수 없다'이다. 이것은 문법적으로는 가능하지만, 문장 마지막에 나오는 'ἐν κυρίῳ엔 퀴리오, 주 안에서'가 한정하는 기능 때문에 불가능하다고 페인은 말한다. 그 이유는 여자나 남자나 서로 상대방이 없이는 생물학적인 생육을 가능하게 할 수 없다는 의미로서 12절을 반영하긴 하지만, '주님 안으로' 부르심을 받은 기독교적인 의미를 구체적으로 드러내지는 못하기 때문이라는 것이다.235) 동시에 '독립된'이라는 해석도 부적절하다고 티셀톤은 말하는데, 그런 해석은 소유격과 함께하는 χωρίς코리스의 의미를 뛰어넘는 미묘한 뜻을 부가하는 것으로 보이기 때문이다.236) 따라서 문맥적으로 '독립된'이라는 의미 적용은 문제가 있다. 피오렌자는 '주님 안에서 여자는 남자와 다르지 않고 남자는 여자와 다르지 않다. 기독교인들로서 여자들과 남자들은 동등하다. 자연과 창조를 근거하여 생긴 차이는 기독교 예배공동체에서 더 이상 존재하지 않는다.'고 해석한바 있다.237) 사전적으로 χωρίς코리스의 은유적인 의미가 '다른 성품, 다른 종류, 다른 본질'로도 확인되는데,238) 이것을 본문에 적용하면, '주 안에서 여자는 남자의 본성과 다르지 않으며, 남자는 여자의 본성과 다르지 않다, 혹은, 주

---

234) BAGD, 1095; Robertson, *A Grammar*, 648: 부사(요 20:7)로는 1회만 사용되고, 주로 전치사로 40 회 사용됨.
235) Philip B. Payne, *Man and Woman, One in Christ*, 190.
236) Thieselton, *First Corinthians*, 841.
237) Fiorenza, *In Memory of Her* 229-230.
238) LSJ, 2016.

안에서는 여자는 남자와 구별되지 않고, 남자는 여자와 구별되지 않는다.'로 해석된다.

그러나 자연과 창조에 근거된 남자와 여자의 차이가 더 이상 존재하지 않는다는 피오렌자의 해석은 타당하지 않다. 이 해석은 '동질성의 의미'를 전하는 면에서는 적절해 보이지만, 사도바울이 3-10절에서 논증하는 '성별구분들'이 있다는 점을 고려할 때 상충을 일으킨다.

페인은 '비록 그리스도께서 사회가 만든 성별로 인한 계급적 특권들을 극복하셨음에도 불구하고 남자들과 여자들 사이에는 그리스도 안에서 서로 보완하고 개선해야 할 생물학적인 차이점들이 있다'고 말한다.239) 앞의 연구에서 우리가 창조시의 남자와 여자에 대한 분석에서 본 바에 의하면, 거기에는 확실한 성별 구별이 있었다. 그 구별은 우리가 영화로운 몸으로 변화되기까지 지속될 요소다. 그 구별은 하나님께서 생육과 번성을 위해서 만드신 중요한 것이었다. 우리가 주님 안에서 구원받아 새로운 피조물로 새 창조의 은혜를 받았지만, 그것은 이 세상에 있는 동안에는 지속될 구별점이다. 또한 천국에서 살게 될 때에, 생육과 번성을 위한 기능적인 필요성은 사라질 것임에도 불구하고240) 성별 구분 자체는 여전히 존재할 것이다. 이유는 '보라 내가 만물을 새롭게 하노라'는 하나님의 말씀은241) 만물을 '새로 다른 것으로 만드는 것'이 아니라, '이미 존재한 만물을 새롭게 한다'는 의미로서 '재창조'가 아니라 '갱신의 의미'를 담고 있는 '새 창조'를 의미하기 때문이다.242)

---

239) Payne, *Man and Woman, One in Christ*, 192.
240) 막 12:25.
241) 계 21:5.
242) 이필찬, 『내가 속히 오리라』, 872 - 874.

반면에 영지주의자들은 종말의 구원받은 남자와 여자는 자웅동체로 '재창조'된다고 말한다. 그들의 이 주장의 근거는 그들의 교리책인 『도마 복음』에 나오는 다음과 같은 '예수님의 언급'이라는 부분에 기인한다.

> 예수께서 젖먹이 아이들을 보시고서, 제자들에게 말씀하시었다. "이 젖먹이 아이들이 바로 그 나라에 들어갈 사람들과 같다." 제자들이 예수께 여쭈었다. "그렇다면 우리는 어린 아이가 되어서 그 나라에 들어갑니까?" 예수께서 그들에게 대답하시었다. "너희가 둘을 하나로 만들고, 안을 바깥처럼 만들고, 위를 아래처럼 만들면, 또한 너희가 남성과 여성을 똑같이 하나로 만들어서, 남성이 남성이 아니고, 여성이 여성이 아니게 만들면 … 그 때에는 너희가 [그 나라에] 들어가리라."[243]

이러한 영지주의자들의 '재창조' 논리는 예수님의 말씀을 오해한 데에 기인한다.[244] 바울의 '새 창조' 언급은 영지주의자들이 구원받은 남자와 여자는 자웅동체가 될 것이라는 논리가 틀렸음을 반증하고 있다.[245] 만물을 새롭게 하시는 것은 갱신의미의 '새 창조'이며 '재창조'가 아니다.

마지막으로 $\chi\omega\rho\iota\varsigma$코리스를 "…로부터 분리된"으로 대입하여 해석하면,[246] "그러나 주 안에서 여자는 남자로부터 분리되지 않고, 남자도 여자로부터 분리되지 않는다"가 된다. 이러한 해석은 남편과 아내일 경우는 가능하지만, 일반적인 남자와 여자의 관계에는 맞지 않는다. 그러나 본문에는 남편과 아내의 경우에 대한 내용도 계속 나타나므로, 이 해석은 남자와 여자가 주 안에서 하나이며, 남자로부터 여자를 분리시키는 특권층의 장벽이 주 안에서

---

243) James M. Robinson, *The Nag Hammadi Library in English*(Leiden: E. J. Brill, 1977, 1984, 1988 rev. ed.), 124-138: trs. Thomas O. Lambdin, *The Gospel of Thomas*, 민영진 역, "도마복음서 번역", 「김용옥 박사 기념 논문집」, Sayings 22, 294.
244) 막 12:25.
245) F. F. Bruce, *The Epistle to the Galatians*, 189.
246) BAGD, 1095.

극복되어 '동일한 위치'에 있다는 해석으로는 잘 들어맞는다. 따라서 11절을 "그러나, 주 안에서 여자는 남자로부터 분리되지 않고 남자는 여자로부터 분리되지 않는다"는 해석은 바울의 $\chi\omega\rho\grave{\iota}\varsigma$코리스 용도와 맞고 문맥과도 맞는다.

이것은, 남자와 여자의 창조적 차이점에도 불구하고, 바울의 중심 요지는 남자와 여자 사이에 있는 장벽들이 그리스도 안에서 극복되었다는 것이다. 그리스도 안에서는 성별에 기초된 특권이란 없다. 어느 성별도 선천적으로 타고난 '더 큰 권위'란 없다. '권위'에 대한 어떤 경쟁력이란, 이 새 질서 안에서는 폐기되었다고 티셀톤은 말한다.[247] 모든 신자들은 권위에 관한 한, 구별됨이 없이 그리스도 안에서 서로의 권위를 인정하는 은혜를 만끽한다.

또 한편 이 해석은 11절이 5절에 나오는 바울의 견해에 대한 신학적인 기초를 뒷받침한다. 즉, 남자들과 같이 여자들은 교회의 공적인 사역에서 기도하고 예언했다는 것이다(고전 12장).[248] 11절을 이렇게 해석하는 것은 '그리스도 안에서 남자와 여자의 하나임'이 갈라디아서 3장 28절과 병행되는 기독교적 의미를 확인하는 것을 뒷받침한다. '새 창조'에 대한 주제는 두 개의 본문들(고전 11:11; 갈 3:28)의 기초들을 단단히 묶는다.

갈라디아서 3장 28절의 "남자와 여자: $\breve{\alpha}\rho\sigma\varepsilon\nu$ $\kappa\alpha\grave{\iota}$ $\theta\hat{\eta}\lambda\upsilon$"아르센 카이 델루는 창세기 1장 27절의 "남자와 여자: $\breve{\alpha}\rho\sigma\varepsilon\nu$ $\kappa\alpha\grave{\iota}$ $\theta\hat{\eta}\lambda\upsilon$아르센 카이 델루"와 칠십인경 창세기 5장 2절의 "남자와 여자: $\breve{\alpha}\rho\sigma\varepsilon\nu$ $\kappa\alpha\grave{\iota}$ $\theta\hat{\eta}\lambda\upsilon$아르센 카이 델루"를 암시한다.

고린도전서 11장 7절에 나오는 '하나님의 형상'은 창세기 1장 26-27절을

---

247) Thieselton, *First Corinthians*, 822.
248) 엡 4:11-12.

암시하고, 고린도전서 11장 8-9절은 창세기 2장 18-25절에 나오는 여자의 창조기사를 암시한다. 또 고린도전서 11장 11절은 11장 3절에서 그리스도의 창조사역들이 '남자의 원천이 되시는 것과 하나님으로부터 오는 구속자로서의 새 창조의 원천'의 두 가지임을 설명한다. '처음 창조'에서 삼위일체 하나님께서는 사람을 창조하셨고, 타락 후 그리스도께서는 '새 창조'를 확립하셨다. 그것은 원래의 창조질서인 동질성과는 달리 타락(창 3:16)이 원인이 되어, 남자가 여자를 통솔하던 것을 교회 안에서 하나가 되는 것으로 회복시켜 바꾸어버린 새 창조이다.

정리하면 본문의 $\chi\omega\rho\grave{\iota}\varsigma$코리스의 기능은 실제적으로 그리스도 안에서($\grave{\epsilon}\nu\ \kappa\upsilon\rho\acute{\iota}\omega$엔 퀴리오) 남자와 여자 사이에는 분리가 없이 처음 창조시의 동질성 회복을 확인하는 것이라고 볼 수 있다.

11절을 요약하면, '$\pi\lambda\grave{\eta}\nu$플렌: 그러나, 그럼에도 불구하고'로 시작하는 이 진술이 사도바울이 본질적으로 간주하는 하나의 새로운 관점임을 암시해준다. 그것은 '주 안에서($\grave{\epsilon}\nu\ \kappa\upsilon\rho\acute{\iota}\omega$엔 퀴리오)'라는 문구를 통해서, 그리스도를 믿지 않는 사회에서 이미 자리가 잡힌 어떤 것이 아니고, 오히려 그리스도 안에서 새롭게 구축된 어떤 것을 보여준다. 따라서 11절은 8-9절과 12절에서 설명되는 남자와 여자에 대한 '생물학적 상호의존성'과는 다른 어떤 것, 즉, 그리스도를 통한 새 창조'를 의미한다. 11절은 뒤이어 나올 12절의 '이는, $\gamma\grave{\alpha}\rho$가르'의 의미의 토대를 위한 준비이다. 즉, 첫째로 '주님 안에서' 남자와 여자의 각각의 권위(3, 10절)를 통한 동등성에 대한 바울의 확인을 뒷받침하는 이유의 근거이고, 둘째로 남자와 여자의 권위는 궁극적인 하나님의 권위라는 절정(12절)을 위한 토대를 마련하고 있다. 이것이 가능하도록 $\pi\lambda\grave{\eta}\nu$플렌으로 시작된 문법적 기능의 중요성이 10절의 $\kappa\epsilon\varphi\alpha\lambda\grave{\eta}$케팔레를 여자의 원천인 남자로 올바로 해석하도록 돕고 있다.

11절의 마지막 강조인 "주 안에서"에 무게를 두는 학자들은 11절이 그리스도 안에서 남자와 여자의 동등성을 수용한다. 남자와 여자 사이에는 분리/구분이 있을 수 없는데, 그 이유는 그들이 다 그리스도 공동체의 지체이기 때문이라는 것이다. 렌스키는 "'주 안에 있다는 것'과 관련되는 한, 남자와 여자는 모두가 동등하다는 것을 의미한다"고 했다.[249] 고린도전서 12장이 서로 간에 분리를 허용하지 않는 '한 몸(창 2:24)'의 비유로서, 그리스도 안에서 하나라는 연합체에 대해 설명하고 있음을 유념해야 할 것이다.

B. 남자와 여자에 대한 계급적 관점을 폐기(고전 11:12)

> 12절 "이는 여자가 남자에게서 난 것 같이 남자도 여자로 말미암아 났음이라 그러나 모든 것은 하나에게서 났느니라."

① 여자가 남자로부터 났음

바울은 즉각적으로 "이는($\gamma \grave{\alpha} \rho$ 가르) 여자가 남자로부터($\grave{\epsilon} \kappa$ 에크) 난 것처럼 남자도 여자를 통해서($\delta \iota \grave{\alpha}$ 디아) 났다"고 말하며 11절에서 언급하였던 두 성별들의 동등성을 재확인한다. 이 언급은 "남자가 여자에게서 난 것이 아니요 여자가 남자로부터 났다는 것(11:8)"을 명백히 확인하는 것이다. 여자가 '남자로부터' 났다는 것을 묘사하기 위해 칠십인경 창세기 2장 23절의 '$\grave{\epsilon} \kappa \tau o\tilde{u} \grave{\alpha} \nu \delta \rho \grave{o} \varsigma$에크 투 안드로스'와 동일한 구절을 사용한다. 그의 지적은 '여자의 원천으로서의 남자'는 여자에 대해 우선권을 가진다는 것을 말하는 것이 아

---

249) R. C. H. Lenski, *The Interpretation of St. Paul's First and Second Epistles to the Corinthians* (Minneapolis: Ausburg Publishing House, 1937), 453.

님을 분명히 하기 위해 '생육과 번성을 위해 태어나는 것'에서는 '여자가 남자의 원천'이라는 점을 강조함으로써, '남자가 여자의 원천(3절)'이라는 진술과 의도적으로 균형을 맞춘다. 아담이 하와의 '기능적 원천'이었던 것처럼, 여자도 계속 태어날 모든 남자들뿐만 아니라 계속 태어나게 될 여자들의 자연 질서 안에서의 '기능적인 원천'이다(창 3:20; 갈 4:4; 예수님도 이 원천을 타고 오셨다).250)

사도바울은 '모든 남자는 여자를 통해서(διά) 태어난다'는 사실을 신학적인 중요점으로 추론해낸 첫 사람이다. 12절에서 바울은 고린도전서 8장 6절에서 사용했던 동일한 두 개의 전치사(διά)를 사용한다. 즉, 여자의 원천이 남자로부터(ἐκ)라는 점, 또 남자가 여자를 통하여(διά) 난다는 것을 '만물이 하나님으로부터(ἐκ), 그리고 우리도 그리스도를 통하여(διά) 존재하고 있다(고전 8:6)'는 본문과 병행됨을 말하고 있다. 바울의 논리는 8장 6절에 이미 나왔고, 11장 3절에서는 원천을 의미하는 단어 'κεφαλή케팔레'를 사용함으로써, 그리스도가 남자의 머리(원천)라는 논리로 발전시킨 후, 11장 12절에서 하나님이 남자와 여자의 원천임을 논리정연하게 진술하고 있다.

② 남자도 여자를 통해 났음: διά+목적격/소유격의 차이

12절 상반절(여자가 남자에게서 난 것같이)이 8절을 정확히 되짚어서 말하는 것과 동일하게, 12절 하반절은 9절 상반절로부터 "남자가 여자 때문에 지음 받지 아니하고"를 빌려와서 '남자도 여자로 말미암아(통하여) 났느니라'를 표현하고 있다. 이때 동일하게 διά의 전치사를 사용했지만 9절에서

---

250) 마 1:16, 23; 눅 1:31

는 목적격(διὰ τὴν γυναῖκα디아 텐 귀나이카: … 때문에)을 사용하였고, 12절 하반절에서는 소유격(διὰ τῆς γυναικός디아 테스 귀나이코스: … 을 통하여)을 취한 점이 다르다.

> 11:9 "καὶ γὰρ οὐκ ἐκτίσθη ἀνὴρ διὰ τὴν γυναῖκα카이 가르 우크 에크티스데 아네르 디아 텐 귀나이카 남자가 여자 때문에 난 것이 아니요"
>
> 11:12 하반절 "ὁ ἀνὴρ διὰ τῆς γυναικός호 아네르 디아 테스 귀나이코스 남자는 여자로부터(여자를 통하여)"

12절은 창조 시에 '일시적 우선권'을 가진 남자를 보여주기 위해 8-9절에 나오는 순서를 요약한다. 그리고 여자는 '일시적인 우선권'을 가지고 태어나는 모든 남자들의 '기능적인 원천'임을 보여준다. 사도바울이 12절에서 말하는 남자와 여자는 '서로에게 원천으로서의 존경'을 나타내야만 한다는 것이다. 그는 남자의 일시적인 우선권에 대해 언급한 것에 '균형을 맞추고 있는 것'이다. 사도바울의 이런 논리는 원천에 대한 일시적이고 기능적인 우선권을 설명하는 3절, 8-9절을 여자의 위치를 종속개념으로 해석하여 '남성이 여성의 머리됨'을 주장하는 사람들이 옳지 않음을 증명하고 있다.

③ 그러나 이 모든 것은 하나님에게서 났느니라

12절 하반절은 3절, 8-9절에 나오는 원천관계들에 대한 올바른 이해와 그 중요성을 확인시켜 준다. 남자와 여자의 원천에 대한 바른 이해로 서로에게 존경을 표시하며 화목을 이루는 것이 마땅함을 바울은 권고한다. 그는 이 구절에서 δὲ데를 사용하면서 '처음 창조'로부터의 논리를 전개하고 있다. 즉, 하와 창조의 '일시적 우선권'과 '기능적인 원천'으로서의 아담, 그리고

'기능적 원천'으로서의 하와를 넘어, '남자와 여자의 최초이며 결정적인 원천'이신 하나님까지 뒤돌아보고 있다. 바울의 중요한 논점은 창조기사에도, 남자와 여자의 원천은 궁극적으로 하나님이시므로 남자와 여자의 원천관계는 일시적, 기능적 원천으로서 동일할 뿐임을 증명한다.

바울이 남자와 여자에 대한 문구 τὰ πάντα 타 판타에 붙여진 관사 τὰ타는 아마도 하나님께서 창조하신 모든 것을 포함하는 것을 의미하는 πάντα 판타의 개념이 아니고, 다만 선행되는 문장의 '모든 남자들과 모든 여자들'을 가리키는 것이라는 점을 지시한다.251) 이는 "모든 것이 하나님께로부터 났으며(τὰ δὲ πάντα ἐκ τοῦ θεοῦ 타 데 판타 에크 투 데우 고후 5:18)"와 동일한 문법적인 구절로써, 그것과 정확하게 일치한다.

이와 같이 바울이 '하나님께서 남자와 여자의 궁극적이고도 결정적인 원천이시다'라고 명시하는 것은 3절에서 남자가 여자의 원천으로서 '남성 헤드십(head-ship)'이나 10절의 ἐξουσία 엑수시아에 대한 수동성 해석'을 끌어낼 가능성을 제한하는 역할을 한다. τὰ δὲ πάντα ἐκ τοῦ θεοῦ 타 데 판타 에크 투 데우의 해석이 10절을 뒷받침한다. 피(Fee)는 "이것은 분명히 종속주의자들의 방법으로부터 앞의 논의를 유지하기 위한 의도로 보인다"고 했는데 이 지적이 옳다.252) 이것은 τὰ δὲ πάντα ἐκ τοῦ θεοῦ 타 데 판타 에크 투 데우 구(句)가 동일한 문법적 구절로서, '모든 것이 하나님께로부터 났으며(고후 5:18)'라는 구절과 정확하게 일치한다.

남자와 여자의 궁극적이고도 결정적인 원천이 하나님이시라는 바울의 주장은 3절에 나오는 여자의 원천이 남자라는 앞의 진술을 적절히 제한한다.

---

251) BAGD, 784 pas 4.d.b: "선행되고 있는 ' 모든 것'에 대한 총합을 가리킴.
252) Fee, *The First Epistle to the Corinthians*, 524.

또 7-9절에 남자가 여자처럼 머리를 틀어서 올리지 말아야 하는 이유들을 끌어내는 것을 제한한다. 이러한 제한은 바울 사상을 비난하는 해석에 대해서 경고한다. 콘첼만은 "8절과 12절 사이의 모순은 터무니없다"고 했다.[253]

고린도전서 11장 12절 하반절은 '하나님께서' 남자와 여자에게 동등권을 제정하셨다는 것을 강조한다. 남자는 일시적 기능의 원천을 근거로 여자에게 계급적 우위를 점하거나 여자가 자신의 원천인 남자에게 권위를 갖는 것을 허용한다(3, 7, 10절의 ὀφείλει 오페일레이) 그런 까닭에 남자와 여자는 서로를 존경하는 것이 옳다는 것을 사도바울이 권유한다. 남자와 여자의 궁극적인 원천은 하나님이시다. 결국은 그분에게 궁극적인 영광을 돌려드리라는 것이다. 이것이 고전 11:3, 7-10, 11-12의 정점(Climax)이다.

④ 소결론 (고전 11:3-12)

고린도전서 11장 3-12절은 난해한 성경구절이다. 구절에 따라서 ἡ κεφαλή헤 케팔레가 '해부학적 머리, 머리카락, 머리(원천)'이라는 의미로 사용되어 독자가 쉽게 혼동한다. 대강 구분하면, 3, 10 절에는 원천의 의미로, 4-7절에서는 원천, 해부학적 머리와 머리카락으로 해석되는데, 필자의 구분마저도 불명확하다. 이처럼 해석하기가 어렵다. 그동안 '10절의 κεφαλή케팔레'는 본문에 나오는 ἐξουσία엑수시아의 선행구절인 διὰ τοὺς ἀγγέλους디아 투스 앙겔루스와 어떻게 관련시켜 해석하느냐에 따라서 다양한 견해들이 오랫동안 나왔다.

필자는 이 다양한 해석들을 분석한 후에, 첫째, 7-10절에 대한 시간적 상황을 창조의 여섯째 날로 한정하였다. 둘째, 11-12절이 πλήν 플렌으로 시작하는 점에 착안하여, 문법적 기능을 끌어내어, 11-12절과 대비(對比)되는 3, 7,

---

253) Conzelmann, *1 Corinthians*, 190.

10절을 해석하여 대입해 보았다. 그리고 '10절의 $κεφαλή$케팔레를 여자의 원천인 남자'로 해석하였다. 그 결과 '3절에 나오는 여자의 원천으로서 남자의 권위,' 또 '10절의 남자를 향한 여자의 권위'는 '여자가 남자를 돕는 배필로써, 남자 때문에 창조되었다는 사실에서 취한 권위'이므로 남자와 여자의 권위가 병행됨을 발견하였다. 필자는 이 발견을 통해서 '남자와 여자가 서로의 권위를 인정하고 존경하는 것이 마땅하다. 그러나 남자와 여자의 궁극적인 원천은 하나님이시므로 그들의 권위는 하나님으로부터 나왔고 하나님께 영광을 돌려야 마땅함을 본문의 정점'으로 분석하였다.

따라서 여자가 그 머리에 권위를 가져야 한다는 10절($ὀφείλει ἡ γυνή ἐξουσίαν ἔχειν ἐπί τῆς κεφαλῆς$오페일레이 헤 귀네 엑수시안 에케인 에피 테스 케팔레스)은 '여자가 자신의 원천인 남자에게 권위를 가져 마땅하다'고 해석되어야 한다. 여자가 남자의 영광(7절)이라는 사실도 하나님의 창조사역의 결과이듯이 아담의 정체성도 하나님의 형상과 영광이므로 그 권위도 하나님으로부터 주어진 것이다.

10절에 대한 필자의 '새 해석'을 정리하자면 이렇다. 첫째, 10절의 $ἐξουσία$엑수시아를 수동성으로 해석하여 여자머리 위에 남편/남자의 권위의 표인 머리 덮개를 얹어야 한다는 기존 학설은 문법에 맞지 않다. 둘째, 연구의 진일보한 학자들이 $ἐξουσία$엑수시아를 능동성으로 해석했음에도 여자의 머리덮개가 여자의 권위의 상징이라고 해석하는 것은 창2:18에 모순된다. 여자가 창조되던 여섯째 날에 이런 문화관습이 없었고 아담이 자기를 돕는 자(창 2:18)인 여자를 보자마자 외쳤던 사랑의 노래를 들으며 감격했던 목격자인 천사들의 모습과 어울리지 않는다. 셋째, 3-12절에서 3절과 10절은 남자와 여자 창조의 궁극적 원천이 하나님이시라는 12절을 뒷받침하기 때문에, 남자나 여자가 가진 그들의 권위를 존경해야 마땅하지만, 권위의 궁극적 원천은 하나님이심을 인정하며 그를 경외해야 한다는 점이다.

결론은 '그리스도 안에서' '남자와 여자의 동등성은 처음창조와 생물학적 생태순환에 뿌리를 두고 있으며, 하나님 안에 그 동등성의 근원'을 가지고 있다는 점이다. 이러한 요소들은 11장 11-12절이 생물학적 상호의존성을 말하는 것이 아니고, 남자와 여자의 동등성은 'ἐν κυρίῳ'엔 퀴리오: 주님 안에 있다. 이 확인은 하나님께서 남자와 여자의 궁극적인 원천이심을 성경이 자증한다(갈 3:28; 참조: 창 2:23-24).

피(Fee)는 "지금까지 '남자에서 여자라는 순서'마저 이 구절에서는 '여자에서 남자로 바뀐 것'을 관찰하였다. 이러한 순서상의 변화가 남성이 여성 위에 권위를 가진다는 시각을 거의 불가능하게 한다. 동시에, 이미 언급한 대로 여성이 가진 권위(고전 11:10) 사용에 제한을 두라는 의미이므로 문맥에도 맞는다."254) 이것은 7-10절, 특히 10절의 새 해석을 지원하는 요소이다. 바울이 하나님에 대해서 남자와 여자의 궁극적이고 결정적인 원천이라고 명시하는 것은 3절에 나오는 여자의 원천으로서 남자의 시간적 선재성으로 인한 권위이다. 그리고 10절의 '여자가 남자의 영광이라는 점에서 누리는 권위'라는 이 진술은 환영받지 못한다. 피(Fee)는 정확하게 "이것은 분명히 종속주의자들의 방법으로 해석되지 않도록 앞의 논의를 지키기 위한 의도로 보인다"고 지적한다.255) "모든 것이 하나님으로부터 났다"는 이 중요한 말씀은 '하나님께서' 남자와 여자에게 동등권을 제정하셨다는 것을 강조한다. 원천에 근거하여 남자가 여자에게 계급적 우위를 점하려는 것을 거부하

---

254) Fee, *1 Corinthians*,
255) Fee, *1 Corinthians*, 524.

시는 분은 궁극적으로 하나님이시다. 11-12절은 다음의 다섯 가지 중요한 요소들 때문에 여자에 대한 남자의 지배권에 대한 논의를 약화시킨다.

첫째, "주 안에서" 남자와 여자는 "서로에게서 분리되지 않는다."(11절)는 말은 여자와 남자 사이에는 근본적/근원적인 그러한 연합(창 1:27)이 있다는 의미이다. 둘째, 여자의 원천으로서의 남자(3, 8절)는 단순히 기계적인 원천이다. 두 삶들을 위한 궁극적이고 결정적인 원천이신 하나님께서는(12절) 그들의 위치를 주 안에서 동등하게 하신다. 남자는 여자의 시작에 대해 어떤 원인이나 어떤 능동적인 원천으로서 존재하지 않는다(창 2:21-22). 셋째, 12절의 문장 구조에 대해서 렌스키(Lenski)가 관찰했던 바와 같이 "어떤 성별이 이익을 취할 수 있는 것이 아니라, 단순한 동등성이 있을 뿐이다."[256] 넷째, 여자를 통한 모든 남자의 태어남은(12절) 하와에 앞선 아담의 창조(창 2:7)와 균형을 이룬다. 다섯째, 12절에서 남자와 여자가 각각 서로를 위한 필요성을 함축한다. 아이 생산과 관련하여 생육을 위하여 서로의 배우자가 필요하다는 것을 보여준다.

여자가 남자 때문에 지음 받았다는 것은(고전 11:9) 남자와 여자가 서로에게서 나왔다는 12절과 병행한다. 남자가 필요로 하는 것은 종속적인 존재가 아닌, 동등한 배우자라는 사실을 바울은 말한다. 남자와 여자의 상호의존성은 여자는 특별히 남자 때문에 만들어졌다,[257] 위더링톤은 여자는 창조에서 생육하고 번성하기 위한 목적의 의미로서, 남자에게 대등한 배우자라는 것을 이렇게 분명히 밝힌다.

여기까지의 분석은 3절에 나오는 '머리'에 대한 바울의 진술이, 여자들에 대

---

256) Lenski, *1 Corinthians*, 453.
257) Bailey, 309: 창 2:18

한 남자들의 권위를 계급화 할 시도가 아니었다는 것으로 결론 내린다. 또한 남자가 여자의 원천이었다는 사상으로부터 남자가 여자에게 권위를 행사해도 된다는 것을 내포하지 않는 다. 결국, 그것이 3절에 나타난 바울의 의도였다면, 왜 그는 11-12절에서 그토록 맹렬하게 그 기초를 약화시키는 것인가? 바울은 상술(上述)한 다섯 가지 이유에 의거하여 여자들에 대한 남자들의 권위 계급을 뒷받침하는 논의들을 약화시킨다. 이 동일한 논의들이 7절, 즉, 여자들은 '하나님의 형상이 아니라든지, 2등급, 혹은 파생되는 의미의 하나님의 형상이라 는 해석을 약화시킨다. 만약 바울이 3-10절에서 강하게 논의하는 것을 11-12절에서 다시 한다면, 고린도전서 전체를 통해서 그것은 비생산적인 것으로서 적합하지 않으며, 그의 수사적 기술들의 특성에 상당히 어긋나는 결과가 될 것이다.[258]

헤이즈는 바울이 예배 중에 있는 남녀의 적절한 구별을 위한 지침을 정립한 뒤, 11-12절에서는 '완전히 방향을 틀어서' 이야기한다며 이렇게 주장한다.

> "실질적으로 고린도 교회 여성들이 애초에 머리덮개를 팽개치도록 요구했던 그 신학적 배경을 재확인한다. 그럼에도 불구하고 '주 안에서는' 그 사안이 완전히 달라진다. 남녀는 서로 의존하면서 산다. 그렇다고 이성 간의 구별 자체가 없어졌다는 뜻은 아니다."[259]

3-10절에 대한 전환의 구절이라고 할 11:11-12절로 인해서 복잡하였으나 결과적으로는 '균형을 잡게 된 것'으로 보인다. 이렇게 하여 바울은 교회 내에서 남녀의 기능적 평등을 지지하고 있다. 여성들은 외관상의 성 구별, 구체적으로 머리를 틀어올리는 형태를 유지하면(15절), 성령의 인도하심을 통해 기도, 예언 및 모든 종류의 리더십을 행사하는 데 있어 자유롭다.[260]

---

258) Witherington, *Conflict*, 235.
259) Hays,『고린도전서』, 319.
260) Hays,『고린도전서』, 319.

5) 고린도전서 11:13-16 본문 주해

a. 너희 스스로 판단하라(고전 11:13)

13절 "너희는 스스로 판단하라 여자가 머리를 가리지 않고 하나님께 기도하는 것이 마땅하냐?"

바울은 우상에 반대하는 진술을 할 때도 "나는 지혜있는 자들에게 말함과 같이 하노니 '너희는 내가 이르는 말을 스스로 판단하라'(고전 10:15)고 명한바 있다. 자신의 평가를 명백하게 한 다음에 판단하라는 두 구절의 병행 구는 그의 논지가 확신에 차 있음을 말한다. 바울은 그들이 바른 판단을 하도록 돕기 위해 몇 개의 질문들을 제시하고 있다.

① 너희 스스로

Ἐν ὑμῖν αὐτοῖς엔 휘민 아우토이스 '너희 스스로'라는 표현은 '너희 자신들의 마음과 정신적 능력을 활용하여서' 생각해 보라는 것이다. 준비되지 않은 인간의 지력으로 신성한 진리를 찾는 것은 어리석다. 사도바울은 기독교인인 그들에게 그 제한된 지력이지만, '상식적인 결정'(고전 5:4, 12; 10:15)에 도달해 보라고 호소하고 있다.

모리스(Morris)는 "처음에 '너희 스스로'를 나타내기 위해 ὑμῖν 휘민에 αὐτοῖς아우토이스를 첨가함으로써 그들의 판단을 강조하고 있다. 바울은 그의 지시에 의존할 필요가 없을 정도로 '적절한 것'이 무엇인지 확실히 알고 있다"고 믿는 고린도교회 사람들의 상황을 설명한다.[261] '너희 스스로'라는 말

---

261) Leon Morris, *Tyndale New Testament Commentaries, 1Corinthians* (:IVP, 1985), 153.

은 그들에게 부과된 것들(고전 4:5; 5:3; 6:2-3; 7:37; 10: 15, 29; 11:31, 32)이 아니고, 고린도교회의 내적인 평가를 함축하는 말이다.

② 마땅함

'적절하게 맞다($πρέπον\ ἐστὶν$ 프레폰 에스틴)'라는 비인칭동사가 부정사($προσεύχεσθαι$ 프로세우케스다이)와 함께 쓰이므로 이것은 어떤 조건에 합당하다는 것을 의미한다. "여자가 머리를 가리지 않고 하나님께 기도하는 것이 마땅하냐?"라는 질문은 이미 언급한 바울의 평가들, 즉 머리를 늘어뜨리고 기도와 예언하는 것은 수치라는 것에(고전 11:5-6) 고린도 교인들이 동의할 것을 믿는다는 것을 나타낸다. '적절한 태도'란 '머리를 틀어서 올리는 머리 형태를 취하는 것'을 다시 일깨우는 것이다.

'하나님께 기도한다는 것'($τῷ\ θεῷ\ προσεύχεσθαι$ 토 데오 프로슈케스다이)은 '기도하는 것과 예언하는 것'(고전 11:4-5)을 대체한다. "기도하는 것과 예언하는 것"은 교회사역에서 예배를 인도하는 행위다.[262] 페인은 바울이 결혼생활의 성실성, 즉 남편과 아내 간의 정조와 정절을 부정하는 것을 상징하거나 성별 구분들을 약화시키는 머리 형태로 교회예배를 인도하는 지도자들을 확실히 반대한다. '하나님께'라는 말은 그 위반하는 것이 어떤 사회적인 위반이 아니라 확실히 '하나님께' 대한 모욕을 나타낸다. 이것은 여자가 머리를 늘어뜨림으로써 그녀의 결혼서약을 거절하는 것을 상징한다는 것과도 잘 들어맞는다.[263] 결혼서약 파기는 물론, 우상을 위한 이교도의 제의에서 여자가 머리를 풀어헤치는 관습이 있었으므로, 이는 더욱

---

262) Thieselton, *The First Epistle to the Corinthians*, 843.
263) Payne, *One in Christ*, 200.

하나님을 모독하는 처사라고 볼 수 있다. 바움(Baum)은 "여자의 정절과 더불어 남성의 동의가 있으면 예배인도 행위가 가능하다"고 하여 본문의 의미와 무관함을 제시하기도 한다.264)

b. 남자의 긴 머리는 수치 (고전 11:14)

> 14절 "만일 남자가 긴 머리가 있으면 자기에게 부끄러움이 되는 것을 본성이 너희에게 가르치지 아니하느냐"

'본성이 너희에게 가르치지 아니하느냐'(14a)는 남자들과 여자들의 헝클어지고 난잡한 머리모양에 대한 지적이다. 14-15절에 대한 다수의 주석자들은 두 내용이 독립구가 아니라 연관된 수사적 질문으로 이해하였다. 본문은 14절 하반절의 'μὲν 멘: ...하는 한편' 으로 시작되어, 15절 상반절의 'δὲ 데: 그러나 다른 한편' 의 구조를 가지고 있다. 즉, 하나의 문법적인 짝을 이루는 것이다. 이 두 요소들은 14절 상반절의 "본성이 너희에게 가르치지 아니하느냐"라는 질문에 대한 긍정적 답으로 구성된다. '남자의 긴 머리는 남자에게 수치가 되는 한편(μὲν 멘),' '그러나 다른 한편(δὲ 데), 여자의 긴 머리는 여자에게 영광이 된다는 것을 자연이 가르치지 않느냐 라는 질문이다. 이 질문은 지금까지의 전체의 중심내용인 남자와 여자의 머리 모양에 관련된 수치와 영광에 대한 설명 다음에(고전 11:3-12) 곧바로 이어서 제기되었다.

① ἡ φύσις 헤 푸시스의 의미와 남자의 긴 머리는 수치임

---

264) Armin D. Baum, "Paul's Conflicting Statements on Female Public Speaking(1Cor. 11:5) and Silence(1 Cor. 14:34-35)," Tyndale Bulletin 65.2 (2014) 247-274, 274.

이때 분석해 보아야 하는 것이 새롭게 등장한 단어 φύσις푸시스가 무엇을 의미하는가이다. 왜냐하면, 본성이라고 번역된 이 단어가 '남자와 여자에게 가르치는 역할을 하는 것'으로 보이기 때문이다. 티슬턴은 이를 '만물의 질서'로 해석하면서 창조 때 만들어진 질서라고 주장한다. (하지만 다른 학자들의 해석이 티슬턴의 해석보다 더 강세인 듯하다.) 그는 φύσις푸시스의 의미를 다음과 같이 네 가지로 대강 구분한다.[265]

첫째, 옳게 보이거나 옳은 것으로서 직관적, 태생적 의식, 지각;
둘째, 창조의 방법대로 된 남자와 여자의 구성, 기질, 관습;
셋째, 이 세계에 세워진 질서의 물질적/신체적 실재, 본성;
넷째, 주어진 사회의 관습, 관례들.

사전은 티슬턴을 비롯한 학자들이 제시한 네 요소들을 각각의 항에 묘사하면서, '자연이란 사물들에 정해진 규칙적이며 확립된 질서를 보존하고 있다. 마찬가지로 고전 11:14의 φύσις푸시스는 법과 규칙처럼 남자들에게는 짧은 머리, 여자들에게는 긴 머리를 묘사하고 있다'고 설명한다.[266] 먼저 칼빈은 이것을 '관습'이라고 보았다.

> 바울이 이 말씀을 기록하고 있을 때, 고올 지방(북 이태리, 불란서 등)과 독일에서는 남자의 짧은 머리가 실시되지 않았다 … 머리를 자른다는 것이 남자들에게도 불명예로 여겨졌다. (그러나) 헬라사람들은 긴 머리를 갖는 것을 남성다운 것으로 생각하지 않고 사내답지 못한 자들로 낙인찍었다. 바울은 그 당시에 용인되었던 관습에 따른 자연스러운 순응이라고 생각하였다.[267]

---

265) Thiselton, *1 Corinthians*, 844: 첫째, 벵겔, 메이어; 둘째, 드 베테; 셋째, 오시안더, 호피우스; 넷째, 크리소스톰, 칼빈, 그로티우스, 슈라게 등.
266) BDAG, 1070.
267) Calvin, 『고린도전서』, 322-323.

반면에, 피오렌자는 이 의미가 남자들과 여자들의 구별점을 광범위하게 확인하고, 자연이 문화의 근원이라고 주장하는 스토아 철학(주전 3세기-주후 2세기)에 온 사상이라고 말한다.268) 스토아 철학자들에게 최고선이란 모든 만물이 자연 질서에 따라 자연과 함께 조화롭게 살아가는 것이다. 자연이란 문화의 최고 열매로서 자연 자체를 표현하였다. 로마황제이자 철학자였던 마커스 아우렐리우스 안토니우스(주후 121-180년)도 "오! 자연이여($φύσις$푸시스), 만물이 당신으로부터 왔고 당신 안에서 살아가고 당신에게로 돌아갑니다"라고 하여 자연에 대한 스토아철학자들의 사상을 기록했다.269)

페인은 바울이 스토아 문학에 친밀성을 가지고 그 당시에 널리 보급된 이 유사한 표현과 병행시켜 "이는 만물이 주에게서 나오고 주로 말미암고 주께로 돌아감이라(롬 11:36)"는 본문을 사용한 것이 분명하다고 말한다.270)

스토아 철학자 에픽테투스(Epictetus: 주후 55-135년)는 "남자가 여자의 머리모양을 하는 것은 성별을 혼란스럽게 보이게 하므로 남자들이 그렇게 하지 말 것을 권유하며 자연에 돌아가라"고 호소하였다.271) 피(Fee)는 $φύσις$푸시스를 그들 동시대의 문화 안에서 공유하는 '만물들이 있는 방법 그대로,' '자연적인 느낌에 따라서'라고 묘사한다.272)

사전적인 의미와 학자들의 $φύσις$푸시스의 의미를 종합해보면, 하나님께서 제정하셨기 때문에 반드시 준수되어야 하는 불변의 법칙이나 규례와는 일

---

268) Fiorenza, *In Memory of Her*, 229.
269) Marcus Aurelius 4.23. cited. C. R. Haines, trans, *The Cummings with Himself of Marcus Aurelius Antonius Emperor of Rome* (LCL), 80-81; Payne, *One in Christ*, 203에서 재인용.
270) Payne, *One in Christ*, 203.
271) Epictetus 3.1 and in 3.33.10-11; Payne, *One in Christ*, 203에서 재인용,
272) Fee, *1 Corinthians*, 527.

단 다르다. 그것은 바울이 여기서 사용하는 모든 단어는 그 당시의 문화 안에서 본 자연에 대한 이해라고 볼 수 있다. 따라서 당시의 $φύσις$푸시스는 그 당시의 '문화'의 다른 표현이라고 말할 수 있다.

이렇게 정의하게 되면, '$φύσις$푸시스: 본성'은 칼빈이 말한 '그 당시에 용인되었던 관습'과도 통하는 해석이다. 이것은 사전의 의미와도 부합되고, 스토아철학 사상과도 어느 정도 부합하며 당시에 허용되었던 문화적 관습과도 일치한다. 그러나 학자들은 구약에서 말하는 '본성'은 스토아철학과 다르다는 점을 분명히 한다.[273]

종합해보면, 본문은 본성(13-15절)과 관행(16절), 모든 교회들의 실천관행에 순응해 맞춰나가야 한다고 말하는 것 같다. '각처에서 우리의 주 곧 그들과 우리의 주 되신 예수 그리스도의 이름을 부르는 모든 자들'과 하나가 되도록 부르심을 입었기 때문이다.

c. 고전 11:15 : 여자의 긴 머리는 여자에게 영광이 되고 쓰는 것을 대신함

> 15절 "만일 여자가 긴 머리가 있으면 자기에게 영광이 되나니 긴 머리는 쓰는 것을 대신하여 주셨기 때문이니라"

① 긴 머리, 여자에게는 영광(15a)

'만일 여자가 긴 머리가 있으면 그 여자에게 영광이 되지 않느냐(15a)'는 그 이유들을 $φύσις$푸시스가 가리키는 의미에서 찾아 증명하는 일이 필요하다. 14-15절은 문법적으로 $μὲν$멘… $δὲ$데… 이라는 구문의 문장구조 때문에 두 절이 하나의 짝을 이룬다. 이 점에 따르면, 본성은 '긴 머리가 남자

---

273) Thiselton, 『고린도전서』, 314.

의 품위를 떨어뜨리는 반면, '그러나 긴 머리가 여자에게 영광이 되는 것'이라고 고린도교인들에게 가르치고 있다.

'품위를 떨어뜨리는 것'과 '영광'이란 말은 바울이 앞에서 '수치(고전 11:4, 5, 6)'와 '마땅함 또는 적절함(고전 11:13)'이란 용어처럼, 자연세계로부터 추론될 수 없는 '문화적 개념'을 묘사하는 용어다. 일단, 이 점에서 'φύσις, 자연, 본성'은 '문화적 개념'임이 재확인된다. 문법적으로 볼 때, 남자들에게 긴 머리는 품위를 떨어뜨리는 것으로 간주되므로 14절은 이것을 부정하는 진술로 읽히지 않는다. 마찬가지로, 15절 하반절이 여자들의 긴 머리를 긍정적인 면에서 그 가치를 확인하고 있으므로 15절 상반절은 여자의 긴 머리를 부정하는 것으로 읽혀지지 않는다. 이러한 수사적인 질문들에 예상되는 대답은 '그렇다, 예' 이다.

"ἀνὴρ μὲν ἐὰν κομᾷ ἀτιμία αὐτῷ ἐστιν아네르 멘 에안 코마 아티미아 아우토 에스틴 : 만일 남자에게 긴 머리가 있으면 자기에게 부끄러움이 되는 한편,"이라는 조건절은 '현재-능동-가정법'이라는 문법구조를 가진다. 이 구조는 '어떤 상황 아래에 있는 것'이 '현재에 존재하는 일반적이거나 확실한 위치로부터 예상되는 것'을 나타내는 구조이다.274)

그런데 14절에서 남자에 대해 사용된 이 동일한 '현재-능동-가정법, ἐὰν κομᾷ에안 코마 문법구조'가 15절에서 여자에 대해서도 사용되어, 'γυνὴ δὲ ἐὰν κομᾷ δόξα αὐτῇ ἐστιν귀네 데 에안 코마 독사 아우테 에스틴 : 그러나 다른 한편, 여자가 긴 머리를 가지고 있으면 그 여자에게 영광이 된다'로 짝을 이루고 있다. 이 두 경우에 대해 14절 상반절이 "본성이 너희에게 가르치지 아니하느냐"라고 반문하는 것이다. 그 대답은 물론 '예'이다. 동일한 κομᾷ코마가

---

274) Robertson, *Grammar*, 1016(γ).

남자에게는 'ἀτιμία아티미아: 수치'로, 여자에게는 'δόξα독사: 영광'으로 기능한다. 이것이 본성의 가르침이다.

② 긴 머리는 쓰는 것을 대신(고전 11:15b)

15절 하반절을 통해서 바울이 계속적으로 진술하는 것은 공적인 장소에서 마땅히 취해야 할 머리카락의 모양에 대한 관심이다. 이 관심에 대해 피(Fee)는 "바울이 공적인 장소에서 여자들이 머리를 틀어올리는 것이 마땅하다고 생각함에도 불구하고, 바울은 여자들의 틀어올린 머리형태가 이루는 전체적인 외모가 아니라 '머리카락 그 자체의 상태'에 대해서 생각하고 있다"고 말한다.275)

이 구절은 15절 상반절이 말하는 여자의 긴 머리가 영광이 되는 이유에 대한 설명이다. 긴 머리는 남자에게는 수치가 되지만, 여자에게는 그것을 '머리 덮는 기능'으로 사용할 때, 여자의 영광이 된다는 것이다. 각 단어들을 분석해보자.

ὅτι호티는, 바울이 일상적으로 사용하는 것처럼, '이유를 나타내는 접속사'로 해석하는 것이 최선이다.276) 고린도전서 11장 4-6절에서 단어, κεφαλή케팔레는 '머리카락'의 의미로도 쓰인다. 유대 여자들은 긴 머리를 아름다운 것으로 간주한다(아가서 4:1; 6:5). 여기 "긴 머리는 가리는 것을 대신하여 주셨기 때문이니라 (ὅτι호티)"고 설명한다.

ἡ κόμη헤 코메의 사전적 의미는 사람의 해부학적 머리에 자라난 머리카락이나 여성의 긴 머리이다. 여기서는 예절을 지키는 여자들이 그들의 이

---

275) Fee, *1 Corinthians*, 528.
276) Robertson, *Grammar*, 962-963; BDAG, 732 4b.

삼(杉)단 같은 긴 머리를 자신들의 머리 위로 틀어올리는 것을 의미한다'고 규정한다.277)

BDAG는 전치사 ἀντί안티가 '…대신에, …의 자리에, 어떤 것이 다른 것과 동일한, …을 대신하여, …때문에, …목적을 위하여, 그러므로'의 의미를 지닌다고 설명한다.278) 그리고 특히 BDAG는 11장 15절 본문의 ἡ κόμη ἀντὶ περιβολαίου헤 코메 안티 페리볼라이우 구(句)를 '덮는 것과 동일한 긴 머리'라는 의미를 선택하여 해석해 주고 있다.279)

περιβολαιον페리볼라이온은 '몸의 많은 부분을 덮는 겉옷의 한 종류,'280) '휘둘러서 싸는 것, 시신용 수의나 여성용 머리덮개'281) 등을 의미하는 단어이다. 그런데, 전치사 ἀντί가 소유격을 요구함에 따라, 본문 ἡ κόμη ἀντὶ περιβολαίου δέδοται[αὐτῇ]헤 코메 안티 페리볼라이우 데도타이[아우테]에서 와 같이 'περιβολαίου페리볼라이우: 소유격 어미'로 변화되었고, 그 의미는 '맞교환' 즉 '긴 머리는 여자에게 덮개와 맞교환의 목적으로 주어졌다'고 본문을 선택하여 설명한다.282) 페인은 "바울이 전치사 ἀντί안티를 '…에 부가하여'라고 제시한 적이 없다. 따라서 이 전치사는 여자들이 그들의 머릿결 위에 부가적인 머리덮개가 필요하다는 의미는 없다. 자연이 예비해 준 것 외에 다른 베일이 필요하다는 견해는 적절하지 않다"고 주장한다.283)

---

277) BDAG, 557.
278) BDAG, 88-89.
279) BDAG, 89.
280) BDAG, 800.
281) LSJ, 1369.
282) BDAG, 88; Robertson, *Grammar*, 574.
283) Payne, *One in Christ*, 205.

스크로그스(Scroggs) 역시 이러한 해석에 동의하면서 만약 5절을 머리에 베일을 쓰는 것으로 해석한다면, "바울은 스스로 자기모순에 빠지는 결과를 초래하는 것이다"라고 지적한다.[284] 한글 성경은 이 부분을 제대로 반영하고 있다. δέδοται 데도타이는 '동사완료-수동형'으로서 '주어졌다'로 해석할 수 있다. 이 완료형은 영속적인 상태나 조건을 지시한다.[285]

본문은 다음과 같이 해석이 가능하다. "만일 남자에게 긴 머리가 있으면 자기에게 부끄러움이 되는 한편, (그러나) 다른 한편, 여자가 긴 머리가 있으면 그 여자에게 영광이 된다. 그 이유는 긴 머리는 여자에게 머리덮개와 맞교환의 목적, 즉, 긴 머리는 머리덮개로 주어졌기 때문이다. 이러한 내용을 그 사회문화적 관습이 가르치고 있지 않으냐(고전 11:14-15)."

d. 이런 관례가 없느니라 (고전 11:16)

16절은 사도바울이 고린도교회의 질문내용(예배시의 남자와 여자의 머리카락과 머리덮개에 대한 것)에 대한 답으로 주어진 내용이다.[286] '그런 관습/관례(τοιαύτην συνήθειαν 토이아우텐 쉬네데이안)가 없다'는 말은 남자들의 경우, 머리를 아래로 늘어뜨리거나(4절), 머리를 덮거나(7절), 긴 머리(14절) 모양으로 기도나 예언하는 관습이 없다는 것이다. 또 여자의 경우 머리를 풀어헤친 채로나(5절), 머리를 틀어 올리지 않고 늘어뜨린 상태로 (6, 13절) 기도나 예언하는 관습은 하나님의 교회에는 없다는 것이다.

---

284) Robin Scroggs, "Eschatological Woman," *Journal of the American Academy of Religion* 40 (JAAR 40:1972), 298.
285) Rogers, *New Linguistic and Exegetical Key*, 375.
286) R. C. H. Lenski, *The Interpretation of St. Paul's First and Second Epistles to the Corinthians* (Minneapolis: Augsburg Publishing House, 1937/1963), 429.

또 15절의 여자의 긴 머리(ἡ κόμη 헤 코메)가 '머리덮개와 맞교환 목적'으로 주어졌으므로, 굳이 별도의 머리덮개(κάλυμμα 칼륌마)를 긴 머리 위에 덮을 필요가 없음을 의미하는데, 이것은 일반사회에서 여자들이 정조개념을 나타내기 위해 쓰는 머리덮개를 사도바울이 수용하는 것으로 추정할 수 있다. 따라서 교회에서 여자는 긴 머리를 단순히 틀어올리기만 하면, 그것은 사회 관습에서 머리덮개를 쓰는 것과 같은 효과를 나타낸다고 말할 수 있다. 비록 머리덮개를 쓰는 교회관습은 없지만, 교회에서 여자들은 긴 머리를 틀어올리거나 머리덮개를 쓰면 된다는 것을 사도바울이 설명하는 것이라고 추정한다.

6) 결론

이미 언급했다시피, 고린도전서 11-14장은 공동체 예배 상황에 관한 가르침이 모여 있는 부분이다.[287] 또한 8장부터 이어지는 문화적인 적절함과 그 적절함을 유지하지 못했을 때 자신과 가족, 그리고 공동체가 겪게 되는 수치가 주된 문맥이다. '남에 대한 배려와 존중'이라는 의미는 이러한 문맥에서 나왔다. 따라서 지금까지 살펴 본 고린도전서 11장의 교훈은 고린도교인들이 예배 중에 질서 있고 품위 있으며, 사랑이 동기가 되어 공동체의 선을 이루는 방식으로 행동하도록 하려는 의도가 바탕이 되었다.

헤이즈(Hays)는 "스스로를 악기를 독주하는 영성의 대가(大家) 수준으로 여기는 고린도교회 교인들의 경향은, 특히 예배 중에 보이는 태도에서 가장

---

[287] Hays,『고린도전서』, 308.

두드러지게 드러난다. 서신이 그들에게 반복하여 상기시키는 바, 예배는 서로 간에 보완하여 온전해지는, 전체의 참여를 요구하는 공동체적 행위라는 것"을 지적한다.288) 예배자들은 이를 유념하고 예배 중에는 하나님의 영광만이 드러나도록 노력해야 한다는 것을 바울이 일깨우는 것이다.

학자들은 특히 상호성에 관한 구절들은(고전 11:7-12) 개인의 자유와 평등을 지나치게 내세운 나머지, 예배에서 사회가 보는 교회의 모습에 좋지 않은 면을 보이는 구성원들을 추측한다. 블롬버그는 현재 본문(고전 11:3-16)의 배경을 다음과 같이 열거한다.289)

> 그리스도 안에서 여성들이 새롭게 자유를 찾았기 때문에 고린도 교회에서 여성들이 기도하고 예언하였다(5a절). 오순절로부터의 기독교 전통은 그러한 관행을 확증해 주었고(행 2:18), 자유에 관해서 바울이 강조한 것과 잘 조화를 이룬다. 하지만 여성들이 단순히 예배 시에 예언한 것만이 아니라 사회적인 통념과 창조의 질서를 불필요하다고 무시하는 방식을 지적했다.290) 따라서 바울은 그들이 절제할 것을 권면해야 했다. 8-10장에서처럼 지식이 사랑으로 조절되어야 한다.

건드리-볼프(Judith Gundry-Volf)는 바울의 복잡한 견해들을 세 가지로 구분했다. "창조질서와 관습과 예절, 그리고 종말론/복음의 세 범주들 안에서, 머리모양의 통제, 남녀구별과 상호관계와 상호의존성을, 명예와 수치개념을 대조시키면서, 바울은 고린도교인들을 가르친다'고 제안한다.291) 티슬턴은

---

288) Hays,『고린도전서』, 309.
289) Blomberg,『고린도전서』, 238.
290) 티슬턴(Thiselton,『고린도전서』, 308): 지나친 자유와 성 평등 개념 내세우며 인습적 역할, 제약으로부터 벗어나고자 하는 일부 여성들에 대해 이야기함.
291) J. M. Gundry-Volf, "Gender and Creation in 1 Cor 11:2-16: A Study in Paul's Theological Method," in J. Adna et al. (eds.), *Evangelium, Schriftauslegung, Kirche* (1997), 151-171; Thiselton, *The First Epistle to the Corinthians*, 848.

전체 본문의 주요관점을 상기하기 위해, 예배공동체와 사회문화적 수치와 존중의 개념을 정리한 건드리-볼프의 견해를 소개한다.

> 다른 사람들에 대한 존중은 이 구절의 요지다. 즉, 타자 존중이란 적어도 예배시 하나님과 그리스도인들, 그리고 동료 그리스도인들을 바라보는 로마세계에 대한 존중을 의미한다. 사도바울은 이에 대해 성경신학적 바탕에 근거하여, 문화관습을 해석하였다.[292]

결론적으로 정리하자면, 고전 11:2-16은 온전한 예배와 다른 사람이 예배에 집중할 수 있도록, 그리고 더 나아가, 사회문화적 존중을 보여주는 남자와 여자의 머리 모양에 대해 이야기한다(고전 11:4-6). 그런데, 이 주장에 대한 근거를 창세기의 '창조기사'와 또 더 적극적인 의미에서의 '주 안에서의 새 창조'의 문맥에서 더 적극적으로 볼 것을 제안한다. 일부 학자들이 '창조질서'를 남성의 여성의 머리됨으로 규정하기 때문에 왜곡의 소지가 있을 수 있다. 그러나 창조기사에서 본 바와 같이, 하나님은 사람을 동등한 '남자와 여자: $\H{a}\rho\sigma\varepsilon\nu$ $\kappa\alpha\iota$ $\theta\H{\varepsilon}\lambda\upsilon$아르센 카이 델루'로 서로가 서로를 돕는 배필로 창조하셨다. "하나님께는 어떤 차등도 없다 … 주님 안에서(교회 내에서) 남자와 여자는 평등하다."[293] 그럼에도 불구하고, 일부 학자들은 '창조질서'를 남성의 헤드십(head-ship)으로 규정하는 등, 왜곡의 소지를 보이지만, 분석한 바대로, 배필로서 갖추어야 할 바른 윤리지침(사회관습)이 복음의 잣대에 맞으면, 준수하면 될 것이다.

---

292) Thiselton, 『고린도전서』, 318.
293) Thiselton, 『고린도전서』, 304-305

4. 예배의 질서와 타인 존중(고전 14장)

고린도전서 11-14장은 예배와 관련된 내용이다. 11장부터 바울은 계속해서 하나님의 거룩한 백성이 모인 모든 교회가 지켜야 할 교회 질서, 규칙을 제시하고 있다. 14장도 그 연장선상으로 방언으로 기도하는 것과 통역하는 것, 통역자가 함께 있지 않을 때 취할 태도, 그리고 예언할 때의 순서와 예언분별에 대한 지시가 중심을 이룬다. 그리고 더 넓게는 소위 영적이라고 자처하는 사람들에 의해서 발생하는 예배시간 남용에 대한 내용이 언급된다. 영적인 사람들로 자처하는 사람들 중에는 이교도 제의에서 하는 행동을 모방한 것으로 보인다. 그 결과 고린도교회의 예배는 심각한 무질서 상태가 야기된 것 같다.

이번 분석에서는 방언기도, 예언 및 예언분별과 관련된 단어해석과 그 단어사용의 배경연구를 중점적으로 다루려고 한다. 그리고 고린도전서 14장 34-35절이 이 연구와 부합되는 것인지를 비교하면서, 필자 나름대로의 잠정적인 결론을 도출하려고 한다.

고린도전서 14장 33b-35절은 짧은 본문이지만 매우 중요한 내용을 함축하고 있다. 근접문맥인 14장의 중요부분(26-40절)만을 해석하여 34-35절의 본문 해석을 위한 문법적 기초를 놓을 것이다. 곧이어 33절b-35절을 주석하면서 학자들의 견해들을 살필 것이다. 이때 34-35절 본문을 상이한 주제로 해석하는 여러 관점들을 비교 분석할 것이다. 헐리와 위더링톤의 '예언에 대한 여자들의 분별을 금지하는 것을 의미한다'는 관점과[294] 카슨과 바움의 '여

---

294) Ben Witherington III, *Women in the Earliest Churches* (Cambridge: Cambridge University

자들의 모든 발화를 금지하는 것'이라는 관점이다.295) 본 논술자는 14장의 근접문맥들의 일관성 여부를 그 잣대로 활용하여 이 두 가지 관점을 비교 분석할 것이다. 거기서 문제점들을 찾아내고 그 문제해결을 위해 간단한 사항을 제안할 것이다. 연이어 그 견해들을 14장 근접문맥과 11장과 7장, 그리고 서신 전체와 앞에서 분석한 갈라디아서와 창조기사와 타락, 그리고 새 창조에 근거하여 비교분석할 것이다.296)

1) 예언과 방언을 질서 있게 하라 (고전 14:26-40)

먼저 본문은 예배참석 중에 있는 남자와 여자 교인들에게 예언과 방언을 하는 태도와 질서에 관해 교훈하고 있다. 14장을 1-25절, 26-40절 두 부분으로 나누면, 전반부는 예배 중에 하는 예언을 다루고 있고, 후반부는 예배질서를 다루고 있다. 여기서는 후반부만을 중점적으로 다루면서 예배질서유지를 위해 어떤 중요한 점이 대두되어 34-35절의 명령이 나오게 되었을까를 추론할 것이다. 또 그 추론이 학자들의 견해들과 어떤 차이점들이 있는지 알아보고, 종합적으로 근접문맥과 고린도전서 전체와 갈라디아서 3장 28절, 그리고 창조 규례와 어떻게 일관성을 유지하는가에 대해 분석하고자 한다.

Press, 1988), 98, 259; Hurley, *Man and Woman*, 185-194.
295) D. A. Carson, *Showing The Spirit, A Theological Exposition of 1 Corinthians 12-14* (Grand Rapids: Baker Books, 1987), 122와 Armin D. Baum, "Paul's Conflicting Statements on Female Public Speaking(1 Cor. 11:5) and Silence(1Cor. 14:34-35)" in *Tyndale Bulletin* 65.2, 2014 (Cambridge: Tyndale House, 2014), 273.
296) 편집자 주. 신학총서 1권 "바울이 본 아담과 하와 - 창세기, 갈라디아서, 디모데전서의 남녀관"(헵시바총신여동문, 2017) 참조

a. 예배형식에 대한 정보 (고전 14:26)

고린도전서 14장 26절은 초대교회의 예배형식에 대한 대강적인 정보를 준다. 그 예배에는 예배인도자가 없고 회당에서처럼 토라를 읽는 사람도 없다. 대신에 각각 찬송시, 가르치는 말씀, 계시, 방언, 방언 통역함 등이 있는데, 전체 구성원들의 실제적인 참여행위라는 점이 인상적이다. 그리고 바울은 모든 것을 덕을 세우기 위해서 하라고 권면한다.

b. 예배 시에 방언으로 말할 수 있는 경우와 잠잠해야만 할 경우 (고전 14:27-28)

"만일 누가 방언으로 말하거든(εἴτε γλώσσῃ τις λαλεῖ에이테 글로쎄 티스 랄레이) 두 사람이나 많아야 세 사람이 차례를 따라 하고 한 사람은 통역할 것이요, 만일 통역하는 자가 없으면 교회에서는 잠잠하고(σιγάτω ἐν ἐκκλησίᾳ시가토 엔 에클레시아) 자기와 하나님께만 말할 것이요(ἑαυτῷ δὲ λαλείτω καὶ τῷ θεῳ에아우토 데 랄레이토 카이 토 데오)"

여기서 방언으로 말(기도)하는 사람도 통역자가 없으면 '잠잠하라(σιγάτω시가토)'는 명령을 받는다. 방언 통역자가 없으면 예배시간에 방언은 하지 말고 잠잠해야(σιγάτω시가토)만 한다. 이 금지는 33b-35절에 나오는 '어떤 여자들'에게 주어지는 형식과 내용이 비교되어야 하므로 중요하다.

27-28절은 잘못된 습관들을 교정하고 있다. 고린도전서 전체가 그렇듯이, 14장의 중요한 목적은 예배 태도에 대해 지시하는 정도에서 끝나지 않고 교정하는 것에 있다. 그레코-로마 세계에서는 종교행사가 시작되기 전에 조용

할 것을 명령하는 것이 관례이었다. 국가적 희생제사에서 "여러분, 말을 멈추시오!: favete linguis!"라는 명령이 떨어진다.297) 교회에서는 방언으로 말하는 것이 잠잠한 태도나 자기의 숨소리보다 낮추어 말하는 것, 즉, 자기와 하나님께 말하는 것은 허락되었으나 통역자 부재 시에는 침묵하도록 명령한다.

c. 예배 시에 예언해도 되는 경우와 잠잠해야만 할 경우 (고전 14:29-30)

본문은 "예언하는 자는 둘이나 셋이나 말하고($\lambda\alpha\lambda\varepsilon i\tau\omega\sigma\alpha\nu$ 랄레이토산) 다른 이들은 분별할 것이요($\delta\iota\alpha\kappa\rho\iota\nu\acute{\varepsilon}\tau\omega\sigma\alpha\nu$ 디아그리네토산), 만일 곁에 앉아 있는 다른 이에게 계시가 있으면 먼저 하던 자는 잠잠할지니라"고 지시한다. 이로써 예언하는 자들에게도 '잠잠하라($\sigma\iota\gamma\acute{\alpha}\tau\omega$ 시가토)'는 명령이 내리는 것을 알 수 있다.

예언할 때도 방언으로 기도하는 것처럼 두세 사람이 말해야 하고 다른 사람들은 조용히 분별해야만 한다(29절). 왜냐하면 그 예언이 부분적으로는 영감되고 부분적으로는 상상이 있을 수 있기 때문이다. 위더링톤(Witherington)은 "그 예언은, 분별 과정이 필요 없었던 구약 예언처럼 '주님께서 말씀하셨다는 식의 권위는 없었던 것으로 보인다. 기독교 예언은 성경이 '우리는 부분적으로 알고 부분적으로 예언하니(고전 13:9)'라고 언급하고 있듯이 일반적인 내용에 대한 권위는 가지고 있다"고 설명한다.298) 여기서 '분별한다'는 것은 구약에서 '거짓 선지자들'에게 하였던 심판과 혼동하지 말아야 한다. 본문에서 '분별의 대상은 예언 자체에 대한 것일 뿐 예언자들이 아니다. 한편, 예언은 일어서서 하고 다른 사람들은 앉아 있었다는 것을 제시한다. 만

---

297) R. M. Ogilvie, *The Romans and Their Gods* (New York: Norton & Co., 1969), 48.
298) Witherington, *Women in the Earliest Churches*, 92.

약에 계시가 앉아 있는 사람에게 갑자기 임할 경우, 일어서서 예언하던 사람은 잠잠하여야($\sigma\iota\gamma\acute{a}\tau\omega$시가토) 한다(30절). 이는 기독교 예언이, 사람이 그것을 분별하고 중단시킬 정도의 위로, 권면, 도전과 교훈의 말씀을 내포했다는 것을 의미한다.

예언자들은 바른 질서유지를 위해 한 번에 한 사람씩 예언해야 했다. 예배는 예배를 받으시는 하나님의 성품을 반영해야만 하였다. 세상 이교도들의 제의와는 달리, 바울의 관점 속의 성경적인 하나님은 무질서가 아닌 질서의 하나님이시고, 발표시간 확보를 위해 경쟁시키시는 하나님이 아니라, 평화의 하나님이심을 드러내는 내용이다.

2) 본문의 문장구조 (고전 14:33-36)

> 33절 "하나님은 무질서의 하나님이 아니시요 오직 화평의 하나님이시라 모든 성도가 교회에서 함과 같이"
> 34절 "여자는 교회에서 잠잠하라 그들에게는 말하는 것을 허락함이 없나니 율법에 이른 것같이 오직 복종할 것이요"
> 35절 "만일 무엇을 배우려거든 집에서 자기 남편에게 물을지니 여자가 교회에서 말하는 것은 부끄러운 것이라"
> 36절 "하나님의 말씀이 너희로부터 난 것이냐 또는 너희에게만 임한 것이냐"

14장 33절하반절부터 35절까지의 본문에 대해서는 헬라어성경의 본문비평에 나오는 이문분석(異文分釋)을 할 것이다. 동사 '잠잠하다: $\sigma\iota\gamma\acute{a}\tau\omega$시가토'가 14장 전체에서 방언과 예언할 때(27-30절)에도 동일하게 사용된 사례들을 살펴보겠다. 단어와 문법적 질문, 근접문맥 해석을 통해서 여자들만이 '$\sigma\iota\gamma\acute{a}\tau\omega\tau$시가토: 침묵하라'는 명령을 받은 것이 아니라는 점을 적용하여 분석할 것이다. 33절하반절을 33절상반절과 연결시켰을 때의 해석과, 33절하반절을 34절상반절에 연결했을 때 해석의 그 문법적인 차이를 주목할 것이다. 그리고 그 문법적 차이가 의도한 신학적 해석의 원인을 분석해 보고자 한다.

a. 33절 하반절 해석

이 부분은 학자들 간에 이견이 있다. 즉, 33절 하반절이 33절에 속한다는 해석과 34절 상반절에 연결된다는 두 가지 견해가 그것이다. 다시 말해 33절을 두 부분으로 나누고, 그 하반절인 "모든 성도가 교회에서 함과 같이"를 33절에 붙여 해석하려는 이들과 34절 앞에 두고 해석하려는 이들이다. 33절 상반절의 '하나님은 화평의 하나님이시라'는 부분과 34-35절의 여자들에 대한 지시는 모두 33절하반절이 없어도 내용상으로도 문법적으로 완전히 성립되기 때문이다. 따라서 여성의 침묵에 관한 34-35절의 구조를 분석하려면 33절 하반절을 33절 상반절과 함께 이어지는 독립된 33절로 보느냐, 아니면 34-35절 본문의 시작으로 보느냐를 결정해야 한다.

33절을 위한 본문비평란에는 ὁ θεὸς호 데오스가 θεὸς데오스로, 파피루스 45 F G - Ambst 사본들에서 이문(異文)으로 나타난다는 설명만 있을 뿐 다른 내용은 전혀 없다. 그러나 헬라어성경은 33절의 상반절과 하반절 사이의 공간이 넓게 비워져 있다. 이 때문인지 한글역 33절은 "하나님은 무질서의 하나님이 아니시요 오직 화평의 하나님이시니라 ○ 모든 성도가 교회에서 함과 같이"라고 하여 두 부분으로 분리시키고 있다. 33절의 남은 부분 "모든 성도가 교회에서 함과 같이"를 34절의 여자들의 침묵과 연계시키는데, 이에 대한 학자들의 견해를 비교하여 분석해보자.

① 33절 하반절이 34절과 연결된다는 주장

토마스(Thomas)는 33절 상반절의 마지막 단어 $εἰρήνης$에이레네스 다음에 ',콤마' 대신에 '.마침표'를 붙이고, 33절하반절의 $ἁγίων$하기온 다음에 ',콤마'를 붙임으로써, 새로운 문장과 문단이 33절의 중간에서 시작하여 34절과 연결시킬 것을 제안한다.299) 카슨(Carson)도 33절 하반절을 34절과 연결시켜 "성도들의 모든 교회에서와 같이, 여자들은 교회에서 침묵해야만 한다"로 해석하면서, 이것이 비록 한 내용 안에 동일한 단어 '집회(혹은 교회): $ἐκκλησία$ 에클레시아'가 두 번 언급되는 것이 '매끄럽지 않지만 힘 있는 강조'를 나타내기 때문에 이에 동의한다. 그리고 한편으로는 33절 상반절과 합하면 '의미가 진부하고 희석된다'고 말한다.300) 콜린스(Collins)도 33절 하반절은 34-36절의 소개에 해당한다고 말한다.301) 이에 대한 반대주장들도 있다.

② 33절 하반절이 34절과 독립된다는 주장

핫지(Hodge)는 33절 하반절을 33절 상반절에 붙여서 독립된 하나의 33절, "For God is not (the author) of confusion, but of peace, as in all churches of the saints."로 해석하므로 '33절 하반절이 34절과 연결된다'는 식의 언급은 전혀 하지 않는다.302) 바렛(Barrett)도 33절을 "for God is not a God of disorder but peace as in all the churches(or assemblies)of the saints."로 해석한다.303)

---

299) Robert L. Thomas, *Understanding Spiritual Gifts, A Verse-by-Verse Study of 1 Corinthians 12-14* (Grand Rapids: Kregel, 1978), 114.
300) D. A. Carson, *Showing The Spirit, A Theological Exposition of 1 Corinthians 12-14* (Grand Rapids: Baker Books, 1987), 122.
301) R. F. Collins, *First Corinthians*, SacPag 7 (Collegeville: Liturgical Press, 1999), 520.
302) Hodge, *1 Corinthians*, 303-304.
303) Barrett, *1 Corinthians*, 329.

동시에, 메츠거(Metzger)는 33절 하반절이 나뉘어서 34절과 연결되지 않는다는 것을 간접적으로 보여준다. 베자사본들(5/6세기의 D, 9세기의 F, 9세기의 G 등)은 34-35절은 14장의 끝 절인 40절 뒤로 위치가 변경된다고 말한다.304) 라틴어 사본에 나온 고린도전서 14장은 40절까지 계속적으로 기록되어 있고, 33절을 따라서 뒤에, 쪽 번호의 더 아래쪽 여백에 있는 기록으로 인도하는 기호(siglum)가 뒤따른다. 여기에는 36-40절까지의 본문이 제공된다. 메츠거는 필경사가 '사실상 34-35절을 본문에서 삭제함이 없이' 제외하고 읽을 수 있도록 한 것이 아닐까 하는 추측을 덧붙인다.305) 메츠거의 설명은 그가 34-35절이 33절과 연계되지 않고 독립적이라는 의미를 함축함과 동시에, 33절 또한 독립된 '하나의 온전한 절'로 인정하고 있다는 점을 보여준다.

헤이즈(Hays)도 33절 하반절이 26-33절의 문단에 속하는 것으로 본다.306) 또한 키너(Keener)도 33절 하반절에 대해 "'모든 성도가 교회에서 함과 같이'라는 구는 32-33절에 속하는 것이며 34-35절에 속할 수 없다. 이유는 33절 하반절을 34절과 연계시켜 '하나의 내용'을 만들었을 때, '교회에서'라는 동일내용에 동일한 말을 반복함으로써 불필요한 과잉표현이 되기 때문이다(비교 고전 7:17; 11:16)"라고 주장한다.307)

③ 평가

토마스의 구두점 지시에 따른 33절의 문장 분리의 경우를 생각해보자.

---

304) Bruce M. Metzger, *A Textual Commentary on the Greek New Testament,* Second Edition (Stuttgart: Deutsche Bibelgesellschaft, 1994), 499.
305) Metzger, *A Textual Commentary on the Greek New Testament,* Second Edition, 499-500.
306) Hays, *1 Corinthians*, 244.
307) Craig S. Keener, 1-2 Corinthians, NCBC (New York: Cambridge University Press, 2005), 116.

오늘날 우리의 문법 이해에서 분리를 위해서는 '마침표와 콤마는 필수적일 수 있다. 그러나 문제는 바울 서신들이 처음에는 단어나 문장들 사이에 공간이 전혀 없이 '대문자(Uncials) 서적체'로 기록되었으며, 9세기 초반에 '소문자(minuscules) 흘림체'로 사용되기 시작되었다는 점이다.308) 그리고 신약성경에 구두법이 찍히기 시작한 것은 주후 3세기였고, 그것은 8세기까지 간혹 사용되기만 하였다.309) 따라서 토마스, 카슨과 콜린스의 분리방법과 설명은 너무 단순하여, 과연 바울의 의도와 일치할까에 대해서는 여전히 의문이 있으므로 더 많은 연구가 필요하다고 본다.

특히 콜린스는 33절 하반절이 34-36절의 소개에 해당한다고 주장하는데, 만약 그가 34-35절만을 언급하였다면 그것은 토마스와 카슨과 동일한 내용이므로 같은 주장 중의 하나, 즉, "교회에서 여자들은 잠잠하라"고 여자들에게 하는 명령으로 이해할 수 있다. 다시 말해 '여자들'에 대한 침묵과 복종 명령은 35절에서 끝나는데, 콜린스는 헬라어본문 36절까지를 연장하여 포함시켰다는 것이다.

그러나 이때 우리는 "너희에게만 (임한 것이냐"라는 질문의 '남성복수' 형태에 주목할 필요가 있다. 만약에 34-35절 본문이 여자들에게 명령하는 것의 연장으로서 "(너희) 여자들에게만 임한 것이냐'라면, 바울은 반드시 여성형을 썼을 것이다.310) 그러나 그가 '남성복수'를 사용했다는 것은 고린도 교회의 남녀 성도 모두에게 질문하고 있다는 것을 의미한다. 이것은 '남자들만이 아닌, 남자와 여자들의 집합체'에게 총칭적으로 사용되는 경우를 나타내므로, 헬라어 문법에 의하면 콜린스의 본문에 대한 이해와 해석은 다소

---

308) Metzger, 『사본학』, 24.
309) Metzger, 『사본학』, 24.
310) 이순한 역편, 『신약성서 헬라어』 (서울: 한국기독교교육연구원. 1996), 28-29.

4. 예배의 질서와 타인 존중 (고전 14장)   157

부족하다고 평가할 수 있다.

　다른 한편, 33절 하반절이 33절 상반절과 합하여 하나의 33절이라는 핫지와 같은 학자들의 견해에 의하면 헬라어 본문 οὐ γάρ ἐστιν ἀκαταστασίας ὁ θεὸς ἀλλὰ εἰρήνης Ὡς. ἐν πάσαις ταῖς ἐκκλησίαις τῶν ἁγίων우 가르 에스틴 아카타스타시아스 호 데오스 알라 에이레네스. 호스 엔 파사이스 타이스 에클레시아이스 톤 하기온에서 "성도들의 모든 교회에서와 같이 하나님은 무질서의 하나님이 아니요 오직 화평의 하나님이시니라"는 해석 도출이 가능하다. 물론 이때 Ὡς호스의 대문자는 소문자로 바뀌어야 한다.

　위에서 보았듯이 핫지, 헤이즈, 바렛, 메츠거와 키너의 해석에는 해석의 배경에 상이점들이 다소 있다. 핫지와 키너는 32절이 말하는 바 '예언자들의 영은 예언자들의 영에 의해서 제재를 받는 이유'가, 질서와 화평에 대해 설명하는 33절이라고 본다. 특히 키너는 거기에 더하여, 34절의 '교회에서: ἐν ταῖς ἐκκλησίαις엔 타이스 에클레시아이스라는 구의 반복은 과잉표현이 되어 불필요한 것으로 본다. 헤이즈도 핫지와 유사하다. 단지 그 관련본문의 범위를 넓혀 33절 하반절이 26-33절에 나오는 예배와 관련된 전체문단에 속하는 것으로 보는데, 이 주장을 필자는 바른 관점이라고 평가한다.

　바렛과 메츠거의 경우는 그 내용이 34-35절의 삽입설과 직간접으로 관련이 있어 보인다. 바렛의 경우, 만일 34-35절을 삽입으로 볼 경우 33절이 36절과 내용적으로 조화를 이룬다. 한편, 33절 하반절이 34절에 나오는 고린도교회의 무질서의 특별한 사례를 소개하기 위한 목적이라면 '교회에서'라는 말이 부적절한 문장구조가 되므로, 34절을 새로운 내용의 시작으로 보아야 한다'고 해석한다.311) 이 말은 33절 하반절을 34절과 단절시켜야 함을 의미한다.

메츠거의 경우, 그의 비평책에서 "14.34-35 include verses here {B}; Following ver.33"라고 쓰고 있다. 그가 먼저 14.34-35라고 명기함으로써 이 본문이 독립된 구임을 명시하고 있다. 이는 동시에 33절도 독립된 것임을 간접 제시한다. 이것은 당연히 33절의 해석은 핫지 등이 한 내용과 동일함을 의미한다. 또한 메츠가가 표시한 부호 {B}는 본문의 '확실성의 등급(확실성여부에 대한 등급)'을 나타내는 것인데, 34-35절 본문이 삽입되었다는 학자들의 삽입설까지 감안하면 본문내용의 확실성 여부는 {B} 등급을 즉, '본문이 거의 확실함'이라고 결론을 내린다. 이에 근거하여 우리는 34-35절과 33절을 각각 독립된 절의 내용으로 해석하게 된다.

첫째, 34절의 '교회에서: ἐν ταῖς ἐκκλησίαις엔 타이스 에클레시아이스'라는 문구와 33절 하반절의 '모든 성도가 교회에서 함과 같이: Ὡς ἐν πάσαις ταῖς ἐκκλησίαις τῶν ἁγίων호스 엔 파사이스 타이스 에클레시아이스 톤 하기온'가 문장 구조상 분리됨으로써, 바울이 하나의 내용을 구사하기 위한 구절에서 '유사한 용어'를 이중적으로 구사하지 않았음을 보여준다. 이는 바울의 단어선택이 과잉이 아니었음을 뒷받침한다.

둘째, 하반절과 상반절이 합하여 33절의 의미로 해석할 때는, '모든 하나님의 교회'에서 '하나님은 무질서의 하나님이 아니고 화평의 하나님'으로서 하나님의 정체성과 통치의 영역이 설명된다. 무질서는 하나님과의 화목. 즉 샬롬이 없는 영역의 상태이다. 그러나 그리스도 안에서 구원받아 새로운 피

---

311) Barrett, *1 Corinthians*, 330.

조물인 성도들의 모임은 지구상 어디에서든지 하나님의 샬롬과 질서의 영역이므로 그 통치영역은 확대된다. 하지만 33절 하반절이 34절에 붙으면, 여자들이 침묵해야 하는 장소인 교회 안으로 하나님의 통치 영역 개념은 반감되는 것으로 해석될 수 있다.

셋째, 이 분석은 단순하지 않지만, 두 구절이 독립구라는 주장을 한 메츠거의 주석을 근거로 34-35절의 삽입절 여부를 규명하는 데 기여하는 장점도 있다.

④ 33절 본문 확정

이상으로 여러 학자들의 견해를 통하여 필자도 33절 하반절을 상반절과 합하여 33절 전체를 하나의 독립된 절로 간주하여 οὐ γάρ ἐστιν ἀκαταστασίας ὁ θεὸς ἀλλὰ εἰρήνης. Ὡς ἐν πάσαις ταῖς ἐκκλησίαις τῶν ἁγίων 우 가르 에스틴 아카타스타시아스 호 데오스 알라 에이레네스. 호스 엔 파사이스 타이스 에클레시아이스 톤 하기온 즉 "성도들의 모든 교회에서와 같이 하나님은 무질서의 하나님이 아니요 오직 화평의 하나님이시니라"로 33절의 본문해석을 확정한다.

b. 14장 36-40절

34-35절을 해석하기 위한 문맥의 자료를 얻기 위해서 그동안 고린도전서 전체와 바로 앞의 근접문맥인 14장 26-33절을 분석하였다. 이제 마지막으로 뒤따라오는 문맥인 36-40절을 순서대로 살펴보는 것이 필수이다. 그 두 근접문맥 해석들을 염두에 두면서 34-35절을 해석하고 학자들의 견해들을 고찰한 후, 최종적으로 남녀 관련 본문들인 고전 7:1-14, 11:2-16, 14:34-35 본

문들과 함께 비교분석하면서 결론을 내릴 것이다.

> 36절 "무엇이라고! 하나님의 말씀이 너희로부터 난 것이냐 또는 너희에게만 임한 것이냐"

ἤ에는 불변화사, 접속사, 등위접속사로서, 고린도전서 전체에서 12회 (1:13; 6:2, 9, 16, 19; 9:6, 8, 10; 10:22; 11:13/이문으로; 14:36x2) 등장하며, 주로 강력한 수사적 질문들에 사용된다.

36절에서 고린도교인들에게 던지는 직접적인 질문에 대해 피(Fee.는 말한다. "그들이 자신들의 규칙을 만들려는 것과 그들 자신의 말을 마치 하나님의 말씀과 대등하거나 권위가 있고 충만하다고 생각하고 있었다는 점이다. 이에 대해 사도바울은 하나님의 말씀(그리스도의 복음)을 역사적인 관점에서 인식시키려는 것이다".312) 티슬턴(Thieselton)은 "하나님께서는 바울의 지시를 거부하거나 다른 교회들과의 접촉을 끊으라고 말씀을 주신 것인가?"라는 피(Fee)의 말을 첨부한다.313) "혹은 하나님의 말씀이 너희로부터만 난 것이냐?"라는 다소 비꼬는 듯한 질문은 "모든 기독교 진리가 마치 너희 고린도교인들이 근원이 되어서 파생되었다는 말인가? 아니다!"라는 뜻이다. 그리고 "혹은(또는) 너희에게만 임한 것이냐?"는 질문은 "세상에 다른 신자들은 없고 단지 고린도교인들만 존재하여 그들에게만 임한 것이냐? 그것도 아니다!"라고 꼬집고 있는 것이다.

따라서 36절의 불변화사 ἤ에의 기능은 생각이나 신념을 반대하거나 분리시키는 역할을 한다. 실제로 고린도전서에서 바울이 논박할 때 그들의 선언을 인용하는 경우들이 있다(고전 1:13; 6:9, 16; 10:22).

---

312) Fee, 1 Corinthians, 710; Witherington, Women in the Earlist Churches, 98.
313) Thieselton, 1 Corinthians, 1161.

① 남성복수($μόνους$모누스) '너희'의 정체성을 한정시키는 격변화형

토마스는 36절의 '너희'는 '여자들'을 지칭한다고 말하고,[314] 오델-스코트(Odell-Scott)는 고린도교회의 '남성들'을 비평한다고 말한다.[315] 그러나 이 두 해석들이 바른 것인가에는 의문이 남는다.

오델-스코트의 경우, $οἱ ἄλλοι$호이 알로이 (29절)와 $εἷς$에이스 (27절)처럼, 전체본문이 남성격변화로 되어 있고 36절의 $μόνους$모누스도 남성복수를 나타내므로 이에 대해 놀랄 것 없이 '남자들만'을 지칭하는 것으로 볼 수 있다고 말한다. 그런데 두 질문들이 ἢ에로 시작되고, 처음 질문은 바로 선행하는 문장과 연관된다는 점을(고전 6:2, 9, 16, 19; 9:6) 고려할 때 이 본문의 첫 번째 ἢ에는 35절과는 연관되지 않는 것으로 나타난다. 만약에 35절과 연관된다면 오델-스코트의 해석은 문법적인 면을 고려할 필요도 없이 틀렸다고 말할 수 있다. 그 이유는 모두가 아는 대로, 35절은 '여자들'에 관해서만 말하기 때문이다. 그렇다면 '여자들'로 해석한 토마스의 견해는 어떤가? 비록 선행절인 35절은 여자들에 대한 내용이므로 생각할 필요도 없이 '여자들'을 말한다. 그런데 중요한 점은 36절은 34-35절에서 언급한 '율법과 수치' 때문에 침묵과 복종을 요구당하고 있는 여자들과는 전혀 관계가 없다는 점이다. 반면, 33절과는 완벽한 문장의 흐름을 이어가면서 반론하는 것이 두드러진다.

> 33절 "모든 성도의 교회들에서처럼, 하나님은 무질서의 하나님이 아니시고 화평의 하나님이시다"

---

314) Thomas, Understanding Spiritual Gifts, 117.
315) D. W. Odell-Scott, "Let the Women Speak in Church, an Egalitarian Interpretation of 1 Cor 14:33b-36," BTB 13:3 (1983), 90-93.

36절 "ἤ에(혹은/그런데) 하나님의 말씀이 너희에게서 시작되었느냐? ἤ에(혹은) 너희에게만 임한 것이냐?"

'모든 성도들의 교회들(33절)'도 남녀혼성이고, '너희에게'(36절)도 남녀혼성이다. 이런 혼합성별의 구성은 33절과 36절을 연결시키는 요소다. 이런 해석은 콘첼만(Conzelmann) 같은 학자들이 34-35절을 삽입설로 보는 이유 중의 하나이며, 우리의 해석을 재고하게 만드는 근거이다.316)

위더링톤(Witherington)은 삽입설과는 무관하게 중간의 34-35절 본문을 빼고, "36절은 33절 하반절에 있는 의도와 내용에서 분명한 유사점이 있다. 그것은 명확하게 여자들에게만이 아니고 '너희 모두'에게 적용되는 응축된 진술이다. 왜냐하면, 바울은 '너희에게만'을 위한 '여성복수형' 대신에, 혼합된 성별의 청중을 지시하는 '남성복수형'을 사용하기 때문이다"고 상세하게 주석한다.317) 위더링톤은 '성도들'의 복수소유격 $τῶν\ ἁγίων$톤 하기온으로부터, 혼합된 성별이라는 점을 바로 인식했기 때문에 옳은 주석을 했다고 본다. 따라서 콘첼만이나 위더링톤의 33절과 36절 해석에 의하면, '너희'를 '여자들'이라고 말한 토마스의 해석도 틀린 것으로 확인된다. 본문의 '너희'는 단순히 14장의 다른 본문처럼 남녀 혼합성별일 때, '총칭적인 목적으로 남성복수형'을 사용하는 문법을 따르는 것일 뿐이다.318) 사도바울은 그때, 남자와 여자들을 포함한 '모든 고린도교회 성도들'에게 충고의 말을 하고 있다는 해석이 옳다고 평가한다.

---

316) Conzelmann, 1 Corinthians, 246.
317) Witherington, *Women in the Earliest Churches*, 98, 259, n110.
318) Richard S. Cervin, "A Note Regarding the Name 'Junia(s)' in Roman 16:7" in New Testament Study, Vol. 40, 1994, 467-470.

② 36절이 전체본문(고전 11-14장) 해석에 주는 열쇠

"ἢ에(혹은, 그런데) 하나님의 말씀이 너희에게서 시작되었느냐?
ἢ에(혹은) 너희에게만 임한 것이냐?"

ἢ에와 μόνους모누스에 대한 문법분석은 바른 해석에 이르렀다는 것을 보여주는 유효한 열쇠이다. ἢ에는 언제나 분리를 위한 불변화사가 아니며, 접속사도 될 수 있음을 나타낸다. μόνους모누스는 이 구절이 남녀혼합성별을 향한 바울의 지시라는 것을 이해시키는 역할을 한다. 위더링톤은 "고린도전서 11-14장은 고린도 교인들의 영적 내용들의 남용에 대한 바울의 반응이 일정기간 동안 계속해서 쌓여서 일어난 전형적인 격함으로 이해되어져야만 한다. 고린도교인들은 독자적인 방식을 추구하고 있었다"고 설명한다.[319]

3) **고린도전서 14:34~35 본문 확정**

본문비평장치 내용 [320]

34-35절의 본문비평란은 "<vss 34/35> pon. p. 40 D F G a b vgms; Ambst" 라고 표기되어 있다. 이 표기용어를 해석하면 다음의 의미이다.

< > = enclosing words로서 선택적으로 읽을 수 있다.
pon. = ponit, place(s), transpose(s);
p. = post, after;
Ambst 는 암브로시아스터 교부의 성구집을 의미한다.

---

319) Witherington, *Women in the Earliest Churches*, 99.
320) NA 27, 466.

이 기호들은 선택해서 읽기를 제안하는 것을 표시한다. 즉, "하나의 선택적 읽기로서, '34-35절은 40절의 뒤에 위치한다'는 것이다. 그리고 이 읽기는 D F G a b vgms 사본들과 암브로시우스의(366-384)의 성구집에 나온다"라는 본문비평해석이 가능하다.

본문 비평을 얼핏 보더라도 이 34-35절 본문이 사본상 모종의 문제를 가지고 있다고 생각된다. 학자들은 크게 두 가지 견해를 제시한다. 하나는 바울 후대의 삽입설이고, 다른 하나는 와이어(Wire.처럼 필사과정에서 필사자가 누락시킨 것을 14장 40절을 끝낸 후에 발견하고 난외주에 기록했다는 견해이다.[321] 이 두 견해들 중 삽입설에 대한 학자들의 관점과 해석 경향을 간단히 살펴보자.

> 34절 "모든 성도가 교회에서 함과 같이 여자는 교회에서 잠잠하라 저희의 말하는 것을 허락함이 없나니 율법에 이른 것같이 오직 복종할 것이요"
> 35절 "만일 무엇을 배우려거든 집에서 자기 남편에게 물을지니 여자가 교회에서 말하는 것은 부끄러운 것임이라"

위의 두 절의 본문에 대한 해석은 크게 다음 네 가지로 나눌 수 있다.

- 바울은 모든 교회 모임에서 여자들의 침묵을 요구했다.
- 바울은 어떤 요구조건을 허용하는 의미로 여자들이 침묵할 것을 요구하였다.
- 이 절들은 자칭 고린도 예언자로 주장하는 자의 거짓예언을 인용하는 것이다.
- 이 절들은 하나의 삽입이다.

---

321) Wire, *Women Prophets*, 149-152.

우리는 이 두 본문을 해석하기 위한 준비 작업으로 고린도전서 14장 26-40절을 살펴보았다. 그 본문은 남녀가 함께 드리는 예배질서에 대해서 언급하는데 방언기도와 예언에 관해 먼저 나온다. 특히 '질서유지'를 위하여 방언의 경우, 통역자가 없으면 잠잠하라(σιγάτω ἐν ἐκκλησίᾳ시가토 엔 에클레시아: 28절), 예언의 경우, 예언자가 말한 예언은 다른 사람에 의해서 분별되어야 한다는 점, 처음 예언자가 예언하는 도중에 다른 예언자에게 계시가 임하면 처음 예언자는 잠잠하라(ὁ πρῶτος σιγάτω호 프로토스 시가코: 30절)는 지침이 나온다. 이 지침의 대상에는 성별 구분이 없이 방언, 예언, 예언분별 등은 남녀 성도들이 함께 모인 예배공동체에 내린 지시이다. 이것은 질서의 하나님께서 세우신 교회가 마땅히 준수해야 할 내용이다(33절).

그런데 34-35절에서 갑자기 '여자는 교회에서 잠잠하라 그들에게는 말하는 것을 허락함이 없나니 율법에 이른 것같이 오직 복종할 것이요 만일 무엇을 배우려거든 집에서 자기 남편에게 물을지니 여자가 교회에서 말하는 것은 부끄러운 것이라는 지시가 나온다.

먼저 34절 하반절에 대해 한글역은 "여자가 교회에서 말하는 것이 부끄러운 것이라"로 번역하고 있으며, 영역은 "For it is shameful for a woman to speak in church."로 해석하고 있다. 이는 γυναικί귀나이키를 λαλεῖν랄레인의 주격으로 본 것 같다. 헬라어 문법에서 두 번역은 '교회에서 말하는 것은 여자에게 수치(For it is shameful to speak in church to woman.)라는 의미이다.

또한 이지시는 14장 1-33절에서 남녀 공동체가 권면 받는 대상이라는 점과는 달리, 지시의 대상이 갑자기 여자들로 바뀌는 문맥적 상충을 드러낸다. 1-33절에서, 여자들도 남자들과 함께 방언자요 예언자요 예언분별자들로서 '말해오던(λαλίω랄리오)' 사람들이었다는 점에서 볼 때 불가해(不可解)하다.

또 하나는 문법적으로 수용할 수 없는 부분이 바로 36절 하반절의 '하나님의 말씀이 너희에게만 임한 것이냐에 나오는 μόνους모누스(μόνος모노스: only, alone의 남성복수 목적격)의 성의 격변화에 대한 것이다. 만약 34-35절이 1-40절 중의 정상적인 일부라면, 36절은 35절에 나타나는 여성 성별을 이어받아야 하므로, 여성격변화가 나타나야 한다. 즉, μόνας모나스(μόνος모노스의 여성복수 목적격)가 바른 문법표기이다. 그러나 본문은 남성복수격인 μόνους모누스를 정확히 보여준다.

이때 우리가 이 μόνους모누스를 접하면서 문법적으로 추정할 수 있는 점이 하나가 있다. 바로 이 36절은 33절과 연관되는 것이 아닐까 하는 추정이다. 왜냐하면, 1-33절까지에는 고린도교인들이 스스로 '선지자나 신령한 영적인 사람들(37절)'이라고 자처하면서, 모든 은사들을 하나님으로부터 직접 받은 것이라고 생각하는 사람들이 많았기 때문에 '고린도교인들 너희에게만 임한 것이냐고 사도바울이 깨우치는 질문에 사용한 단어이다. 즉, '남녀 성도들의 공동체'를 향해서 말하고 있으므로, 이때 사용되는 '남성복수격변화는 '총칭적인 성별'을 위한 것으로 이해할 수 있다.[322]

35절의 이러한 문법적 비일관성과, 36절이 33절과 이어질 때 오히려 문법적으로 자연스러운 일관성을 보여준다는 점은 '34-35절이 삽입절이 아닐까 하는 의구심을 갖게 만든다.

이런 해석적인 추정은 위더링톤과 헐리가 34-35절의 '여자들의 예언분별

---

322) Ben Witherington III, *Women in the Earliest Churches* (Cambridge: Cambridge University Press, 1988), 98, 259, n110; Richard S. Cervin, "A Note Regarding the Name 'Junia(s)' in Roman 16:7" in *New Study*, Vol. 40, 1994, 467-470.

을 금지하는 것'이라는 주장은 바른 해석이 아님을 뒷받침하는 근거다. 또한 카슨과 바움이 '여자들이 말하는 모든 것을 금지한 것'이라는 주장도 문법적으로 설 자리가 없다. 위더링톤과 헐리의 주장은 남녀 예배공동체에게 적용했던 33절까지의 지침에서 볼 때 '존재할 수 없는 제안'이므로 오역이라고 말할 수 있다. 한편, 카슨과 바움의 주장 역시 일반사회의 관습을 적용한 '뜬금 없는 제안'이므로 오역이라고 추정한다.

14:26-40에는 예배 질서를 위해 침묵하라는 지시가 '두 부류의 은사자들(남녀 방언자와 예언자들)'에게 주어졌지만(26-33), 34-35절에서 '여자들에게만 내린 지시는 14:1-33, 36-40에서 말하는 지시와는 달리 그 근원을 찾을 수 없는 전혀 다른 성격의 지시다.

이제 이 두 구절에 대한 학자들의 다양한 해석과 삽입설을 간략히 살펴본다. 삽입설을 반대하는 학자들의 주된 논점은 이 두 절의 생략을 선호하는 사본이 부족하다는 점이다. 그러나 페인(Payne)은 지적한다. "34-35절은 모든 초기 소문자 사본과 모든 서방 사본들에서 40절 뒤에 나온다. 즉, 생략된 사본들이 어떠한 사본들이 있는가보다는, 뚜렷하게 다른 두 개의 사본 전통이 존재하게 된 이유를 설명하는 데 주의를 기울인다."[323]

분명한 것은 두 가지 형태, 즉, 34-35절이 40절 뒤에 들어간 서방 사본들과 33절 뒤에 들어간 다른 사본들이 매우 이른 시기, 즉, 디모데전서가 저작된(주후 67년) 시기에 고린도전서 14장을 디모데전서 2장의 내용과 일치시키기 위해 나타났을 가능성이 많으며,[324] 이 두 전통이 수세기간 지속되

---

323) Payne, *One in Christ*, 220-267.
324) Carson, "Silent in the Churches" in *RBMW*, 142; Payne, *Man and Woman*, 266.

었다는 것이다. 라틴어 불가타의 영향을 받아 34-35절을 33절 뒤에 두는 것은 주후 4-5세기까지 계속되었다.325) 간략히 말해서 현재 34-35절에 대해 두 가지 전통이 등장한 이유는 다음 세 가지 가능성을 유추할 수 있다.

첫째, 이 구절들이 원래 33절 뒤에 있었으나 40절 뒤로 옮겨졌거나, 둘째, 반대로 원래 40절 뒤에 있었지만 33절 뒤로 옮겨졌다. 셋째, 원래는 본문에 들어 있지 않았으나 후에 두 곳 즉, 33절과 40절 뒤에 각각 더하여졌다는 것이다. 그러나 이렇게 다르게 필사가 이루어지게 된 이유를 설명하기란 매우 어렵다.

페인은 바울서신 필사자들이 이런 방식으로 필사한 일이 없음을 역사가 보여주며, 특히 이 본문에 관한 한 어떤 필사자도 34-35절의 자리를 사본의 증거가 없이 바꾼 적이 없다는 것을 주장한다. 그는 결론적으로, 실수였든 고의였든 본문에는 어순 변화와 생략, 재삽입이 일어났다는 것은 사실임을 지적한다.326)

다시 환기하자면 11장의 예배 시의 머리 모양과 이어지는 성찬 등에 이어서 본문은 하나님의 거룩한 백성의 모든 교회가 지켜야 할 또 다른 교회 질서 규칙을 제시하고 있다는 것이다(33b.. 학자들 중에는 $\sigma\iota\gamma\acute{\alpha}\omega$는 문맥으로 볼 때 좀 더 넓은 의미로 이해하여야 한다고 하는 이들도 있다. 티슬턴은 여자는 침묵하는 법을 배워야 한다고 제안하는데,327) 회중에게 말해서는 안 된다는 NEB 등의 번역은 여자들이 기도와 예언을 하는 앞 내용(11:2-16)과 분명 모순된다. 그는 "예언의 말씀이 설교를 포함하는 것이 옳다면, 침묵이 공적 설교나 예배 인도를 거부할 가능성은 거의 없다"라고 말한

---

325) *Nestle-Aland Greek-English New Testament 27th Edn*, (Deutsche Bibelgesellschaft), 21.
326) Payne, *Man and Woman*, 265-267.
327) Thiselton, 『고린도전서』, 444

다. 상황을 추측하자면 "말하는 사람의 콧대를 꺾으려는 기회를 찾다가 보니 오히려 자유를 남용하고 '질서'를 무너뜨리는 결과가 나오는 시나리오를 상상하기는 그리 어렵지 않다"라고 해석한다.328)

학자들 중에는 바울이 공적 모임에서나 가정에서 남편과 아내 사이의 존중뿐만 아니라(11:2-16), 예배 시의 질서나 무질서가 '외부인' 혹은 불신자들에게 미치는 영향에 대해서도 관심을 기울인다(14:25)는 문맥에 의지해서 상황을 추측하기도 한다.

위더링톤은 "여자들이 '규칙을 제시하거나' 혹은 주도적으로 질문을 제기함으로써 남편의 예언을 판단하고 있었다면 예배가 한 가족의 집안싸움으로 전락할 수도 있었다"는 사실을 관찰한다.329) 헐리 역시 여자들이 다른 예언자들의 예언을 분별하기 위해 회중 앞에 섰을 때, 예언을 분별하거나 방언통역 은사를 가진 자신들(29절)을 여선지자나 신령한 자들로 생각하였다는 것(37절)과 관련된다고 하였다.330) 이 두 학자의 견해는 예배 상황 중, 혹은 은사를 사용하는 중에 잘못된 태도를 가정한 것이라고 본다. 그러나 카슨과 바움은 문맥과는 상관없이 '여자들의 모든 발화(發話)' 자체가 금지된다'는 견해를 제안하고 있다. 34절의 '여자들은 교회에서 잠잠하라'에 대해 카슨은 다음과 같이 해석한다.331)

> 바울은 고린도 교회의 예언 사역을 주의 깊게 분별할 것을 요청하고 있다. 고린도전서 11장에 나타난 것처럼 여자들도 예언하는 일에 참여했다. 그럼에도 불구하고, 바울은 여자들은 구두로 예언 분별하는 일에는 참여하지 말아

---

328) Thiselton, 『고린도전서』, 445-446.
329) Witherington, *Women in the Earliest Churches*, 102.
330) Hurley, *Man and Woman*, 185-194.
331) D. A. Carson, *Showing The Spirit: A Theological Exposition of 1 Corinthians 12-14* (Grand Rapids: Baker Book House, 1987), 129.

야 한다고 지적한다. 그것은 교회에서는 허용되어서는 안 되었다. 그것과 연관하여 '율법이 이르는 바와 같이' 여자들은 말하는 것이 허락되지 않았다.

바움은 여기에 더하여 "여성의 정절과 여성의 침묵에 대한 법 때문에 예언분별뿐만 아니라 여자들의 모든 발화 자체를 금지한다"고 해석한다.[332] 그의 주장에서 바움은 카슨이 제시하는 '율법이 이르는 바'를 '여성의 정절과 여성의 침묵에 대한 법'으로 대체시킨다. 반면, 바움은 남성의 지도력을 인정하고 여성의 정절 준수의 태도가 구비될 경우에는 예외라는 전제조건을 주장함으로써 '모든 여성발화금지'를 주장하는 카슨과는 차별된다.

4) 결론

바움이 제시하는 '여성의 정절'에 대한 것은 고린도전서 11장 5절에 제시되어 있다. 이것은 그 이후 계속되는 16장까지의 서신에 효력을 미친다. 이것은 예배질서에 대한 지시가 많은 14장에도 당연히 적용되어야 하므로 별도로 지시할 필요가 없다.

정절에 관한 한 여성정 절은 반드시 지켜야 할 창조규례이며, 남성 정조도 이 창조규례에서 예외일 수 없다. 여자의 정절만이 아니라 남자도 정절을 지켜야 한다(창 2:23-24). '남자와 여자 두 사람이 한 몸을 이룬다는 것'은 서로에 대한 정절의 다른 표현(고전 6:15-20; 7:2)이기 때문이다. 또 '남성의

---

[332] Armin D. Baum, "Paul's Conflicting Statements on Female Public Speaking(1 Cor. 11:5) and Silence(1Cor. 14:34-35)" in *Tyndale Bulletin* 65.2, 2014 (Cambridge: Tyndale House, 2014), 273; D. A. Carson, *Showing the Spirit: A Theological Exposition of 1 Corinthians 12-14* (Grand Rapids; Baker Book House, 1987), 129.

동의를 얻으라'는 규칙은 여자 성도들의 참여가 활발히 나타나는 고린도전서 전체 중 어디에도 명시적으로 나오지 않는다. 아마도 바움은 다음의 두 본문들을 기초로 언급하는 것으로 보인다. 고린도전서 11장 3절의 '남자가 여자의 머리'라는 구절의 해석에서, 남자가 여자의 원천이라는 해석 대신에 '머리, κεφαλή케팔레'를 일반사회에서의 권위나 지도력으로 해석한 데 있다. 그리고 사회의 일반논리를 성경본문에 적용하여 '남성의, 여성의 머리됨'을 도출해낸 것으로 추정한다. 그러한 적용은 고린도전서 11장 5절의 여자들이 '틀어올리는 머리형태'를 남자에 대한 여자의 복종으로 보고, 그것을 여성정절 표시인 동시에 남성의 동의라고 바움이 해석한 것이라고 필자는 추론한다. 그러나 고린도전서 11장 5절에서의 여자의 틀어올린 머리형태는 '남자가 여자의 원천임(고전 11:3)'에 대한 존경의 표시임(고전 11:15)을 기억해야 한다.

또 바움은 '남성의 동의'와 관련하여 구약성경에서 아버지가 딸을 대신하여 공적발화를 하는 것(신 22:16)이나 여선지자/여사사인 드보라가 남편 랍비돗의 동의로 예언하고 재판하는 것(삿 4:4-7, 9)으로 보고, 또 요시야 왕의 요청에 따라 예루살렘에 사는 여선지자 훌다가 예언한 것(왕하 22:12-20)을 훌다의 친척 예레미야 선지자의 동의의 결과로 본다.[333]

그러나 이러한 분석은 재고를 요한다. 첫째, 신명기 내용과 사사기, 열왕기하의 내용은 거기에 등장하는 여자들의 처지가 다름을 먼저 적시(摘示)해야 한다. 신명기는 '누명을 쓴 여인/딸에 대해 그녀의 아버지가 대신 장로들에게 말하는 것이지 아버지의 동의로 그녀가 공적 발화를 허락받은 것이 아니라는 점이다. 둘째, 드보라가 남편의 동의로 예언과 재판을 했다거나

---

[333] Baum, *Tyndale Bulletin* 65.2, 2014, 267.

훌다가 예레미야 선지자의 동의하에 예언했다는 기록이 없다. 로마사회법 (플루타크 주후 45-120년)이나 유대랍비들의 법(미쉬나: 주전 2세기 중반-주후 2세기)을 오래 전의 구약성경(드보라: 주전 1230년[334]; 훌다: 주전 622년[335]))에 적용하는 것으로 보인다. 이는 정당한 접근법이라고 말할 수 없다. 특히 우리가 드보라의 사사직책에 대해 올바로 알아야 할 사항들이 있다. 김의원의 설명을 참고하자.

> 사사들은 백성들을 압제에서 구원하기 위해 하나님이 선택하여, 백성 가운데 지도권을 준 사람들이다(삿 2:16). 하나님이 사사를 직접 세우시지만 때로는 백성들의 논의, 추천, 백성들에게 제시, 세움의 단계를 거쳐 간접적으로 세우시기도 한다(입다: 삿 10:17, 18; 11:1-11). 사사직은 종신제이며 세습제가 아니다. 사사의 권한은 전쟁뿐 아니라 안정시기까지 확대된다. 사사들의 명령을 듣지 않는 반항은 배반으로 간주하였다 (수 1:18; 신 17:12). 사사의 권위는 무한하였고 전제적이었다. 사사들의 권위에 한계를 주는 것은 율법 자체이다. 율법의 권한을 넘어설 수 없다. 칙령을 내릴 수 있으나 법을 제정할 수는 없었다. 사사는 사법관, 율법수호자, 종교 변호자, 범죄 처벌자였다. 사사시대의 권력이 중앙으로 집중되기 시작하여 후에 왕권이 나타날 수 있는 준비를 한 셈이다. 이스라엘이 새로운 신을 섬겼던 이유로 혼란한 상태가 하나님의 심판으로 주어졌을 때, 여호와는 드보라를 세워 지파들로부터 군대를 모아 기손에서 승리케 하셨다.[336]

이러한 사사에 대한 내용은 사사 드보라가 남편의 동의로 사사직책 감당, 즉 공적발화를 했다는 바움의 사사직에 대한 식견에 의문을 제기하지 않을 수 없다. 특히 예언은 성령하나님의 뜻에 따라 그분의 감동으로 하도록 인

---

334) 김의원, 『舊約歷史』(서울: 개혁주의신행협회, 1995) 232.
335) 김의원, 『舊約歷史』, 471.
336) 김의원, 『舊約歷史』, 226-228, 233.

도하시는 것인데(삿 3:10; 6:12-24; 10:13:3-25; 삼상 1:17-20; 고전 12:10-11), 남자들(남편이나 남자 친척)의 동의 하에 실행한다는 것은 하나님께서 남자들의 동의를 얻어 여자들에게 예언하게 하신다는 말이 되므로, 이는 구약예언 과정과 다른 접근을 말하는 것으로 납득하기 힘든 부분이다.

바움이 '아프로디테 여신상의 거북이: Aphrodithe's Tortoise'를 이 논의의 초반에 언급한 것도337) 로마의 아프로디테 여신 제의의 여성관을 기독교의 여성관에 적용하여 해석하려는 의도였다고 추론한다. 물론 이교도 제의가 실제로 로마사회의 여성관에 영향을 미쳤을 것이다. 그렇다고 그 영향을 살아계신 하나님의 교회의 여성관에 대입하려는 시도는 무책임한 처사이다.

한 마디로 요약한다면 여자들은 사적 공간을 벗어나 공적인 일에 주의를 기울이지 말아야 한다는 로마사회법을 성경사례(고린도전서는 주후 56년에 집필됨)에 접목시키려 한 것은 아닐까? 여자들의 공적 발화를 남편을 통해서 하라는 고대법과 유사한 맥락을 35절의 '만일 무엇을 배우려거든 집에서 자기 남편에게 물을지니 여자가 교회에서 말하는 것은 부끄러운 것이라'에 적용한 것은 아닐까? 주 예수그리스도로 말미암아 새로운 피조물이 된 교회에, 에덴동산에서의 타락 이후 지속되어 온 이교도의 사회법, 그것도 아주 오래 전의 법을 적용한다는 것은 성령의 구원역사를 전혀 고려하지 않은 처사이다. 더 나아가 바움이 그의 연구내용에 포함된 고대로마법이나 유대랍비들의 사고에 분명히 나타난 '예외사항들: 비혈연관계의 남자들에게 하는 여자들의 공적 발화'조차 적용하지 않은 것은 형평성 유지와도 거리가 멀다.

많은 고대인들은 여자들이 규정된 조건에 부합하면 공공장소에서 스스로 말

---

337) Baum, *Tyndale Bulletin*, 252.

하는 것이 허용되었다고 믿었다. 만약 여자들의 사회적 기여가 요청되었거나 최소한 그 발화가 그 모임에 포함된 남자들에 의해서 수용되었다면 공공장소에서의 발화가 허용되었다는 것이다. 모든 것을 넘어서, 로마에서는 공익과 관련된 것이라면 여자들이 비혈연의 남자들에게 공적 발화하는 것이 허락되었고, 또 법정에서 여자들이 자신들을 위해 말할 권리는 로마법에도 확실히 명기되었다. 로마세계에서 광범위하게 일치된 의견 중에 여자들의 개인적 일들과 관련된 것이라면, 여자들은 공공장소에서 남자들에게 말하는 것이 허락되었다는 점을 유념해야 한다.[338]

여자들의 공적 발화가 가능하다고 법적으로 용인된 이러한 예외사항들을 적용하였어야만 하였다. 이러한 사회관습법마저도 적용하지 않은 바움의 논리는 편향적인 것이다. 실제로 고린도교회의 예언이 예배에 참석한 모든 사람들에게 공적으로 기여하는 부분을 고려해야 한다. 특히 '예언'은 '너희는 다 모든 사람으로 배우게 하고 모든 사람으로 권면을 받게 하기 위하여 하나씩 하나씩 예언할 수 있느니라(14:31)'는 말씀에 따라 '예언분별과정'은 예언선포와 함께 공적 예배 시에 모든 교인들이 배우고 권면 받는 데에 기여하는 발화행위이므로, 이것은 잠잠할 일이 아니고 오히려 권장될 일이다.

남녀가 함께 예배하는 고린도교회 공동체의 예배질서를 위해 방언과 예언 부분에서 '발화할 것과 침묵해야 하는 태도'를 지시하다가 갑자기 '여자들'만을 분리시켜 '여자는 교회에서 잠잠하라 … 질문이 있으면 집에서 남편에게 물어서 해답을 얻으라(34-35절)'는 지시는 14장 26-33절, 36절과 부조화를 이룰 뿐이다. '여자의 모든 발화 자체'를 금지한다는 카슨과 바움의 견해는 최근접문맥도 전혀 고려하지 않은 발상이다. 동시에 '여자들의 예언분별을 금지한다'는 헐리와 위더링톤의 견해도 비록 최근접문맥에 나오는

---

338) Baum, *Tyndale Bulletin*, 264-270.

'예언 분별'이란 문구를 선택하긴 했지만 이 역시 26-33절 그리고 36절과 부조화를 이루므로 카슨과 바움의 노선을 따르고 있다.

마지막으로 삽입설을 간단히 살펴보겠다.339) 삽입설을 반대하는 학자들의 주된 논점은 사본이 부족하다는 점이다. 그러나 페인은 지적한다. "34-35절은 모든 초기 소문자 사본과 모든 서방 사본들에서 40절 뒤에 나온다." 즉, 생략된 사본들이 어떠한 사본들이 있는가 보다는, 뚜렷하게 다른 두 개의 사본 전통이 존재하게 된 이유를 설명하는 데 주의를 기울인다. 분명한 것은 두 가지 형태, 즉 34-35절이 40절 뒤에 들어간 서방사본들과 33절 뒤에 들어간 다른 사본들이 매우 이른 시기부터 나타났으며, 이 두 전통이 수세기간 지속되었다는 것이다. 간략히 말해서, 현재 34-35절에 있는 구절에 대해 두 가지 전통이 등장하게 된 이유에는 다음 세 가지 가능성을 유추할 수 있다.

첫째, 이 구절들이 원래 33절 뒤에 있었으나 40절 뒤로 옮겨졌거나, 둘째, 반대로 원래 40절 뒤에 있었지만 33절 뒤로 옮겨졌다. 셋째, 원래는 본문에 들어있지 않았으나, 후에 두 곳, 즉, 33절과 40절 뒤에 각각 더하여졌다는 것이다. 그러나 이렇게 다르게 필사가 이루어지게 된 이유를 설명하기가 매우 어렵다. 페인은 바울서신 필사자들이 이런 방식으로 필사한 일이 없음을 역사가 보여주며, 특히 이 본문에 관한 한 어떤 필사자도 34-35절의 자리를 사본의 증거가 없이 바꾼 적이 없다는 것을 보여준다고 주장한다. 그는 결론적으로, 실수였든 고의였든 본문에는 어순 변화와 생략, 재삽입이 일어났다는 것은 사실임을 지적한다.

---

339) 전체적으로 페인(Payne, *One in Christ*, 221-225)의 연구를 간략 요약하였음.

필자는 본 논문에서 고린도전서 14장 34-35절의 본문이 사본상 불안정하다고 판단한다. 더하여 14장 전체가 남녀가 모인 예배공동체의 질서에 대한 것을 지시하는데(33절까지), 갑자기 여자들을 향하여 나온 지시가 문맥의 흐름을 깬다는 사실 때문에 삽입이라고 보는데, 이것은 앞에서 살펴본 다음과 같은 문법적 내용의 결과들이 뒷받침하고 있다.

33절과 36절이 조화롭게 연결된다는 점, 35절에는 여자들을 향한 지시임에도 불구하고 36절의 '너희들뿐'이라는 내용의 표현에서 $\mu \acute{o} \nu o \nu \varsigma$가 남성복수형이라는 점 등이 그것이다. 이것은 남자와 여자가 혼합해 있는 대상을 위해 유일하게 사용하는 문법용어로 '총칭적인 남성복수형'이다. 36절의 내용은 34-35절에서 '율법과 수치' 때문에 침묵과 복종을 요구당하고 있는 여자들과는 전혀 관계가 없는 반면, 33절과는 완벽한 문장의 흐름을 이어가면서 두 질문으로 반론하고 있는 것이 두드러진다는 점이 삽입으로 추정하는 근거들이다.

III. 나가는 말

1. 요약

1) 고린도전서의 남녀관

a. 고린도전서 7장 남녀관

고린도전서 7장 해석을 위해서는 고린도에 만연하였던 에피쿠레스 주의의 영향을 이해할 필요가 있다. 이 철학은 사람이 죽을 때, 육체와 함께 영혼도 죽으므로 육체의 부활사상은 터무니없고 어리석은 것(행 17:18; 고전 15장)이라고 주장한다. 철저히 물질적인 신조에 따라 '몸의 건강과 정신의 고요함이 그들이 원한 육체적 만족이므로 즐거움을 찾는 그들로 하여금 "내일 죽을 터이니 먹고 마시자(고전 15:32)"라며 즐기는 것에 집요하게 집착하였다. 이러한 상황에서 특히 남자들은 창녀와 동침하는 것도 별미의 음식을 먹는 것처럼 해를 끼치지 않는다고 생각할 정도로 성적 윤리의식이 결여되어 있었다.[340] 이런 고린도인들에게 바울은 남편과 아내는 동등한 특권과 책임이 있음을 여러 경우의 주제를 반복하여 전개하며 진술하고 있

---

[340] Graham Tomlin, *The Power of the Cross: Theology and the Death of Christ in Paul, Luther and Pascal* (Cumbria, UK: Paternoster Press, 1999), 66; Gordon D. Fee, *The First Epistle to the Corinthians* (Grand Rapids: Eerdmans, 1987), 254.

다(3-5, 8-9, 10a/11b, 12-16, 28, 32-34절). 이 교훈은 기혼자들뿐만 아니라 독신자들, 과부와 홀아비의 재혼 등 여러 경우를 망라하며 남자와 여자의 평등성과 상호성을 강조한다. 3-5절은 특히 상호성을 강조한다.

특히 17-24절은 갈라디아서 3장 28절을 연상시키는데 남녀문제, 할례자와 무할례자 및 종과 자유인의 상황을 언급하기 때문이다. 이러한 반복의 이유를 할례와 노예제도는 성(性) 담론과 함께 사도바울이 인식한 인간 조건의 범위를 구성한다고 보기도 한다. '각 사람은 부르심을 받은 그대로 지내라'는 반복구가 인클루지오를 형성하면서, 20-24절은 갈라디아서의 둘째 쌍인 종과 자유자의 문제를 다룬다.

18-19절에서 유대인으로 태어나 성장했거나 유대교로 개종했던 신자들의 상황에 대해 다루면서, 그들이 예전에 이미 행했던 할례의 흔적을 지운다고 해서 '더 나은 그리스도인'이 되는 것은 아니라고 역설한다. 열거된 각 진술들에 나오는 남자와 여자들을 향한 가르침들이 암시하는 것은 '남편과 아내에게' 그리고 '남자와 여자에게 동등하게 적용된다는 것'이다(2, 7, 25, 29, 36-40).

b. 고린도전서 11장 2-16절 남녀관 (3-12절; 13-16절)

① 고린도전서 11장 3-12절 주석

이 본문은 난해한 성경구절이다. 특히 구절에 따라서 ἡ κεφαλὴ 헤 케팔레가 '해부학적 머리, 머리카락, 머리(=원천)'이라는 의미들로 상호적으로 사용되기 때문에 독자가 쉽게 혼동한다. 대강 구분하면 3, 10절에서는 원천의 의미로 해석되고, 4-7절에서는 원천, 해부학적 머리와 머리카락으로 구분하여 해석되지만, 여전히 해석하기가 어렵다. 이러한 난점 때문에 10절의 κεφαλὴ 케팔레'는 본문에 나오는 ἐξουσία엑수시아에 대한 해석과 선행절 이해, 그리고, διὰ τοὺς ἀγγέλους디아 투스 앙겔루스 구절을 어떻게 관련시켜 해석하느냐에 따라서 다양한 견해들이 오랫동안 나왔다. 필자는 해석을 위한 분석을 위해, 3절은 7-12절에서 그 원천/권위에 대한 설명으로, 그리고 4-6절은 13-16절에서 '문화적인 내용'을 다루는 것으로 구분하였다. 사도바울이 3절과 7-12절 분석을 남자와 여자 관계의 근원파악을 위한 것으로 설정하였다고 추정하고, 필자도 다음의 세 가지 상황을 설정해 보았다.

첫째, 7-10절에 대한 시간적 상황을 창조의 여섯째 날로 한정하였다. 둘째, 11-12절이 πλὴν플렌으로 시작하는 점에 착안하여, 문법적 기능과 이 본문들을 위한 시간적 상황은 아담과 하와의 동침 이래로 예수님의 재림시기까지로 한정하였다. 이 상황에 의하여 분석한 후에, 11-12절의 내용과 대비(對比)되는 내용으로 3, 7, 10절을 해석하여 대입한 결과, 10절의 κεφαλὴ케팔레를 '여자의 원천인 남자'로 해석하였다. 그 결과 3절에 나오는 '남자의, 여자의 원천으로서의 권위,' 또 10절에 나오는 '여자의 남자를 향한 권위'는 '여자가 남자를 돕는 배필로써, 남자 때문에(9절) 창조되어 남자의 영광이라는(7절) 사실로부터 취한 권위'이므로 3절의 남자의 권위와 10절의 여자의 권위가 병행됨을 발견하였다.

필자는 이 발견을, 사도바울이 '서로에게 권위를 인정함으로써 존경하는 것이 틀린 것이라고 피력하는 것이 아니고, 오히려 그들이 서로의 권위를 인정하면서 존경하는 것이 마땅하다. 그러나 남자와 여자의 궁극적인 원천은 하나님이시므로 그들의 권위는 하나님으로부터 나왔으므로 하나님께 영광을 돌려야 마땅함을 본문의 정점으로 제시하는 것'으로 분석하였다. 따라서 여자가 그 머리에 권위를 가져야 한다는 10절(ὀφείλει ἡ γυνὴ ἐξουσίαν ἔ χειν ἐπὶ τῆς κεφαλῆς διὰ τοὺς ἀγγέλους.오페일레이 헤 귀네 엑수시안 에케인 에피 테스 케팔레스 디아 투스 앙겔루스)은 '여자가 자신의 원천인 남자에게 권위를 가져 마땅하다'는 것으로 해석되어야 한다고 추론하였다. 이것은 여자가 남자의 영광(7절b)이라는 사실도 하나님의 창조사역의 결과인 것과 같이, 아담의 정체성도 하나님의 형상과 영광이므로 이 남자 자신의 권위도 하나님으로부터 주어진 것이라고 추론하였다. 이 추론은 ἐξουσία엑수시아를 수동성으로 해석한 기존해석과 완전히 다르다. 기존해석과 새해석의 비교는 다음과 같다:

첫째, 많은 학자들이 능동성인 ἐξουσία엑수시아를 수동성으로 해석하면서, 여자 머리 위에 남편/남자의 권위의 표인 머리 덮개를 얹어야 한다는 해석은 기본적인 문법에 맞지 않다.

둘째, 또 다른 학자들이 능동성으로 해석했음에도 불구하고, 여전히 여자의 머리덮개가 여자의 권위의 상징이라고 해석하는 것은 여자가 창조되던 여섯째날에 이런 문화관습이 없었다는 점과 또 아담이 자기를 돕는 자(창 2:18)인 여자를 보자마자 외쳤던 인류 최초의 사랑의 노래의 의미인 동등성과 평등성과 맞지 않고, 또한 그 한 쌍의 남자와 여자를 보며 감격했던 '창조 여섯째날의 목격자들과 증인들이었던 그 천사들의 모습과 어울리지 않다.

셋째, 3-12절 특히 3절과 10절 해석의 최고정점은 12절의 하나님께서 '남자와 여자 창조의 궁극적 원천과 권위'이시라는 점이 뒷받침하기 때문에, 남자나 여자가 자신들의 권위를 내세워 서로 존경하는 것은 지극히 마땅하다. 동시에 그들 권위의 궁극적 원천은 하나님이심을 인정하며 그를 경외해야 마땅하다는 점을 사도바울이 가르치는 것이다.

결론은 '그리스도 안에서' 남자와 여자의 동등성은 처음창조와 생물학적 생태순환에 뿌리를 두고 있으며, 하나님 안에 그 동등성의 근원을 가지고 있다는 점이다. 그렇다고 하여 이러한 요소들이 11장 11-12절이 생물학적 상호의존성만을 말하는 것이 아니고, 오히려 남자와 여자의 동등성은 'ἐν κυρίῳ'엔 퀴리오: 주님 안에 있다는 것을 확인하며, 이 확인은 하나님께서 남자와 여자의 궁극적인 원천이심을 성경이 자증하시는 분명한 사례임(갈 3:28; 고전 11:3-12; 참조: 창 2:23-24)을 보여준다는 점이다.

② 고린도전서 11장 13-16절 해석

전술한 바와 같이 고린도전서 11장 4-6, 13-16절에 대해 문화적 관점에서 살펴보았다. 머리모양이 드러내는 수치에 대한 4-6절 해석 중에, 4절의 κατὰ κεφαλῆς ἔχων카타 케팔레스 에콘의 의미는 '기존해석'처럼 '머리에 무엇을 쓰는 것'이 아니고, 문자 그대로 '신체의 머리로부터 아래로 늘어뜨려 가진 것' 즉, '남자가 머리카락을 길게 늘어뜨리는 것=남자의 긴 머리카락'이다. 유대 제사장처럼 세마포관 등을 쓰는 것은 수치가 아니었고, 나환자들의 긴 머리는 수치였던 것처럼, 남자가 긴 머리모양을 하는 것은 수치였다는 점과 연관되는 부분이다. 특히 고린도지방에서는 이교제의인 아폴로 제의나 디오니수스 제의에서 남녀가 다 머리를 풀어헤치고 그 제의의 황홀경에 빠져서 노래하고 점치는 행위가 그들이 복종해야 하는 제의관습이었다. 특히 여기서 머리를 풀어헤친 여자란 그 당시에 만연하였던 동성연애자들 중에 여자 역할을 하는 남자들이 긴 머리모양을 취했던 것을 의미한다.

이런 습관에 젖어 있던 사람들이 복음을 듣고 교회에 나왔으면서 과거습

관, 즉, 이교제의관습을 따라 남자가 긴 머리로 기도와 예언을 하는 것은 그들의 원천이신 그리스도에게 수치를 돌리는 일이다. 창조규례는 남자와 여자가 자기 본연의 모습으로 서로를 도와 하나로써 생육하고 번성해야 하는데, 남자의 긴 머리는 이 규례를 범하는 행위이기 때문에 수치라고 추정한다. 머리모양에 대한 명확한 구분을 위해 단어의미 정리가 필수적이다.

6절의 κατακαλύπτω카타칼륖토는 '머리카락으로 머리를 덮다'이고, 5절의 ἀκατακάλυπτος아카타칼륖토스는 '머리덮개를 쓰지 않았다'는 의미가 아니고, '틀어올려야 할 머리를(15절) 풀어헤친 상태의 머리카락'을 뜻하며, 이것은 '머리카락을 깎거나(κείρασθαι케이라스다이), 면도로 밀어서(ξυρᾶσθαι크쉬라스다이) 동일하다는 것'을 나타낸다. 13절의 'ἀκατακάλυπτον아카타칼륖톤 머리를 가리지 않는다'는 의미도 5절의 '틀어올려야 할 머리를 풀어헤친 상태: ἀκατακάλυπτος아카타칼륖토스'의 의미와 동일하다.

정리하면, 13절 내용은 5절과 연관되며, 이방제의 관습에 따라 여자가 '머리카락을 풀어헤친 채' 하나님께 기도하는 것은 부적절하다는 것이다. 14절 내용(κομᾷ코마 : 동사 κομάω코마오, '긴 머리를 가지다'의 현재-가정법-능동태)은 4절(κατὰ κεφαλῆς ἔχων카타 케팔레스 에콘=긴 머리카락)과 연관되는데, 이것은 '머리에 무엇을 쓴다'는 의미가 아니고, 남자의 '풀어헤친 머리모양'에 대한 것이다. 전술한 대로, 남자가 이방제의 관습에서처럼, 풀어헤친 긴 머리로 기도/예언하는 것은 그의 원천인 그리스도께 수치가 된다는 것이다.

15절 내용(κομᾷ코마 : 동사 κομάω코마오, '긴 머리를 가지다'의 현재-가정법-능동태와 ἡ κόμη헤 코메 : 긴 머리; ἀντὶ περιβολαίου δέδοται [αὐτῇ]안티 페리볼라이우 데도타이[아우테])은 여자의 긴 머리가 그녀에게 '영광'이 된다는데, 긴 머리는 '덮개와 맞교환의 목적으로 주어졌기'(δέδοται데도타이 : δίδωμι디도미의 완료-직설법-수동태) 때문'이라는 것이다. 이때, 이 완료형 δέδοται데도타이는 '영속적인 상태나 조건을 지시한다'고 로저스(Rogers) 부자는 말한다.341) '그녀에게 영광이 된다'와 '긴 머릿결은 여자에게 머리덮개와 맞교환의 목적으로 주어졌다'는 두 표현은 7절의 '그 여자는 남자의 영광'이라는 내용, 그리고, 10절의 '그 여자의 원천인 남자에게 권위를 가져 마땅하다'는 내용과 일맥상통하는 것으로 보인다. 결혼한 여자의 틀어올린 머리형태가 남편에 대한 아내의 정조와 정절을 보이는 것은 '남자의 영광'인 여자의 긴 머리가 '자신에게 영광'이라는 진술과 하나로 융합되어 창조된 아름다운 여자를 표현한다고 추론한다.

정리하면, 5-6절과 15절에 나오는 긴 머리카락은 여자에게 영광이 되는 틀어올린 긴 머리(아가서 4:1; 5:11; 6:5; 7:5)를 의미하며, 이는 동시에 남편에 대한 정조를 드러내고, 또한 별도의 머리덮개의 필요성을 말하는 것이 아니다. 따라서 10절에서 ἐξουσία엑수시아를 '여자의 머리덮개 : κάλυμμα칼륌마'로 해석하는 것은 오역임을 입증한다고 말할 수 있다.

16절은 사도바울이 고린도교회의 질문내용(예배시의 남자와 여자의 머리카락과 머리덮개에 대한 것)에342) 대한 답으로 주어진, '그런 관습/관례(τοιαύτην συνήθειαν토이아우텐 쉬네데이안)가 없다'는 말은 남자들의 경우, 머리를 아래로 늘어뜨리거나(4절), 머리를 덮거나(7절), 긴 머리(14절) 모양으로 기도나 예언하는 관습이 없다는 것이다. 또 여자들의 경우, 머리를 틀어올리지 않

---

341) Cleon L. Rogers Jr. & III, *The New Linguistic and Exegetical Key to the Greek New Testament* (Grand Rapids: Zondervan Publishing House, 1998), 375.
342) R. C. H. Lenski, *The Interpretation of St. Paul's First and Second Epistles to the Corinthians* (Minneapolis: Augsburg Publishing House, 1937/1963), 429.

고 풀어헤친 채로나(5절), 머리를 틀어올리지 않고 늘어뜨린 상태로(6, 13절), 기도나 예언하는 관습은 하나님의 교회에는 없다는 것이다.

또 15절의 여자의 긴 머리(ἡ κόμη헤 코메)가 머리덮개와 맞교환 목적으로 주어졌다는 말은, 굳이 별도의 머리덮개(κὰλυμμα칼륌마)를 긴 머리 위에 덮을 필요가 없음을 함축하는데, 이것은 일반사회에서 여자들이 정조개념을 나타내기 위해 쓰는 머리덮개에 대해 사도바울이 수용하는 것으로 추정할 수 있다.

따라서 교회에서 여자는 긴 머리를 간단히 틀어올리기만 하면, 그것은 일반사회에서 머리덮개를 쓴 것과 같은 효과를 나타낸다고 말할 수 있다. 비록 그런 교회관습은 없지만, 교회에서 여자들은 긴 머리를 틀어올리거나, 머리덮개를 쓰면 된다는 것을 사도바울이 설명하는 것이라고 추정한다.

2-16절은 온전한 예배와 다른 사람들이 예배에 집중할 수 있도록 하기 위해 사회문화적 존중을 보여주는 남자와 여자의 머리모양새에 대해 이야기한다(11:4-6). 그런데 이 주장에 대한 근거를 성경적인 '창조'와 더 적극적인 의미에서의 '주 안에서의 새 창조' 문맥에서 볼 것을 제안한다.

일부 학자들이 '창조질서'를 '남성이 여성의 머리됨'으로 규정하는 등 왜곡의 소지가 있을 수 있다. 그러나 분석한 바대로, 하나님은 사람을 동등한 ἄρσεν καὶ θῆλυ아르센 카이 델루: 남자와 여자로서 서로를 돕는 배필로 창조하셨다. '하나님 앞에서는 어떤 차등도 없다. 주님 안에서(교회 내에서) 남자와 여자는 평등하다.' 배필로서 지켜야 할 바른 윤리지침(사회관습)이 일반사회에 이미 갖추어져 있는데, 그것이 복음의 잣대에 맞으면 그대로 준수하기만 하면 될 것임을 사도바울이 본문을 통해 설명하는 것이다.

③ 고린도전서 14장 26-33절, 34-35절, 36-40절

고린도전서 14장 26-40절에는 남녀가 함께 드리는 예배질서에 대해서 언급되는 부분들이 방언기도와 예언과 관련하여 먼저 나온다. 특히, 질서유지를 위하여 방언의 경우 통역자가 없으면 교회에서 잠잠하라(σιγάτω ἐν ἐκκλησία 쉬가토 엔 에클레시아 : 28절), 예언의 경우 예언자가 말한 예언은 다른 사람들에 의해서 분별되어야 한다는 일반적인 지시와, 그리고 다음 예언자에게 계시가 임할 때 처음 예언자는 잠잠하라(ὁ πρῶτος σιγάτω 호 프로토스 시가토: 30절)는 특별지침이 나온다. 이때 방언, 예언과 예언분별 등은 남녀 성도들이 함께 모인 예배공동체에 내린 것으로서 성별 구분이 없다. 이것은 질서의 하나님께서 세우신 교회가 마땅히 준수해야 할 내용이다(33절).

그런데, 34-35절에는 갑자기 "여자들은 교회에서 잠잠하라: αἱ γυναῖκες ἐν ταῖς ἐκκλησίαις σιγάτωσαν아이 귀나이케스 엔 타이스 에클레시아이스 시가토산, 교회에서 여자들에게는 말하는 것을 허락함이 없나니 율법에 이른 것같이 오직 복종할 것이요: οὐ γάρ ἐπιτρέπεται αὐταῖς λαλεῖν, ἀλλὰ ὑποτασσέσθωσαν, καθὼς καὶ ὁ νόμος λέγει.우 가르 에피트레페타이 아우타이스 랄레인, 알라 휘포타쎄스도산, 카도스 카이 호 노모스 랄레이. 만일 무엇을 배우려거든 집에서 자기 남편에게 물을지니 : εἰ δέ τι μαθεῖν θέλουσιν, ἐν οἴκῳ τοὺς ἰδίους ἄνδρας ἐπερωτάτωσαν.에이 데 티 마데인 델루신, 엔 오이코 투스 이디우스 안드라스 에페로타토산. 여자가 교회에서 말하는 것은 부끄러운 것이라 : αἰσχρὸν γάρ ἐστιν γυναικί λαλεῖν ἐν ἐκκλησίᾳ.아이스크론 가르 에스틴 귀나이키 랄레인 엔 에클레시아"는 지시가 나온다.

이것은 14장 1-33절까지 권면 받는 대상이 남녀 성도들의 공동체였던 점과는 달리, 지시의 대상이 갑자기 여자들에게로만 바뀌는 것으로써 문맥적

인 상충을 드러낸다. 1-33절까지, 여자들도 남자들과 함께 방언자요, 예언자와 예언분별자들로서 '말해오던(λαλέω랄레오)' 사람들이었다는 점에서 볼 때, 불가해(不可解)하다.

또 하나의 문법적으로 수용할 수 없는 부분이 바로 36절 하반절에 나오는 '혹 하나님의 말씀이 너희에게만 임한 것이냐?: ἢ εἰς ὑμᾶς μόνους (ὁ λόγος τοῦ θεοῦ) κατὴντησεν;에 에이스 휘마스 모누스(호 로고스 투 데우) 카텐테센 에 나오는 μόνουσ모누스(μόνος모노스: only, alone의 남성복수 목적격)의 격변화에 대한 것이다. 36절은 바로 선행하는 35절에 나타나는 여성성별을 이어받아야하는 것이므로, 여성격변화가 나타나야 한다: ἢ εἰς ὑμᾶς μόνασ에 에이스 모나스(μόνος모노스의 여성복수, 목적격)(ὁ λόγος τοῦ θεοῦ) κατὴντησεν;(호 로고스 투 데우) 카텐테센이 바른 표기이다. 사도바울이 34-35절에서 여자들에게 지시했다면, 그는 여성복수격인 μόνος모노스를 사용해서 말해야만 하였다. 그러나 본문은 남성복수격인 μόνος모노스를 정확히 보여준다는 점에 주목해야 한다.

이때 우리가 이 μόνος모노스를 접하면서 문법적으로 추정할 수 있는 점이 하나가 있다. 바로 이 36절은 33절과 연관/연결되는 것이 아닐까 하는 점이다. 왜냐하면, 1-33절까지에는 고린도의 남녀교인들이 스스로 '선지자나 신령한 영적인 사람들(37절)'이라고 자처하면서, 모든 은사들을 하나님으로부터 직접 받은 것이라고 생각하는 사람들이 많았기 때문에 '고린도교인들 너희에게만 임한 것이냐'고 사도바울이 그들을 깨우치는 질문에 사용한 단어이다.

즉, '남녀 성도들의 공동체'를 향해서 말하고 있으므로, 이때 사용되는 '남성복수격변화는 '총칭적인 성별'을 위한 것이기 때문이다.[343] 이러한 문

---

343) Ben Witherington III, *Women in the Earliest Churches* (Cambridge: Cambridge University

법적인 비일관성이 말하는 것은, 36절이 33절과 이어질 때 오히려 자연스러운 문법적 일관성을 보여준다는 점은 학자들이 '34-35절이 삽입절이 아닐까 하는 의구심을 갖게 만드는 요소'가 될 수도 있다고 추정한다.

이런 해석적인 추정은 34-35절에 대해 위더링톤과 헐리가 '여자들의 예언 분별을 금지하는 것'이라고 주장하는 것이 바른 해석이 못됨을 뒷받침하는 근거가 될 수 있다. 이것은 또한 카슨과 바움이 '여자들의 모든 말하는 것을 금지한 것'이라는 주장도 문법적으로 설 자리가 없다는 것의 근거가 된다고 추정한다. 위더링톤과 헐리의 주장은 33절까지 남녀예배 공동체에게 적용했던 지침의 관점에서 볼 때, '존재할 수 없는 제안이므로 오역이라고 말할 수 있는 한편, 카슨과 바움의 주장도 일반사회의 관습을 적용한 '뜬금없는 제안이므로 역시 오역이라고 추정한다.

14:26-40에는 '침묵하라'는 지시가 '두 부류의 은사자들(남녀 방언자와 예언자들)'에게는 예배질서를 위해 정당히 주어졌지만(26-33), 34-35절에서 '여자들에게만' 내린 지시는 14:1-33, 36-40에서 말하는 지시와는 달리, 그 근원을 찾을 수 없는 전혀 다른 성격의 지시라고 추정한다. 또한 학자들이 주장하는 바와 같이, 사본학적으로 불안정한 요소들이 이상에서 정리한 문법적인 요인들과 더불어, 필자로 하여금 34-35절을 삽입으로 추정하게 한다.

Press, 1988), 98, 259, n110; Richard S. Cervin, "A Note Regarding the Name 'Junia(s)' in Roman 16:7" in *New Testament Study*, Vo. 40, 1994, 467-470.

2. 성경 해석자에게 필수적인 요소

성경은 하나의 역사적 기록인 동시에 고대의 상황들 속에서 행하신 하나님의 구속적 사건들의 의미를 해석해주는 신적으로 주어진 하나님의 말씀이기만 한 것이 아니다. 성경은 현재 나에게 하시는 하나님의 말씀도 된다. 역사인 동시에 해석으로서의 성경은 하나님이 어떻게 역사 속에서 자신을 계시하셨는지를 전해주는 하나님의 말씀이다. 하나님의 영감된 말씀이기 때문에 그것이 내게 살아 있고 영감 있는 말씀이 되어서 나를 이끌어서 그것이 증거해 주는 바로 그것을 인격적으로 체험하도록 해줄 수 있는 것이다. 성경은 계시적인 역사이기 때문에, 비평적인 방법론이라 할지라도 '계시와 구속'으로 나타나는 초역사적인 차원의 하나님의 활동에 대해 여지를 남겨두어야 한다. 성경의 역사적인 면과 계시적인 면을 인정하는 연구방법론이 우리가 뜻하는 복음주의적 비평에 의한 해석이다.[344)]

따라서 우리는 해석현장에서 '고대 상황들과 그 속에 있는 사람들'을 하나님께서 어떻게 구속하셨는지 그 상황을 알아내고, 그것을 해석작업에 활용하는 것이 필수적이다. 그때, 문법 적용이 더욱 우리를 바른 해석으로 쉽게 인도한다는 것을 인식하는 것이 중요하다. 그리고 문법과 단어의 기능은 '그것들의 기능만을 적용하는 것'이어야 하며, 어떤 이유로서든지 그 반대 기능으로 적용하지 말아야 한다. 고전 11장 10절의 경우, 능동형 단어와 능동형 문장의 의미와 기능을 지금까지 수동형 문장과 단어로 그 의미를 적

---

344) George E. Ladd, *The New Testament and And Criticism, the Last Things, The Blessed Hope*: 원광연 역 『신약과 비평, 종말론, 복스러운 소망』(서울: 크리스챤 다이제스트), 31.

용해옴으로써, 오랫동안 기존 해석은 이상한 것이 되는 바람에, 근접문맥(3, 15절)과도 상충되어, 실제 삶의 현장에서 반대 의미를 적용해 온 지가 오래되어 그 해석적 폐해가 심각하다. 이것은 해석자의 성경해석 책임이 막중함을 일깨워주는 하나의 사례가 될 수 있다.

3. 향후 연구과제

바울서신의 남녀관을 연구하면서, 미래에 하고 싶은 연구주제들을 생각해보았다. 우선 이번 논문에서 다루지 못한 10서신들 중에서, 가정에서의 남녀의 역할, 교회와 선교 사역지 안에서의 남녀의 역할들에 대해서 통합적 연구를 하기 원한다.

또한 다른 신약저자들의 통합적 남녀관과의 비교연구도 흥미 있는 주제가 될 것이다. 신약성경의 남녀관과 구약성경의 남녀관 연구도 좋은 주제가 될 것이라고 생각한다.

이후에는 세계적 관심사로서, 이슬람의 남녀관, 불교, 유교, 힌두교 등 타 종교의 남녀관도 비교분석하는 일도 흥미로울 것이다. 동시에 연구하고 싶은 분야는 사도바울의 유대교 배경을 연구하는 것, 그의 선교지의 선교대상자들의 삶의 정황을 연구하는 것이 그의 서신들을 해석하는 데에 큰 도움이 될 것으로 생각한다. 그리고 갈라디아서에 나타나는 유대인/이방인, 종/자유자의 관계를 언약신약적 방법으로 분석하는 것은 이번의 연구과정 중에서도 항상 품고 있었던 주제이다.

아브람을 부르심으로부터 시작하여(창 12장), 아브라함으로 개명하시며(창

17:5) 맺으신 언약의 성취에 대한 바울의 주제들도 다루고 싶다. 이 성취의 내용에는 언약은 물론 언약성취 과정의 주제들 즉, 율법과 복음, '현재의 예루살렘/시온산=시내산=여종 하갈/육신의 자녀'와 '위에 있는 예루살렘/시온산=자유자(우리 어머니)=약속의 자녀' 등 다양하다. 특히 아브라함을 여러 민족의 아버지가 되게 하시겠다는 언약(창 17:5-8)의 성취가 요한계시록의 성취로 이어지는 구속의 대장정을 연구해보고 싶다.

하나님께서 주신 수한(壽限)을 재삼 세어보면서, 우선적으로 해야 할 것이 있다. 그것은 바울서신의 남녀관에 대한 연구 도중에, 남자와 여자의 창조규례를 다루면서, 특별히 수행해야 할 책임을 느낀 부분이 바로 동성연애에 대한 것이다. 이 문제와 관련하여, 특히 미국의 행보가 안타깝다. 생육하고 번성하고 충만하여 땅을 정복하고 만물을 다스리라는 하나님의 선한 명령을 위반하면서도 그것을 당연시하고 전혀 죄라고 느끼지 못하는 미국 정치가들의 무감각증의 심각성을 외쳐 알리고 싶다.

Ⅳ. 부록

참고문헌

1. 성경

Nestle-Aland Novum Testamentum Graece 27
The Greek New Testament - Fourth Revised Edition
Nestle-Aland Greek-English New Testament
Septuaginta
관주 해설 성경전서 개역개정판 (대한성서공회)

2. 사전류

Balz, Horst and G. Schneider, *Exegetical Dictionary of the New Testament* (EDNT) Vol.1-3 (Grand Rapids: Eerdmans, 1978-80/1990).

Bauer Walter, F. W. Danker, W. F. Arndt, and W. Gingrich, *A Greek-English Lexicon on the New Testament and Other Early Christian Literature* (BDAG) (Chicago: The University of Chicago Pess, 1957/1979).

Blass, F. and A. Debrunner with trans. and edit. Robert W. Funk, *A Greek Grammar of the New testament and other Early Christian Literature* (Chicago: The University of Chicago Press, 1961).

Brown F., S. R. Driver & C. A. Briggs, *A Hebrew and English Lexicon of the Old Testament*. (Oxford: Clarendon Press, 1890/1906).

Brown, F., S. Diver, and C. Briggs. *The Brown Driver-Brigs Hebrew and English Lexicon*. (Peabody: Hendrickson, 2008).

Freedman, David Noel, *The Anchor Bible Dictionary*, Vol. 1-6, (New York: Bantam Doubleday Dell, 1922-1992).

George Benedikt Winer and Gottlieb Lünemann, *A Grammar of the Idiom of the New Testament* 7th Ed. Gottieb Lenemann. Andober: Warren F. Draper, 1877. §14.2.

Hawthorne G. F., R. P. Martin, D. G. Reid, *Dictionary of Paul and His Letters* (Downers Grove: InterVarsity Press, 1993).

Hornblower S., A. Spawforth & E. Eidinow, *The Oxford Classical Dictionary* (Oxford: Oxford University Press, 1940/2012).

Liddell, H. G. and R. Scott, with Sir Henry Stuart Jones, *Greek-English Lexicon with a Revised Supplement (LSJ)* (Oxford: Clarendon Press, 1996).

Neilson, William Allan, *Webster's New International Dictionary of the English Language* (Springfield, Mass.: G. & C. Merriam Co., 1957).

Robertson, A. T., A *Grammar of the Greek New Testament in the Light of Historical Research* (Nashville: Broadman Press, 1934/2010).

Rogers Cleon L. JR. & Rogers C. L. III, *The New Linguistic and Exegetical key to the Greek New Testament*. Grand Rapids: Zondervan, 1998.

Vanhoozer, Kevin J., *Dictionary for Theological Interpretation of the Bible*. Grand Rapids: Baker Academic, 2005.

Winer, George Benedict, *Grammar of the Idiom of the New Testament*. Andober: Warren F. Draper, 1886.

World Book Encyclopedia B Volume 2. Chicago: World Book-Childcraft International, 1980.

3. 우리말 자료

권성수, "딤전 2:11-15에 관한 주석적 고찰", 『神學指南』, 통권 제48호 (1996).

김정우, "창세기 1-3장에 나타난 여성의 위치", 『기독교 교육연구』, 1991, 제2권 1집.

대한성서공회편, 『공동번역 성서: 외경 포함』, 1982.

박용규, 『초대교회사』, 서울: 총신대학교 출판부, 1994.

박형대, 『사도행전 원문강독』, 서울: 그리심, 2015.

――――, "예루살렘 공회의 과정을 통해 도출되는 윤리적 원칙들: 사도행전 15장 4-29절에 대한 새로운 접근", 『神學指南』 통권 제289호 (2004)

박형용, 『新約槪觀』. 서울: 아가페서원, 1996.

유재원, 『원어번역 주석 성경(오경편)』. 서울: 양문, 1991.

――――, 『창세기 강해』, 서울: 민영사, 1986.

이순한, 『신약성서 헬라어』, 서울: 한국기독교교육연구원, 1996.

이필찬, 『내가 속히 오리라』, 서울: 이레서원, 2006.

이한수, 『바울사도가 쓴 러브레터』, 서울: 솔로몬, 2013.

――――, 『복음의 정수, 그리스도의 십자가: 이한수 교수의 갈라디아서 주석』, 서울: 솔로몬, 2009.

――――, 『고린도전서』, 서울: 총신대학출판부, 1990.

조남해, 『알기 쉬운 모세오경』, 용인: 목양, 2013.

Andrew Anderson, *Men, Women and Authority*; 이은순 역, 『남성과 여성』(서울: 기독교문서선교회, 1999.

Barrett, Charles. K. *The First Epistle to the Corinthians*. Grand Rapids: Baker

Academic, 1968; 한국신학연구소 번역실 역, 『고린도전서』 서울: 한국신학연구소, 1985.

Bavinck, Herman. Magnalia Dei: Onderwijzing in de Christelijke Religie. Kampen: J.H. Kok, 1909; 김영규 역, 『하나님의 큰 일』. 서울: 기독교문서선교회, 1984.

Blomberg, Craig L. *1 Corinthians* NIV Application Commentary. (Grand Rapids: Zondervan, 1994); 채천석 역,『고린도전서』. NIT적용주석. 서울: 솔로몬, 2012.

Calvin, John, 『창세기』. (존 칼빈 원저) 聖經註釋. 서울: 성서원, 1999.

----, 『고린도전서』. 서울: 총신대학출판부, 1990. Commentary of Calvin; 존 칼빈 성경주석 출판위원회 역, 『고린도전서』. 서울: 성서원, 1999.

Cousar, Charles B. Galatians: *Interpretation, A Bible Commentary for Teaching and Preaching. Atlanta:* John Knox Press, 1982; 천방욱 역, 『갈라디아서: 목회자와 설교자를 위한 설교주석』. 서울: 한국장로교출판사, 2004.

Hays, Richard B. *The Faith of Jesus Christ: the Narrative Substructure of Galatia.* Dearborn: Eerdmans, 2002; 최현만 역, 『예수 그리스도의 믿음: 갈라디아서 3:1-4:11의 내러티브 하부구조』. 평택: 에클레시아북스, 2013.

----, 『고린도전서』. 서울: 총신대학출판부, 1990. *First Corinthians: A Bible Commentary for Teaching and Preaching.* Interpretation. Louisville: John Knox, 1997; 유승원 역,『고린도전서 : 목회자와 설교자를 위한 주석』. 서울 : 한국장로교출판사, 2006.

Josephus, Flavius. *Against Apion*; 김지찬 역, 『요세푸스 IV권』. 서울: 생명의말씀사, 1987.

----, *The Antiquities of the Jews(I)*; 김지찬 역, 『요세푸스 유대고대사 I』. 서울: 생명의말씀사, 1987.

Kassian, Mary. *Women, Creation and The Fall. Wheaton:* Crossway, 1990; 이정선 역,『여자, 창조, 그리고 타락』. 서울: 바울, 1992.

Kim, Seyoon, *Origin of Paul`s Gospel*. Grand Rapids: Edrdmans, 1981; 홍성희 역,『바울복음의 기원』. 서울: 엠마오, 1994.

Lloyd Jones, Martyn. *God the Father, God the Son*. Wheaton: Crossway, 1996); 임범진 역,『성부 하나님과 성자 하나님』. 서울: 부흥과개혁사, 2007.

Lohse, Eduard. *Umwelt des Neuen Testaments*. Goettingen: Vandenhoeck & Ruprecht, 1971); 박창건 역.『신약성서 배경사』. 서울: 대한기독교출판사, 1995

Longernecker, Richard N. *Galatians*, WBC, Waco: Word Books, 1982; 이덕신 역, 『갈라디아서』서울: 솔로몬, 2003.

Metzger, Bruce M. *The Text of the New Testament, Its Transmission, Corruption, and Restoration*. New York: Oxford University Press, 1964; 강유중, 장국원 공역, 『사본학』 서울: 기독교문서선교회, 1999.

Thiselton, Anthony C. *First Corinthians: A Shorter Exegetical and Pastoral Commentary*. Grand Rapids: Eerdmans, 2006; 권연경 역, 『고린도전서: 해석학적 & 목회적으로 바라본 실용적 주석』. 서울: SFC, 2011.

Vanhoozer, Kevin J., *Is There a Meaning in This Text?* Grand Rapids: Zondervan, 1998, 김재영 옮김, 『이 텍스트에 의미가 있는가?』 서울: 한국기독학생출판부 2003.

Wenham, Gordon. Genesis 1-15, WBC, Waco: Word Books, 1987; 박영호 역, 『창세기 1-15』. 서울: 솔로몬, 2001.

4. 외국어 자료

Adams, J. N. *The Latin Sexual Vocabulary*. London: Duckworth, 1982.

Andrew C. Perriman, "What Eve Did, What Women Shouldn't Do: The Meaning of AUTHENTEW in 1 Timothy 2:12." Tyndale Bulletin, 44.1 1993.

Aristotle, trans. H. Rackham, *Politics In Loeb Classical Library*. Ann Arbor: Edwards

Brothers, 1932[2005].

Aubert, J. J. and B. Sirks, Speculum Iuris: *Roman Law as a Reflection of Social and Economic Life in Antiquity*. Ann Arbor: University of Michigan Press, 2002.

Bailey, Kenneth E., *Paul Through Mediterranean Eyes, Cultural Studies in 1 Corinthians*. IVP Academic 2011.

Barrett, Charles. K. *The First Epistle to the Corinthians*. Grand Rapids: Baker Academic, 1968.

―――. *The Pastoral Epistles*. Oxford: Clarendon Press, 1963.

Bassler, Joudette M. *1 Timothy, 2 Timothy, Titus*. Nashville: Abingdon Press, 1996.

Bauckham, Richard, *Gospel Women: Studies of the Named Women in the Gospels*. Grand Rapids, Eerdmans, 2002.

―――. *The Book of Acts in Its Palestinian Setting*. Grand Rapids: Eerdmans, 1995.

Bauer, Richard A. *Philo's Use of the Categories Male and Female*. Leiden: Brill, 1970.

Baum, Armin D. "Paul's Conflicting Statements on Female Public Speaking(1Cor. 11:5) and Silence(1 Cor. 14:34-35)." Tyndale Bulletin 65.2 (2014) 247-274.

Beck, James. and Craig L. Blomberg, *Two Views on Women in Ministry*. Counterpoints, Edited by Stanley N. Gundry. Grand Rapids, Zondervan, 2001.

Belleville, Linda L. *Women Leaders and the Church, Three Crucial Questions*. Grand Rapids: Baker Books, 2000.

Betz, Hans Dieter. Galatians, *A Commentary on Paul's Letter to the Churches in Galatia*. Minneapolis: Fortress Press, 1979.

Blass, Friedrich and Debrunner A. *A Greek Grammar of the New Testament and other Early Christian Literature*. Rev. 9th-10th Ed. incorporating supplementary notes of A. Debrunner, by Robert W. Funk. Chicago: University of Chicago Press, c1961. §98.

Bokser, Ben zion, *The Talmud, Selected Writings*, trans. Ben Zion Bokser. New York: Paulist Press, 1989.

Brenner, Athalya, Genesis, *A Feminist Companion to the Bible* Second Series. Sheffield: Sheffield Academic Press, 1998.

Brooten, Bernadette J., "Junia: outstanding among the Apostles(Romans 16:7)." pp.41-144 in *Women Priests*: A Cathloic Commentary on the Vatican Declaration, Edited by Leonard and Arlene Swidler. New York: Paulist, 1977.

Bruce, F. F. *The Acts of the Apostles*. The Greek Text with Introduction and Commentary. Rev. 3rd Ed. Leicester: Apollos, 1990.

―――. *Epistle to the Galatians,* The New International Greek Testament Commentary. Grand Rapids: Eerdmans, 1982.

Bullard, Roger A., *The Hypostasis of the Archons*, The Coptic Text with Translation and Commentary. Berlin, 1970.

Burton, Ernest de Witt. *A Critical and Exegetical Commentary on the Epistle to the Galatians*. Edinburgh: T&T Clark, 1921.

Bushnell, Catherine C. *God's Word to Women*. Minneapolis: Christians for Biblical Equality, 2003.

Carson, D. A. *Showing The Spirit, A Theological Exposition of 1 Corinthians 12-14*. Grand Rapids: Baker Books, 1987.

Cervin, Richard S., "A Note Regarding the Name 'Junia(s)' in Romans 16.7." NTS 40 1994: pp.464-70.

Clines, David J. A. *What Does Eve Do to Help?* Sheffield: Sheffield Press. 1990.

Clouse, Bonnidell and Robert G. Clouse, eds. Women in Ministry: Four Views, With Contributions from Robert D. Culver, Susan Foh, Walter Liefeld, and Alvera Mickelsen. Downers Grove: InrerVarsity Press, 1989.

Collins, R. F. *First Corinthians*. SacPag 7. Collegeville: Liturgical Press, 1999.

Conzelmann, Hans. *1 Corinthians: A commentary on the First Epistle to the Corinthians.* trans. James W. Leitch. Ausburg: Fortress Press, 1975.

Crook, J. A. *Law and life of Rome,* 90 B.C.-A.D. 212. New York: Cornell University Press, 1967.

Cunningham, Loren and David J. Hamilton with Janice Rogers, *Why Not Women? A Bilblical Study of Women in Missions, Ministry, and Leadership.* Seattle: YWAM, 2000.

Danby, Herbert. *Mishnah,* Translated from the Hebrew, with Introduction and Brief Explanatory Notes. London: Oxford University Press, 1933.

Deissmann, Adolf. *St. Paul: A Study in Social and Religious History,* trans. Lionel R. M. Strachan, Eugene: Wipf and Stock, 2004.

Duncan, George S. *The Epistle of Paul to the Galatians.* London: Hodder and Stoughton, 1934.

Dunn, James D. G. *The Theology of Paul's Letter to the Galatians.* Cambridge: CUP, 1993.

―――. *Baptism in the Holy Spirit: a Re-Examination of the New Testament Teaching on the Gift of the Spirit in Relation to Pentecostalism Today.* Philadelphia: Westminster Press, c1970.

―――. *Jesus and the Spirit, A Study of the Religious and Charismatic Experience of Jesus and the First Christians as Reflected in the New Testament.* Philadelphia: The Westminster Press, 1975.

Edwards, Douglas R. "Dress and Ornamentation," The Anchor Bible Dictionary. New York: Doubleday, 1992, 2:237.

Epp, Eldon Jay, *Junia: The First Woman Apostle.* Minneapolis: Fortress, 2005.

Evans, Mary J. *Woman in the Bible*: An Overview of the Crucial Passages on Women's Role (Downers Grove: IVP, 1983.

Fee, Gordon D. *1 and 2 Timothy and Titus.* Peabody: Hendrickson, 1988.

Fee, Gordon D. *First Epistle to the Corinthians*. Grand Rapids: Eerdmans, 1987[2014].

Fiorenza, Elisabeth Schuelssler. *In Memory of Her: A Feminist Theological Reconstruction of Christian Origins*. New York: Crossroad, 1983.

Foh, Susan T. *Women and the Word of God: A Response to Biblical Feminism*. Grand Rapids: Baker, 1980.

Fonorobert, C. E. & Martin S. Jaffee, *The Talmud and Rabbinic Literature*. Cambridge: Cambridge University Press, 2007.

Fox, Margaret Askew Fell, *Early History of Religion*. EEBO Editions, Pro Quest, 1666.

Fung, Ronald Y. K. "Ministry in the New Testament," In *The Church in the Bible and the World*, Ed. D.A. Carson. Eugene: Wipf and Stock, 2002.

―――. *Epistle to the Galatians*. Grand Rapids; Eerdmans, 1988.

Galambush, J. "מדא from המדא, השא from שיא : Derivation and Subordination in Genesis 2.4b-3.24." In History and Interpretation Essays in Honour of John H. Hayes. Ed. M. P. Graham et al. JSOTSup, 173. Sheffield: Sheffield Academic Press, 1993.

Galt, Caroline M. "Veiled Ladies," *American Journal of Archaeology*. 35 (1931), 373-393.

Giles, Kevin. *Jesus and the Father: Modern Evangelicals Reinvent the Doctrine of Trinity*. Grand Rapids: Zondervan, 2006.

―――. *The Trinity and Subordinationism: the Doctrine of God & the Contemporary Gender Debate*. Downers Grove: IVP, 2002.

Grenz, Stanley J. & Denis Muir Kjesbo, *Women in the Church*, A Biblical Theology of Women in Ministry. Downers Grove: IVP, 1995.

Gritz, Sharon H. *Paul, Women Teachers, and the Mother Goddess at Ephesus, A Study of 1 Timothy 2:9-15 in Light of The Religious and Cultural Milieu of The First*

Century. Lanham: University Press of America, 1991.

Grudem, Wayne "Does κεφαλὴ('head') Mean 'Source' or 'Authority' in Greek Literature? A Survey of 2,336 Examples," In The Role Relationship of Men and Women: New Testament teaching. Phillipsburg: Presbyterian and Reformed Pub. 1985.

―――. *Biblical Foundations for Manhood and Womanhood*. Wheaton: Crossway, 2002.

―――. *Evangelical Feminism and Biblical Truth: An Analysis of More than One Hundred Disputed Questions*. Sisters: Multinomah, 2004.

―――. "Response to Recent Studies," In Recovering Biblical Manhood & Womanhood. Ed. J. Piper & W. Grudem, Wheaton: Crossway Books, 1991.

Guthrie, Donald. *The Pastoral Epistles*. Downers-Grove: IVP Academic, 1990.

H. Scott Baldwin, "A Difficult Word." In Women in the Church, A Fresh Analysis of 1 Timothy 2:9-15. Ed. Andreas J. Köstenberger, Thomas R. Schreiner, and H. Scott Baldwin. Grand Rapids: Baker Books, 1995.

Hansen, G. Walter. *Galatians*. Downers Grove: IVP, 1994.

Hays, Richard B. *First Corinthians*. Louisville: John Knox, 1997.

Hedrick, Charles W., & Robert Hodgson, Jr., *NAG HAMMADI, GNOSTICISM, and EARLY CHRISTIANITY*. Wipf & Stock, 1986/2005.

Hodge, Charles. *Commentary on the First Epistle to the Corinthians*. Grand Rapids: Eerdmans, 1994.

Hooker, Morna D. "Authority on her Head: An examination of I Cor. XI.10," New Testament Studies 10 1963-1964, 410-416???

Howard, J. Keir "Neither Male Nor Female: An Examination of the Status pf Women in the New Testament." The Evangelical Quarterly. 55.1 January, 1983.

Hugenberger, G. P., "Women in Church Office: Hermeneutics or Exegesis? A Survey of Approaches to 1 Tim 2:8-15." JETS35 1992:

Hull, Gretchen Gaebelein, *Equal to Serve: Women and Men in the Church and Home*. Old Tappan, N.j.: Revell, 1987.

Hurley, James B. "Man and Woman in 1 Corinthians" in *Brill's New Pauly*. Supplements. Encyclopaedia of the Ancient World: Classical Tradition. Ed. Manfred Landfester in Collaboration with Hubert Cancik and Helmuth Schneider; English edition managing editor, Francis G. Gentry, Michael Chase et. al. Leiden: Brill, 2006. 6.19-20.

Hurley, James B. *Man and Woman in Biblical Perspective*. Grand Rapids: Zondervan, 1981.

Jacobs, Louis, *The Structure and Form in the Babylonian Talmud*. Cambridge: Cambridge Univ. Press, 1991).

Jewett, Paul King. *Man as Male and Female: a Study in Sexual Relationships from a Theological Point of View*. Grand Rapids; Eerdmans, 1975.

Johnson, Samuel Lewis. "Role Distinctions in the Church Galatians 3:28," In Recovering Biblical Manhood & Womanhood, A Response to Evangelical Feminism. Ed. John Piper and Wayne Grudem. Wheaton: Crossway Books, 1991. 154-179.

Jonas, Hans. *The Gnostic Religion: The Message of the Alien God & The Beginning of Christianity*. Boston: Beacon Press, 1958.

Keener, Craig S. *1-2 Corinthians*. NCBC. New York: Cambridge University Press, 2005.

―――. *Paul, Women & Wives, Marriage and Women's Ministry in the Letters of Paul*. Peabody: Hendrickson, 1992.

Knight III, G. W. *The Pastoral Epistles*. Carlisle: Paternoster, 1992.

―――. "αὐθεντέω in Reference to Women in 1 Tim 2:12," New Testament

Studies, 30. 1984.

―――. *New Testament Teaching on the Role Relationship of Men and Women.* Grand Rapids: Baker, 1977[1985].

Köstenberger, A. "Ascertaining Women's God-ordained Roles: An Interpretation of 1 Timothy 2:15." Bulletin for Biblical Research 7 1997.

―――. "Gender Passages in the NT: Hermeneutical Fallacies Critique," WTJ 54 1994:

―――. Andreas J. "A Complex Sentence Structure in 1 Timothy 2:12." In *Women in the Church, A Fresh Analysis of 1 Timothy 2:9-15.* Grand Rapids: Baker Books, 1995.

Krause, Deborah, *1 Timothy,* A New Biblical Commentary. London: T&T Clark International, 2004.

Kroeger, R. C. & C. C. *I Suffer Not a Woman: Rethinking 1 Timothy 2:11-15 in Light of Ancient Evidence.* Grand Rapids: Baker Book House, 1992.

Kümmel, Werner George Trans. Howard Clark Kee, *Introduction to the New Testament.* Nashville: Abingdon Press, 1975.

Lakey, Michael. *Image and Glory of God; 1 Corinthians 11:2-16 as a Case Study in Bible.* Gender and Hermeneutics. London: T&T Clark, 2010.

Leupold, Herbert Carl. *Exposition of Genesis* Volume 1. Columbus: Wartburg, 1942.

Lightfoot, J. B. *A Commentary on the New Testament from the Talmud and Hebraica, Matthew - 1 Corinthians.* Peabody: Hendrickson, 1989.

―――. *St. Paul's Epistle to the Galatians.* New York: Macmillan, 1874.

―――. *The Apostolic Fathers. London:* macmillan, 1891.

Lock, Walter. *The Pastoral Epistles*: I & II Timothy and Titus (Edinburgh: T&T Clark, 1989.

Marshall, I. H. *The Acts of the Apostles*. Sheffield: Sheffield Academic Press, 1992.

―――. *The Pastoral Epistles*. Edinburgh: T&T Clark, 1999.

McKnight, Scott. *Galatians*. NIV Application Commentary. Grand Rapids: Zondervan, 1995.

Metzger, Bruce M. *A Textual Commentary on the Greek New Testament*. 2nd Ed. Stuttgart: Deutsche Bibelgesellschaft, 1994.

Mickelsen, Alvera, ed. *Women, Authority and the Bible*. Downers Grove: InterVarsity Press, 1986.

Moo, Douglas J., "What Does It Mean Not to Teach or Have Authority Over Men? 1 Timothy 2:11-15" in *Recovering Biblical Manhood & Womanhood, A Response to Evangelical Feminism*. ed. John Piper and Wayne Grudem. Wheaton: Crossway Books, 1991.

Morris, Leon. *The First Epistle of Paul to the Corinthians*. London: Tyndale, 1958.

Mounce, W. D. *Pastoral Epistle*. Nashville: Nelson, 2007.

Murphy-O'Connor, Jerome, *ST. Paul's Ephesus, Text and Archaeology*. Collegeville: Liturgical Press, 1971.

―――. *St. Paul's Corinth: Texts and Archaeology*. Collegeville: Liturgical Press, 1983.

Neusner, Jacob, *Invitation to the Talmud, A Teaching Book*. Scholars Press, 1998; Wipf & Stock 2003.

Neusner, Jacob. *Mishnah, Religious Perspectives*. Boston: Brill Academic Publishers, 2002.

―――. *Mishnah, Social Perspectives*. Boston: Brill Academic Publishers, 2002.

New Interpreter's Bible, The, in Twelve volumes. 2 Corinthians, Galatians, Ephesians, Philippians, Colossians, 1 & 2 Thessalonians, 1 & 2 Timothy, Titus, Philemon. Nashville: Abingdon Press, 2000.

Odell-Scott, D. W. "Let the women speak in church, an egalitarian interpretation of 1 Cor 14:33b-36," BTB 13:3 1983.

Oden, Thomas C. *First and Second Timothy and Titus*. Louisville: John Knox Press, 1989.

Ogilvie, R. M. *The Romans and Their Gods*. New York: Norton & Co., 1969.

Pagels, Elaine, Adam, Eve, and the Serpent. London: Penguin, 1988.

Payne, Philip B. *Man and Woman, One in Christ, An Exegetical and Theological Study of Paul's Letters*. Grand Rapids: Zondervan, 2009.

Penn-Lewis, Jessie. *Magna Charta of Woman*. Minneapolis: Bethany Fellowship, 1975.

Perriman, Andrew C. "What Eve Did, What Women Shouldn't Do: The Meaning of AUTHENTEW in 1 Timothy 2:12" Tyndale Bulletin. 44.1 1993.

Piper, J. and W. Grudem, eds. *Recovering Biblical Manhood and Womanhood: A Response to Evangelical Feminism*. Wheaton: Crossway, 1991.

Plato, trans. Paul Shorey *Republic*. Books 1-5 LCL 237. Cambridge: Harvard University Press. 1930/1937.

Plutarch, Moralia 4:26.

Pomeroy, Sarah B. *Goddesses, Whores, Wives, and Slaves*. New York: Schocken Books, 1975[1995].

.Rainer Riesner, *Paul's Early Period: Chronology, Mission Strategy, Theology*. Eerdmans, 1998.

Ramsey, W. M. *The Church in the Roman Empire Before AD 170*. New York: Putnam's Sons, 1893.

Riesner, Rainer. *Paul's Early Period: Chronology, Mission Strategy, Theology*. Eerdmans, 1998.

Robertson, A. T. *A Grammar of the Greek New Testament in the Light of Historical*

Research. Nashville: Broadman, 1934.

Rogers Jr., Cleon L. and Cleon L. Rogers III, *New Linguistic and Exegetical Key to the Greek New Testament*. Grand Rapids: Zondervan, 1998.

Ross Shepard Kraemer, *Her Share of the Blessings: Women's Religions Among Pagans, Jews and Christians in the Greco-Roman World*. Oxford: Oxford University Press, 1992.

Russell, Letty M., *Feminist Interpretation of the Bible* (Westminster: John Knox Press, 1985).

Ryrie, Charles Caldwell, *The Role of Women in the Church*. city: B&H Publishing, 1958/2011.

Sanders, E. P. *Paul and Palestinian Judaism*. London: SCM Press, 1977.

Scholer, David M. "1 Timothy 2:9-15 & The Place of Women in the Church's Ministry," In *Women, Authority & The Bible*. Ed. Alvera Mickelsen. Downers Grove: IVP, 1986.

Schreiner, T. R. "An interpretation of 1 Timothy 2:9-15: A Dialogue with Scholarship." In *Women in the Church, A Fresh Analysis of 1 Timothy 2:9-15*. Ed. Andreas J. Köstenberger, Thomas R. Schreiner, and H. Scott Baldwin. Grand Rapids: Baker Books, 1995.

Schultz, R. R., "Romans 16:7: Junia or Junias?" Exp Tim 98.4(1987).

Schweitzer, Albert. *The Mysticism of Paul the Apostle*. Johns Hopkins Univ. Press, 1998[1953].

Sebesta, J. L. "Symbolism in the Costume of the Roman Woman," in *The World of Roman Costume*. Ed. L. Bonfante and Sebesta. Madison: University of Wisconsin Press, 1994.

Simkins, Ronald A. "Gender Construction in the Yahwist Creation Myth," in Genesis, Ed., Athalya Brenner. Sheffield: Sheffield Academic Press: 1998.

Singer, Simeon. *The standard prayer book: Authorised English Translation*. New York:

Bloch, 1923.

Smith, R. R. R. *Hellenistic Royal Portraits*. Oxford: Oxford University Press, 1985.

Soards, Marion L. *1 Corinthians*. Grand Rapids: Baker Books, 1999.

Spencer, Aida B. *Beyond the Curse: Women Called to Ministry*. Peabody: Hendrickson Publishers, 1989.

Swidler, Leonard J. *Biblical Affirmations of Woman*. Philadelphia: Westminster Press, 1979.

―――. *Women in Judaism: The Status of Women in Formative Judaism*. New Jersey: The Scarecrow Press, 1976.

T. A. J. McGinn, *Prostitution, Sexuality, and the Law in Ancient Rome*. Oxford: Oxford University Press, 1998.

Talbert, Charles H. *Reading Corinthians: A Literary and Theological Commentary on 1&2 Corinthians*. New York: Crossroad, 1987

Thiselton, Anthony C. *The First Epistle to the Corinthians*, A Commentary on the Greek Text. Grand Rapids: Eerdmans, 2000.

Thomas, Robert L. *Understanding Spiritual Gifts, A Verse-by-Verse Study of 1 Corinthians 12-14*. Grand Rapids: Kregel 1978.

Thompson, John L. *Reading the Bible with the Dead: What You Can Learn from the History of Exegesis That You Can't Learn from Exegesis Alone*, Grand Rapids: Eerdmans, 2007.

Tomlin, Graham. *The Power of the Cross, Theology and the Death of Christ in Paul*. Luther and Pascal. Carlisle: Paternoster Press, 1999.

Torrance, Thomas F. *The Christian Doctrine of God: One Being, Three Persons*. New York: T&T Clark, 1996.

Towner, P. H. *The Letters to Timothy and Titus*. Cambridge: Eerdmans, 2006.

Treggiari, Susan. *Roman Marriage: Iusti Coniu7ges From the Time of Cicero to the Time of Ulpian*. Oxford: Clarendon Press, 1991.

Trible, Phyllis. *God and the Rhetoric of Sexuality, Overtures to Biblical Theology*. Philadelphia: Fortress Press, 1978.

Winter, Bruce W. *Roman Wives, Roman Widows, The Appearance of new Women and the Pauline Communities*. Grand Rapids: Eerdmans, 2003.

Wire, Antoinette Clark. *The Corinthian Women Prophets*. Minneapolis: Fortress Press, 1990.

Witherington III, Ben. *Conflict & Community in Corinth: A Socio-Rhetorical Commentary on 1 and 2 Corinthians*. Grand Rapids: Eerdmans, 1995.

―――. *Women in the Earlist Church*. Cambridge: Cambridge University Press, 1988.

Zagano, Phyllis. *Women in Ministry, Emerging Questions about the Diaconate*. New York: Paulis Press, 2012.

ABSTRACT

An Analysis of the View of Men and Women in the Epistles of Apostle Paul

Hwang, Young Ja
Department of New Testament Theology
Graduate School, Chongshin University

The purpose of this thesis is to analyze Apostle Paul's viewpoints on men and women in three of his 13 epistles in the New Testament, Galatians, 1 Corinthians, and 1 Timothy.

Applying the Greek-Grammar to each text, I found that "οὐκ ἔνι Ἰουδαῖος οὐδὲ Ἕλλην, οὐκ ἔνι δοῦλος οὐδὲ ἐλεύθερος, οὐκ ἔνι ἄρσεν καὶ θῆλυ" in Galatians 3:28 shows equal status between a man and a woman, which is the same wording as in the Septuaginta(Genesis 1:27; 2:23) on the 6th day of the First Week of the Creation before the Fall. Also, Adam's First Song toward Eve presented the implication of equal standing between the two genders. From the meaning of the verses above (Gal 3:28, Gen 1:27; 2:23), I have inferred that Paul's standpoint on men and women finds its origin in the Creation Event.

The phrase of "ἄρσεν καὶ θῆλυ" connotes how humans are the

Image and Likeness of God (Gen.1:27; 2:23). Thus, as the Trinity is homogeneous, so are human beings, both men and women.

After the Fall, however, their status took a drastic turn. Having turned 180 degrees, now, even though the woman has a desire for her husband, he will rule over her (Gen. 3:16). Nevertheless, God planned to recover this turning-over, to settle down to the foremost status established on the 6th day of week of the Creation through the belief in the seed of a woman (Gen. 3:15).

In the letter to Galatians, the eigh barriers placed between the Jews and the Greeks, slaves and free men, and men and women in general had been abolished, each distinguished pair unites into one through Christ Jesus (Gal. 3:28). This is the evidence of the fulfillment of God's plan (Gen 3:15), to become new-creature -recovery-process through Him: "The old things have started to pass away and new things have come(2 Cor. 5:17)."

Upon the result of grammatical analyzation into all the related verses in three Epistles, we have reached the conclusion of the status of equality between the two genders has been presented since the Christ Event. But so far, one serious hermeneutic problem has been appearing during the procedure of grammatical application for the texts. Some of the famous scholars had interpreted 'an active-voice text(1 Cor. 11:10)' as 'a passive-voice text', which changed the meaning of the text to a totally contradicting condition. One example of these typical hermeneutic errors is found in 1 Corinthians 11:10 as the following:

1. διὰ τοῦτο ὀφείλει ἡ γυνὴ ἐξουσίαν ἔχειν ἐπὶ τῆς κεφαλῆς διὰ τοὺς ἀγγέλους. (1 Cor. 11:10)

Most of the translators have mistakenly interpreted "ἐξουσία (authority)" into 'a passive-voice' rather than 'an active-voice'. To explicate, although the text means that the woman should find the origin(ἡ κεφαλὴ) of her ἐξουσία in man, most had understood the text as if the woman is under the authority of a man or/and her husband. Thus, in practice in daily life, they enforced a custom of taking 'a veil' up as an external symbol equivalent to the 'a passive-voice ἐξουσία of woman'. Thus, the 'veil = head-covering' presents for the symbol of woman's status, which means she is under a man's or her husband's authority instead of being on her own authority.

NASB quotes, "Therefore the woman ought to have a symbol of authority on her head," and NIV quotes that "For this reason, and because of the angels, the woman ought to have a sign of authority on her head"; meanwhile, the verse is translated into Korean(KBS) as "그러므로 여자는 천사들로 말미암아 권세 아래에 있는 표를 그 머리 위에 둘지니라." The readings of the three versions are slightly different; even so, they each have adapted the wrong grammatical interpretation of the passage. As a result, each translation totally distorts the intended meanings to its readers.

To solve these problems or confusions and bring forth a valid interpretation, three limitations should be imposed on the process of interpretation. First, one consistent application of word-meaning/ definition to a grammatical view is necessary. Second, despite the interpretation difficulties in determining the background for 'διὰ τοῦ το' and 'διὰ τοὺς ἀγγέλους', the time context for verse 10 is to be limited to the Sixth day of the First Creation (Gen. 2:7-24). This second limit seems to be the most preferred selection for the interpretation for two phrases. Third, the time context of verses 11-12 is defined from the day after the Fall (Gen. 4:1) that began from the child begetting and childbearing of Adam and Eve and will last to the day of Lord's Parousia.

Out of these three restrictions, the consistency in proper grammatical rule of 'the same meaning and function theory for the same word' has to be applied and practiced for the verses 9-12 (διὰ; πλὴν). This is a crucial point to be maintained and to be kept through whole interpretation process of these four verses.

For example, 'πλὴν(adversative conjunction)', which is at the beginning of verses 11-12, is the most important factor that should not be missed in its function by any interpreters. It is the keyword for determining and deciding on the correct meaning as well as supporting the ἐξουσία and the κεφαλὴ in verses 3 and 10. If the function of antithesis/contrast of 'πλὴν' were overlooked in verse 11, the interpretation that many interpreters have already done would not come to our consideration and we also would grasp ἐξουσία as a passive voice, thus, understand the verse that a woman should be placed under the authority of a man or any third person, and thus the 'veiling'; hence, κεφαλὴ would so naturally be interpreted as the anatomical head of a woman. However, when we take notice and make good use of the grammatical function of 'πλὴν' that is equipped as a steerage between verses 3-10 and 11-12, the ἐξουσία and the κεφαλὴ could be rightly interpreted, respectively, as 'woman's authority' and 'the man, as a source of woman' as active voices.

By interpreting the text grammatically in a consistent manner, the significance of the justification of the authority and the respect between men and women has been analysed and proved rightly. Further, it is proved that the source of the authority of men and women had been flowing from God's ultimate authority(verse 12), which is actually the utmost important theory. This interpretation connotes a different perspective compared to how it was interpreted to the current day.

Conclusively, through the interpretation of this paragraph, by showing that the man is the source of the woman, therefore it is justifiable for men to have authority and receive respect from women; yet, in the same way, it is justifiable (ὀφείλει) for women to have authority and receive respect from men due to the fact that the Creator made a woman 'because of man' as his ezer or helper (Gen.2:18) and as the man's glory (Gen. 2:23; 1 Cor. 11:7). So far, scholars have constantly overlooked the most important theme of 'God's Authority' which is given clearly in verse 12. Based on this verse, both men and women shall acknowledge each other and share the respect and authority through the ultimate source of their being and authority of God through Christ(ἐν κυρίῳ).

2. διδάσκειν δὲ γυναικὶ οὐκ ἐπιτρέπω οὐδὲ αὐθεντεῖν ἀνδρός, ἀλλ' εἶναι ἐν ἡσυχίᾳ. (1 Tim. 2:12)

With this text, especially based on the Greek grammatical tool of οὐκ...οὐδὲ, the scholars are divided into two main groups. Their opinions diverge on the whether Paul instructed two prohibitions or one to the Ephesian Church. While Koesternberger is an advocate for two, Payne is for one; Koesternberger perceives διδάσκειν and αὐθεντεῖν ἀνδρός as two separate prohibitions, and Payne only regards διδάσκειν as the prohibition. The matter of deciding upon 'one' or 'two' prohibitions is crucial in the fact that it affects interpretation of the whole verse, presenting two different meanings, and as a result influences the understanding of women's deeds. Moreover, it would have impact on the interpretation of the passages like 1 Timothy 2:13-14 especially on how one discerns why the Greek grammatical tools like γὰρ and καὶ were used.

If we hold that there are two prohibitions, it would mean that a woman is not allowed to teach a man or show any authority to man; however, this interpretation is a result of following a wrong Greek grammatical procedure for the οὐκ...οὐδὲ phrase. When we do decode this phrase properly, the διδάσκειν ...οὐδὲ α ὑθεντεῖν ἀνδρός part would be merged into one prohibition of δι δάσκειν since οὐδὲ fuctions to conjoin αὐθεντεῖν ἀνδρός with διδ άσκειν; thus, 'the διδάσκειν of a woman' would connote an attitude that a woman is the origin/creator/founder of man(αὐθεν τεῖν ἀνδρός). In other words, a woman is not permitted to teach a man with an improper attitude towards him, trying to seize the authority of the Creator, thinking herself as the creator of men or/and mankind. On the other hand, a woman is aloowed to teach anyone with a right attitude, that of decency, dignity and quietness.

The interpretation above could help the procedure of interpreting the subsequent verses 13 and 14. And along with this new interpretation of verse 12, the historical background of Ephesus of Paul's contemporary time could clarify the meaning of these two verses; in Ephesus, the Artemeses and Gnositics claimed that a woman was made before man, and that it was Adam who was deceived. Women with this belief in those days used to claim that they existed prior to men, and claimed their rights to be authoritative towards them. Paul wrote the verses 13 and 14 in order to correct their wrong attitudes towards others/men.

3. σωθήσεται δὲ διὰ τῆς τεκνογονίας, ἐὰν μείνωσιν ἐν πίστει καὶ ἀγάπῃ καὶ ἁγιασμῷ μετὰ σωφροσύνης. (1 Tim. 2:15)

For the first half of the verse (σωθήσεται δὲ διὰ τῆς τεκνογον ίας), there are two interpretations: "But women (woman) will be preserved through the bearing of children (NASb." and "But women (woman) will be saved through childbearing (NIV)". Due to the differences each interpretation is concentrating on, scholars are divided into two groups; while the prior focuses on the physical deliverance, the latter focuses on the spiritual salvation. If we pay attention to the circumstances of Ephesus' cults like that of Gnosticism, or Artemis, 'the physical deliverance from any danger occurring during the process of giving birth to child' would be the right understanding for the word σωθήσεται; on the other hand, if we pay attention to the woman's sin mentioned in verse 14, 'the spiritual salvation' would be right meaning of the word. Futhermore, since Paul's wording for physical deliverance is ῥύομαι instead of σώσει(2 Ti 4:18), we come to a conclusion that σωθήσεται (1 Ti. 2:15) means 'the spiritual salvation through the childbearing'.

Another reason σωθήσεται represents spiritual salvation is because the word group of σῴζω in Pauline corpus conveys the sense of spiritual salvation; and since σωθήσεται is in future tense, passive voice, and singular form of the verb σῴζω, it is highly expected that this sense is also displayed in 1 Tim 2:15 as well, particularly in the light of its contrast to the Fall, Eve's sin in verse 14. In verses 13 and 14, the closest and grammatically most natural subject of "she will be saved" is "the woman, Eve". The shift from "Eve" to "the woman: she" adds to the natural association of Eve as the representative of women in general. This confirms that Paul continued to have the Genesis account in his mind while he was writing 1 Tim 2:15.

Immediately following the statement of the woman's deception in Gen 3:13 is the curse on the serpent. This curse predicts that the seed of the woman will crush the serpent's head(Gen 3:15), a passage called the *protevangelium*, the Bible's first prediction of the promised seed that will overcome Satan and the effects of the Fall. This prediction is the only reference to salvation in Gen 3:13-16, from which Paul is citing, and it is depicted in Genesis as the solution to the Fall that was first caused by the woman's deception. The natural implication, then, is that the salvation from the Fall to which Paul appeals in 1 Tim 2:15 is the spiritual salvation through a seed of a woman, the seed of the woman identified in Genesis 3:15b.

In the phrase of 'σωθήσεται δὲ διὰ τῆς τεκνογονίας,' the word 'ἡ τεκνογονία (the child-birth)' is written with an article ἡ, thus, pointing to the one previously mentioned in Gen 3:15b. Ἡ τεκνογονία is in genitive, expressing "her seed"; this fits the virgin birth of Jesus Christ perfectly. He is witnessed by the Bible as follows:

"This is good, and pleases God our Savior, who wants all men to be saved and to come to a knowledge of the truth. For there is one God and one mediator between God and men, the man Christ Jesus, who gave himself as a ransom for all men- the testimony given in its proper time.(1 Tim 2:3-6)

신학총서 1권 목차

머리말
감사의 글

I. 들어가는 말

  1. 문제 제기 - 14
  2. 연구 방법론 - 16
     1) 성경 해석 - 16
     2) 관련 구절 - 19
  3. 연구 범위 - 23

II. 창세기 배경 연구

  1. 창세기 1장: 첫 창조, 사람을 남자와 여자로 - 29
     1) 창조주 하나님의 의논(26절) - 30
        a. 우리 - 30
        b. 형상과 모양 - 32
     2) 사람을 창조하시되 남자와 여자를 창조하시고(27절) - 36
     3) 하나님이 복을 주시며(28절) - 39

  2. 둘째 창조(창2:7, 18-24) - 41
     1) 사람, 남자의 창조(창2:7) - 41
     2) 돕는 배필(창2:18-20) - 42
     3) 여자를 지으심(창2:21-22) - 46
     4) 아담의 탄성에서 나온 노래(창2:23) - 49
     5) 한 몸(창2:24) - 53
     6) 창조 결론: 한 쌍의 남자와 여자, 돕는 배필, 한 몸 - 55

3. 창세기 3장: 너는 남편을 사모하고 남편은 너를 다스리리라 - 57
   1) 남녀 간의 불화: 책임전가와 주도권 다툼 - 57
   2) 너는 남편을 사모하고 남편은 너를 다스릴 것이니라(창3:16) - 58
4. 결론 - 61

III. 갈라디아서의 남녀관

1. 유대교 내의 여성관 - 66
   1) 유대 여성들의 신분과 역할 - 67

2. 갈라디아서 3장 28절 본문 확정 - 71
   1) ἔνι(에니) - 72

3. 본문 주해 - 75
   1) 믿음으로 하나님의 아들이 됨(갈3:26) - 76
      a. 믿음으로 말미암아 - 76
      b. 그리스도 예수 안에서 - 76
      c. 너희가 다 하나님의 아들이 되었으니 - 78
   2) 그리스도 안에서 얻은 새로운 신분(갈3:27-28) - 80
      a. 누구든지(ὅσοι 호소이) - 81
      b. 믿음으로 세례를 받는 자 - 82
      c. 그리스도로 옷 입었음 - 83
   3) 인류를 위한 대헌장 "그리스도 안에서 하나"(갈3:28) - 83
      a. οὐκ ἔνι(우크 에니) - 86
      b. 하나, 하나 됨 - 89
   4) 아브라함의 자손, 유업을 이을 자(갈3:29) - 97
   5) 결론: 성경신학적 맥락의 '그리스도 안에서'의 '남자와 여자' - 98

IV. 디모데전서의 남녀관

1. 에베소의 철학, 문화와 종교 - 101
    1) 영지주의 - 101
    2) 아데미 여신과 신전 - 103
    3) 모계혈통이 생명의 최초 근원이라는 설 - 105

2. 디모데전서의 문맥 - 106
    1) 배경 : 두 가지 복합적인 상황 - 107
    2) 근접문맥(딤전2:1-10) - 108
        a. 기도의 요청 vs. 복음의 보편성(1-7절) - 108
        b. 기도 vs. 분노와 다툼 (8절) - 110
        c. 선행으로 단장 vs. 사치(9-10절) - 111

3. 본문 주석(딤전2:11-15) - 111
    1) 여자의 배움과 가르침에 대한 지시(11-12절) - 112
        a. 여자는 조용함으로 배우라 - 112
        b. 온전히 순종하면서 배우라 - 116
    2) 가르치는 것과 남자를 주관하는 것(12절) - 121
        a. 그러나 나는 가르치는 것을 여자에게 허락하지 않는다 - 121
        b. 남자의 창조자, 근원 혹은 책임자 - 124
        c. οὐκ οὐδὲ … ἀλλά(우크 우데… 알라) 구문 - 131
        d. 영지주의 견해 - 140
    3) 이는 아담이 먼저 지음을 받고 하와가 그 후며(13절) - 147
        a. 이는 아담이 먼저 지음을 받고 - 148

     4) 아담이 속은 것이 아니고 여자가 속아 죄에 빠졌음이라(14절) - 152
        a. 그리고 아담은 속지 않았다 - 153
        b. 여자의 죄는 아담의 주도권을 빼앗으려 한 것이다 - 155
        c. 남자보다 여자가 속기 쉽다는 뜻이다 - 156
     5) 그의 해산함으로 구원을 얻으리라(15절b) - 161
        a. '출산으로 구원을 얻다'의 네 가지 해석 - 162
        b. 그러나 - 166
        c. 그 아이출생을 통하여 구원을 얻으리라 - 166
        d. 그 아이출산과 영적 구원 - 170
     6) 정절로써 믿음과 사랑과 거룩함에 머물면(15절b) - 195

  4. 주절의 단수주어와 조건절의 복수주어는 누구인가 - 199

  5. 결   론 - 207

V. 부록

  참고문헌 - 209

  Abstract - 226

  신학총서 2권 (고린도전서 편) 목차 - 234

  추천의 글 - 237

가을에 떠나간 사람   황의각[*]

    내가 강영자(1944년 11월 2일생; 1969년 10월 29일 나와 결혼 후 이름을 '황영자'로 바꿈)를 처음 만난 것은 1969년 6월 초 어느날이었다. 내 조부님의 누님의 딸(내 부친의 이종 4촌)께서 당시 성북구 장위동에서 아직 출가하지 않은 두 명의 여동생과 막내 남동생과 함께 살고 있던 내 집을 방문하셨다. 나는 이리 원광대학에서 1967년부터 전임강사로 강의하며 주말에 동생들을 보러 서울에 올라오곤 했다. 그 고모님께서 방문 오셔서 나에게 "너는 나이 30이 되도록 장가도 안 가고, 늙으신 부모님은 시골에 두고 이렇게 사느냐"고 하시며 걱정을 하시기에 좋은 곳이 있으면 소개해 달라며 중매를 부탁 드렸다. 고모님은 당장 나가시더니 저녁 늦게 다시 오셔서 다음 주 토요일 오후 광화문의 어느 다방에 자기가 섬기는 교회의 신순옥 권사와 그 딸이 나오기로 약속했다고 하셨다. 고모님이 들려주시는 그 가족의 소개는 이러했다.

    함경도 이원군에서 교회 장로이자 과수원을 경영하던 그녀의 부친 강득필 장로는 1950년 6·25 전쟁이 발생했을 때 북조선 당국에 의해 숙청되어 학살당하고 그녀의 모친 신순옥 여사는 1·4 후퇴 시 어린 자녀들을 데리고 피난을 내려와 부산에서 쌀가게로 생계를 이어가는 중 그녀가 부산의 경남여중을 졸업하고 1963년 서울의 경기여고에 입학하자 다른 자녀들을 모두 데리고 서울로 와서 산 지 여러 해가 되었다는 것이다.

---

[*] 고 강(황)영자 박사의 48년 동반자요 남편이다. 고려대학교 명예교수.

고모님의 강권으로 나는 그 다음 주말 전북 이리에서 상경하여 약속한 다방으로 나갔다. 그런데 고모님과 1시간가량 기다려도 여자 쪽에서는 나오지 않았다. 그 당시는 집에 전화도 없던 시절이어서 서로 연락도 못하고 내게 미안해진 고모님이 나를 강제로 데리고 행당동 언덕 위 판자촌 동네의 어느 집으로 갔다. 나는 입구에 서 있고, 두 늙은 여자 분들이 나를 쳐다보며 한참 이야기 나누시더니 내게 다가와서 자기 딸이 갑자기 어느 약국의 주말 약사 일을 하게 되어 오늘 부득이 나갈 수 없게 되었다며 미안하니 다음 주일 오후로 약속을 다시 하자고 했다.

그런데 그 다음 주일 만남에는 고모님이 연락도 없이 나오시지 않았고, 강영자 모녀만 나왔다. 한 주 전에 고모님이 나를 끌고 가서서 행당동 언덕 위 판자집 앞에서 잠시 그 어머님(신순옥 권사)을 보았기 때문에 서로 알아보고 상면 인사를 했다. 그 후 우리 둘은 주말에 두 번 더 만났다. 그리고 내가 결혼 요청을 했다. 솔직히 처녀인데 고생을 한 탓인지 얼굴에 기미가 있고 하여 내 마음으로 "이 여자는 내가 데려가지 않으면 시집 못 갈 것 같다(?)"는 생각이었다. 그리하여 1969년 6월 중순 소련이 스푸트닉크 인공위성을 처음 쏘아 올린 날, 내가 프로포즈하여 8월 초에 약혼하고, 그 해 10월 29일 결혼했다. 나는 약혼하기 한 주 전인 8월 1일부터 주한 미국국제개발처 농업국(USAID/RDD)에 취직이 되어 봉급이 당시 대학교수의 약 두 배를 더 받고 좋은 환경에서 일하게 되었다. 아내는 결혼 후 얼굴 빛깔도 맑아지고 예뻐져 모든 친지들이 잘 생겼다고 칭찬했고, 나는 무엇보다 그녀의 순수함과 아름다운 마음을 평생 좋아하고 감사하며 살아왔다.

1969년 10월 29일 우리 결혼식은 당시 종로 2가에 있던 YWCA 강당에서 간략히 치렀는데, 내가 새로 일하게 된 미 국제개발처(USAID)의 미국인들이 많이 참석해주어서 주례를 해주셨던 내 대학 은사이신 교수님이 놀라워하셨다.

　결혼 후 시골에 계시던 부모님을 서울 집으로 모시고 와서 살며, 1970년 11월에 딸 미령을 낳고, 1972년 1월에 아들 세연을 출산하고, 1972년 8월 말 나는 미 국제개발처(USAID)에서 여비를 마련해주어 미국 유학을 떠났다. 내가 유학 가서 학위과정을 마치는 동안 안식구 황(강)영자는 내 부모님, 동생들을 한 집에 데리고 살며 장위동에서 작은 약국을 개업하며 생활을 이끌어 갔다. 나에게는 알려주지 않아서 모르고 지냈는데, 아내는 이 기간 중 폐결핵으로 치료를 받았고, 당시 이화여자대학교 의과대학의 병리학 교수였던 안식구의 삼촌 고 강득용님의 도움을 많이 받은 것으로 들었다. 그러면서 아내는 내 아래 여동생 하나까지 출가시키고, 1975년 말에 두 자녀를 데리고 미국에 있는 나에게로 왔다. 당시 미국 영사관에서 재정적 이유로 학생의 부인 비자를 몇 번 거절하다가 약사 이민신청을 권하여 이민비자로 미국에 왔다.
　한국에 남아계신 부모님과 동생들의 생활비를 보내기 위해서 나는 학교에서 매월 받는 TA/RA(연구 및 강의조교) 장학금 중 절반을 한국으로 송금하고, 미국에서 부족한 생활비의 일부는 하기방학 중 농장이나 야간 통조림공장에서 일하고, 아내는 다른 집의 아이 돌보는 일(baby sitting)을 해서 충당하며 꾸려나갔다. 나는 1976년 8월 학위를 수여받고 9월 서강대학으로 취직이 되어 혼자 나왔다가 1977년 3월 시카고대학(University of Chicago) 경제학과에서 초청해서 다시 미국으로 돌아왔다. 그동안 안식구는 내가 공부했던 오레곤 대학(University of Oregon)에서 계속 머물며 회계학 공부를 해서 우리가 시카고로 옮긴 후 시카고대학 인근에 있던 미국변호사협회(American Bar Association)에 회계사로 취업이 되었다. 그러다가 나는 영남대학교에 잠시 나와 있었는데, 1982년 1월 결혼하여 아들 하나 놓고 서울에서 생활하던 아우(1950년생)가 교통사고로 갑자기 사망하는 바람에 한국으로 돌아올 결심을 하고는 그 해 3월에 모교인 고려대학교로 자리를 옮기고, 미국에 있던 온 가족을 귀국시켰다. 귀국 후에 안식구는 서울에 있던 영국계 Royed Bank에서 2년 일한 다음, 독일 상공회의소 서울사무소에서 회계사로 계속 일을 하며 가정경제를 도왔다.

그러던 중 아내는 그동안 해보고 싶던 신학공부를 하려고 1997년 가을학기에 총신대학교 대학원에 입학하여 목회신학석사346)와 신학석사347) 학위를 받고, 계속 공부하여 총신대학교 일반대학원에서 2017년 2월 졸업식에서 신학박사학위348)를 받았다.

황(강)영자는 신학석사학위 논문에서 로마서 16장 7절의 "유니아"가 남성이 아닌 여성 사도였다는 것을 여러 고증과 '헬라어 문장과 문맥 그리고 문법'을 통해 밝혀내는 데 심혈을 기울였다. 그녀는 꾸준히 성경에 나오는 여자 사역자들의 존재와 그들의 헌신과 기여에 대해 관심을 가지고 연구했다. 그녀는 박사학위 논문을 쓰고 있던 2016년 6월 건강 검진에서 폐암 3기 진단을 받고 투병하면서도 2016년 박사학위(Ph.D) 논문을 마쳤다. 학위 받은 후 암세포가 뼈와 뇌 등으로 전이가 되었다는 진단을 받고도 그녀는 쉬지 않고 일했고 2017년 9월과 10월 약 2개월 간 고려대 안암병원에 입원해 나

---

346) M.Div 학위논문제목: "신약성경에 나오는 여성사역자의 명칭에 관한 연구", 1999년
347) Th.M 학위논문제목: "Accent 하나!-유니아 (롬16:7)에 대한 고찰", 2003년
348) Ph.D 학위논문제목: "바울의 눈에 비친 아담과 하와: 바울서신의 남녀관", 2016년

의 병간호를 받았다. 그러나 10월 24일 아침 9시 50분경 주치의와 미국에서 달려온 딸 미령의 손을 잡은 채, 맑은 눈으로 말없이 (목이 부어 1주일 전부터 말을 못했음) 남편인 나를 쳐다보며 조용히 영면에 들어갔다.

그녀는 일평생 찬양하며 신학공부를 깊이 해 보고 싶어 했었다. 음악대학을 가고 싶었는데 생활 문제도 있고 주변의 권고로 약학을 전공하게 되었다. 나와 결혼 후에도 남편이 경제학 학위를 마치고 자리가 잡히면 신학공부를 꼭 하고 싶어 하며 살아 왔는데, 말년에 자기 소원을 어느 정도 성취하였기에 비록 더 생존하며 더 헌신하지 못하고 일찍 떠나 몹시 안타깝기는 하나 남편으로서는 그나마 위안이 된다. 그녀가 특히 좋아하던 찬송 중의 하나는 시편 150장 2절을 기초로 한 찬송가이다.

> 큰 영광 중에 계신 주 나 찬송합니다
>   영원히 계신 주 이름 나 찬송합니다
> 한 없이 크신 능력을 나 찬송합니다
>   참되고 미쁜 그 언약 나 찬송합니다
> 온천지 창조하시던 그 말씀 힘 있어
>   영원히 변치 않는 줄 나 믿사옵니다
> 그 온유하신 주 음성 날 불러주시고
>   그 품에 품어 주시니 나 찬송합니다 (아멘)

사실 남편인 내가 1976년 6월 위암 수술을 받고 위를 80% 이상 절단하고 3일 후 출혈로 위를 다시 개봉하여 내장을 세척하는 와중에도, 모든 일을 하나님께 맡기고, 아내 황(강)영자는 총회신학대학 입학시험을 준비하여 합격하고 공부를 시작한 여인이었다. 그 후로는 2017년 2월 신학박사 학위를 받기까지 평소 남편과 보조를 맞추어 같이 해야 할 일들을 미루거나 남편에게 위탁하며, 자신이 공부 끝내고 못 다한 남편에 대한 빚진 마음 돌려주겠다고 말을 하곤 했다. 물론 모두 립 서비스(lip service)로 끝나버렸지만 그 당시 스스로 남편에 대한 미안함을 담고 있었다. 그녀는 가정적으로도 함경도 출신 또순이 기질이 있어서 인내심이 강하고 그러면서도 무척 순종적이었다. 자기가 정당한 경우도 남편인 내가 우기거나 밀고 나가면 일단 더 이상 자기주장은 멈추고 기다리는 성품이었다. 자녀들을 꾸중할 일이 있어도 남편 보는 앞에서는 절대 하지 않다가 없을 때 하는 것으로 나는 감을 잡은 적이 있다. 남편의 외출 시 의복 차림에 부인으로서 어쩌다 신경을 쓰는 경우도 있었지만, 남편이 외형차림에 별로 개의하지 않고 소탈하게 사는 태도에 오히려 자신도 알게 모르게 동화되어온 것을 무척 자족스러워하며 노후를 살다 갔다. 내가 보아온 안식구는 교회생활과 신앙에 모든 생활의 무게를 두고 있었다. 아마 남편인 나는 천국 문 입구에서 거절당할 확률이 상당히 높지만, 그러나 예수님을 최고로 사랑하며 일평생을 살다간 내 아내 강영자 권사는 분명 천국에 가 있을 확률이 100%일 것으로 믿는다. 사후 세계는 특정 남편도 특정 부인과의 관계도 없는 세계일 것이다. 따라서 우리가 부부로 만난다는 것은 없을지도 모른다. 이 땅에서 함께 살아오던 우리 모두는 지구를 떠나는 순간 서로 영원히 헤어지게 될지도 모른다. 물론 나는 사후 세계에 대해 솔직히 아무 것도 아는 것이 없다.

나와 이 지구에서 48년 동안 아내와 남편으로 일심일체가 되어 가장 절친한 친구였고, 동고동락해왔던 당신은 모든 지난 일을 덮고, 2017년 가을에 나를 떠나간 사람입니다. 황혼 빛에 물든 뭉실 구름을 타고 지나가는 당신의 모습이 내 눈에 선하게 보여 내 그리운 마음이 눈물을 삼킵니다. 또 한 해의 가을하늘과 10월이 저물고 나면, 또 어느 먼 마을에서 새벽 여명에 수탉의 홰 치는 소리가 다시 들려올까요? 내 사랑하는 아내였던 당신은 어제도 오늘도 아니고, 가을에 내 곁을 떠나갔습니다. 당신은 나를 잊고 세월은 당신을 잊게 될 것입니다. 그러나 당신의 연구 결과는 책으로 영구히 남게 될 것입니다. 이제 무거운 짐 모두 내려놓고 편히 쉬세요.

"Come to me, all you who are weary
and burdened, and I will give you rest."
- Matthew 11:28

**황(강)영자 권사를 사랑해주시고 도와주신 모든 친구, 신앙 안의 형제자매님들과 특별히 총신대에서 아내 연구를 지도 편달해주신 박형대 지도교수님을 비롯하여 모든 교수님들께 깊은 감사를 드립니다. - 황의각 드림

추천의 글

고 황(강)영자 박사의 논문을 지도해 주시고, 심사해 주신 교수님들과 생전에 함께 하신 신약학계의 교수님들이 주신 추천의 글 전문입니다.

• 김경진 교수 (백석대학교 기독교전문대학 원장)

무엇보다 황영자 권사님의 총신대학교 박사학위 논문이 단행본으로 출판되어 세상에 널리 알려지게 된 것을 기쁘게 생각하며 적극 추천하는 바입니다. 황 권사님은 몹쓸 병인 암과 투쟁하시면서도 포기하지 않고 굳건한 의지로 마침내 박사학위를 취득하셨습니다. 참으로 인간 승리의 모범적 사례인 줄로 믿습니다. 이로써 많은 후학들은 그분의 책을 읽으며 새로운 도전과 용기를 얻을 수 있을 것입니다. 권사님이 다룬 주제인 <바울서신의 남녀관>은 사실은 <바울의 여성신학>이란 말로 대신할 수 있습니다. 교파와 교단의 교리보다도 하나님의 말씀인 성경 본문에 대한 철저한 해석을 통하여, 하나님께서 원래 사도 바울을 통하여 전하려 하셨던 그 본래의 메시지를 드러내고자 하였습니다. 그 결론은 갈3:28에서 사도 바울이 선포하였던 것처럼, "그리스도 안에서 남자와 여자는 하나"라는 것이고, 결국 남녀는 하나님 앞에서 동등하고 평등한 존재임으로 모든 사역과 활동에 있어서 전혀 차별이 있을 수 없다는 것입니다. 암으로 투쟁하시면서 생존을 위해 남은 시간을 불태워가며 집필하신 권사님의 역작이 이 시대 한국교회에 널리 읽혀져서, 하나님께서 오늘날 한국교회에 전달하려 하셨던 그 선한 의도가 널리 알려짐으로써, 주님께 큰 영광이 돌려질 수 있기를 기대합니다.

• 김현광 교수 (한국성서대학교 신약학 교수)

황영자 박사님의 박사학위논문이 책으로 출판된 것을 기쁘게 생각합니다. 힘든 여건 속에서도 끝까지 원어성경과 여러 학자들의 해석을 살피며 자신의 견해를 훌륭히 개진한 논문입니다. 남자와 여자는 모두 도움이 필요한 상호보완적 존재이며 서로 돕고 의지할 존재임을 성경을 통해 논증하고 있습니다. 저자의 본문해석에 간혹 동의하지 않는 부분이 있을지라도 학문적 토론과 발전을 위한 훌륭한 도구로 본서를 유용하게 활용할 수 있을 것입니다. 지금은 하나님의 품에 계신 황영자 권사님의 그동안의 수고에 하나님께서 칭찬과 안식으로 갚으시리라 믿습니다.

• 문우일 교수 (전 서울신학대학교 신약학 교수)

고 황영자 박사님은 바울서신에 나타나있는 여성관을 혼신의 힘을 다하여 주석함으로써 여성으로서 처음으로 총신대학교에서 신약학 박사학위를 취득하셨다. 이 논문은 그 자체로 총신 여성들의 생명을 담은 복음의 결실이요 한국교회를 성숙시키는 신령한 자양분이다. 어두운 시대에 영롱한 별로 솟아 시대적 사명을 아름답게 감당하신 고 황영자 박사님께 사랑과 존경의 갈채를 보낸다.

• 이풍인 교수 (총신대학교 신학대학원 교수, 개포동 교회 담임목사)

20세기 중반부터 성경에 등장하는 남녀의 상호관계에 대한 책들이 많이 출판되었다. 특히 여성신학(Feminist theology)을 견지하는 학자들은 성경은 남성 중심적인(androcentric. 관점에서 기록되었기에 성경본문을 그대로 읽기보다는 평등주의의(egalitarian) 관점에 입각하여 읽어야 한다고 주장한다. 그들에게 성경은 남녀평등의 기독교적인 가치를 왜곡시킨 음모가 담긴 책이요, 헤게모니 싸움에서 여성이 실패했음을 보여주는 증거물이다. 그러기에 그들은 성경본문을 대할 때 거침이 없다. 이런 입장은 성경의 무오성과 영감성을 존중하는 개혁주의자들에게는 논의의 상대로조차 삼기도 어려웠다. 이런 이유로 인해 개혁주의적인 전통을 따르는 학자들이 성경의 남녀관에 대해 연구하는 것은 매우 부담스러워 했던 것이 사실이다. 이런 현실에서 故 황영자 박사님의 책은 참으로 귀한 가치를 지닌다. 본서는 창세기의 아담과 하와에 대한 연구를 배경으로 갈라디아서와 디모데전서에 나타난 바울의 남녀관을 원문에 충실하여 꼼꼼히 살핀 역작이다. 특히 암 투병 중에도 이 작업을 소명으로 알고 마지막까지 분투하는 모습은 보는 이들에게 많은 감동을 주었다. '성경이 가는데 까지 간다'는 원칙으로 많은 사람들이 걷지 않은 길을 개척하여, 하나님의 형상으로서의 남녀의 동등과 연합을 잘 풀어낸데 대해 큰 박수를 보낸다. 황 박사님을 통해 새롭게 난 길을 많은 후배들이 더 편히 걸으며 연구하게 되리라 확신하며 기쁜 마음으로 본서를 독자들에게 추천한다.

• 박형대 (총신대학교 신학대학원 신약학 교수)

고(故) 황영자(강영자) 박사님은 열심히 공부하셨습니다. 1997년 54세의 나이로 신학대학원에 입학하여 세상에도 없는 남녀차별이 선지동산에 있는 것을 가슴 아파하시며 시작하신 연구를 이십 년이라는 세월과 설암과 폐암이라는 두 개의 암의 장벽을 뚫고 올해 2월 마치셨습니다. 때로는 *TDNT*에 있는 긴 단어 설명을 온통 번역하시고는 '번역해야 이해된다.' 하셨고, 새로운 연구 주제에 직면할 때마다 관계된 원서를 사서 꼼꼼히 읽으셨고, 연구가 막힐 때마다 기도하시며 주님께 지혜를 구하셨습니다.

박사님은 여섯 살 때 떠나온 고향 땅에 교회가 세워지고 그곳에서 성경공부를 인도하는 꿈을 갖고 계셨습니다. 박사논문 '감사의 말씀'에 "언젠가 통일이 되어, 평양신학교가 다시 개교하고, 순교 당하신 선친께서 섬기시던 이원읍 장로교회(利原郡誌編纂委員會, 『利原郡誌』 [서울: 교음사, 1984], 293-294)를 재건하게 해 달라고 했던 기도가 응답되는 날을 맞게 될 것입니다. 단숨에 올라가, 지하교인들과 함께, 그 광장에서 소리 외쳐 하나님께 찬양과 기도를 올려드리고 진리의 말씀을 서로 나누면서, '진리를 알지니 진리가 너희를 자유롭게 하리라(요 8:32)' 하신 예수님의 말씀의 실현을 목격할 그 날이 반드시 올 것을 믿으며 하나님께 감사드립니다"라는 '추신'을 붙이셨지요.

부디 이 책이 주님의 말씀이, 주님의 관점이 교회 내에 현실화되기를 원하는 주님의 종들을 위해 귀하게 쓰이기를 바랍니다. 또한 언젠가 통일이 되었을 때 이원읍 장로교회에서 권사님을 대신하여 성경공부를 인도하게 될 믿음의 자녀들에게 순종이 뭔지, '세월을 아끼는 것'이 뭔지, 하나님과 그분의 말씀을 사랑한다는 게 뭔지를 보여주는 교과서가 되기를, 고인이 된 노제자를 가슴에 묻고 오늘도 주님의 뜻이 이 땅에 이뤄지기를 바라며 '믿음의 선한 싸움'을 멈추지 않으려는 이 젊은 종에게 채찍이 되기를 바랍니다.